KB070234

Action Learning

역사와 진화 액션러닝

Yury Boshyk · Robert L. Dilworth 공저
김혜정 · 조연주 · 이승희 공역

Action Learning: History and Evolution
by Yury Boshyk and Robert L. Dilworth

역자 서문

액션러닝은 '행함으로써 이루어지는 학습learning by doing의 원리'를 기반으로 긴급히 해결해야 하는 실제 문제를 그 문제가 발생하고 있는 현장에서 실제로 해결하면서 얻어지는 학습이다. 1990년대 초반 국내 기업의 경영혁신 또는 기업교육을 혁신하는 차원에서 도입하기 시작한 액션러닝은 이제 기업뿐만 아니라 학교, 공공, 사회 각 분야의 교육 · 훈련 현장에서 활용하는 것이 새로울 것 없을 만큼 익숙해졌다. 그러나 여러 연구자와 현장 전문가들이 아쉬움을 느끼는 점은 단지 액션러닝이 기업의 성과를 높이는 기법에 머무르는 것이 아니라 하나의 교육사상으로서 본질과 이상을 이해하고, 어떤 이유로 액션러닝이 그토록 많은 사람에게 영감을 주는지를 탐색할 기회가 제공되어야 한다는 것이다. 액션러닝의 현장을 경험한 사람이라면 아마도 유쾌하고 역동적인 분위기 안에서 참가자들이 스스로 질문하고 답을 찾으며 팀에 헌신하는 동반자로 성장하는 것을 발견했을 것이다. 액션러닝은 지적되어 온 바와 같이 매우 단순하며 확고한 이론도 없다. 그럼에도 불구하고 놀라운 변화를 가능하게 하는 원동력이 무엇인지에 대해 궁금해진다. 그간 액션러닝에 대한 이해를 돕기 위해 국내에서 많은 연구와 저서가 발표되었고, 국외의 자료들이 번역되었다. 그러나 정작 액션러닝의 철학을 이해할 수 있는 사료는 빈약하였고, 특히 액션러닝의 창시자인 레반스Reg Revans를 소개하는 자료는 거의 없었다.

이 책 『액션러닝: 역사와 진화』는 액션러닝의 창시자인 레반스의 친구이며 동료로서 오랜 시간을 함께해 온 유리 보식Yury Boshyk과 로버트 딜워스Robert L. Dilworth에 의해 집필되었다. 무엇보다 레반스와 함께 역경 속의 동반자로서 그 변화의 과정을 함께한 이들의 증언을 통해 잘 알려지지 않은 레반스의 삶과 액션러닝의 기원 그리고 그의 저서와 연구 목록을 상세히 소개하고 있다는 점에서 독자들에게 귀중한 정보를 제공할 것으로 생각된다. 예를 들면, 영국의 선박 조사관으로서 타이타닉호 침몰 사건의 원인을 조사했던 아버지로부터 어린 레반스가 '영리함과 지혜로움을 구별해야 한다는 것'을 배운 일, 퀘이커교 전통의 리더가 없는 동등한 자격을 가진 교도들의 모임과 정화위원회로 불리는 독특한 모임 그리고 캐번디시 연구소와 탄광에서의 경험들이 레반스가 강조하는 액션러닝 팀의 자율성과 서로 함께 배우는 것의 가치에 어떻게 영향을 미쳤는지 이해하게 된다. 무엇보다 흥미로운 것은, 본문을 읽다 보면 레반스를 존경하고 사랑하는 사람들에게 그가 어떤 존재였는지 알게 된다. 다소 숭배의 표현이 등장하기도 하지만 이러한 표현을 통해 레반스가 단지 텍스트 속의 인물이 아니라 경영의 문제와 인간의 성장을 위해 기존의 권위에 맞서 치열하게 투쟁한 변혁가라는 것 그리고 훌륭한 지식은 연구실에 있지 않으며 현장에서 발생하는 문제에 직면하여 '역경 속의 동반자가 되어 함께 해결해 나가는 자율적 인간들'과 같은 레반스가 꿈꾸었던 현장을 생각하게 된다.

우리 역자들은 원문을 충실히 번역하면서도 가능한 한 독자들이 쉽게 읽을 수 있도록 하고자 노력하였다. 특히 제1장, 제3장 그리고 제6장의 경우, 내용의 중복을 피하고 독자들의 이해를 돕기 위해 일부 내용을 편역하였음을 밝힌다.

액션러닝이 국내에 소개된 지 20년이 넘었다. 이제 우리는 밖에서 새로운 것을 찾기보다 우리 안에서 새롭고 가치있는 것을 창조해 내야 할 때에 와 있다. 혼란스러울수록 기본으로 돌아가는 지혜가 필요하다는 역사의 교훈처럼 오래된 것은 낡은 것이 아니다. 20세기, 인간에 대한 신뢰를 바탕으로 학습을 통해 더 좋은 세상을 꿈꾸었던 한 남자의 삶이 여전히 우리에게 '지금 무엇을 하고 있는가?' '왜 이것을 하려고 하는가?' '정말 해야 할 것을 잘 하고 있는가?'를 묻고 있다. 그러므로 우리는 이 물음에 답할 준비를 해야 한다.

국내 액션러닝의 실질적인 보급과 더불어 이론적 공부를 게을리하지 않는 한국액션러닝협회와 한국액션러닝학회의 노력에 감사한다. 연구보다 실제가 앞서기 때문에 학계에서 크게 주목을 받지 못하고 있는 액션러닝 분야에 대한 이론적인 논의와 지속적인 연구를 시도함으로써 현장에서 보다 나은 실천이 가능할 수 있도록 하는 긴 여정에 이 책이 돌 하나를 얹는 역할을 할 수 있다면 더 바랄 게 없을 것 같다.

2019년 11월

역자 김혜정, 조연주, 이승희

추천사

유리 보식Yury Boshyk과 로버트 딜워스Robert L. Dilworth가 공저한 책 『액션러닝: 역사와 진화Action Learning: History and Evolution』(2010)가 한국어로 번역되어서 기쁩니다. 왜냐하면 이 책은 우리에게 액션러닝의 기본 원리와 가치를 깨우쳐 준 인간 레그 레반스Reg Revans의 성장과 배경에 관한 귀중한 정보를 알려 주고 있기 때문입니다. 이 책은 레반스의 액션러닝에 관한 아이디어와 실제의 시작을 보여 주는 초기 자료와 누구보다 레반스와 많은 시간을 보내면서 협력했던 사람들과의 인터뷰를 통해 알게 된 정보를 알려 줍니다. 그중에서 데이비드 보담David Botham과 앨버트 바커Albert Barker는 특별히 주목할 만한 분들이지요. 이런 이유로 레반스의 책 『액션러닝의 기원과 성장The Origins & Growth of Action Learning』과 함께 이 책은 누구한테도 빌려주지 않고 제 책장에 보관하고 있는 책이기도 합니다.

제가 처음 레반스를 만났을 때 그분의 나이가 70세 가까이 되었는데, 레반스가 부모님의 영향을 많이 받았다는 것을 익히 알고 있었습니다만 그의 어린 시절, 학교 시절 그리고 젊은 시절 그가 경험했던 것들을 보다 자세히 알게 된 것은 바로 이 책을 통해서였습니다. 예를 들면, 그가 1660년으로 거슬러 올라가는 퀘이커교의 정화위원회를 통해 액션러닝의 원형을 발견했다는 것이 그렇습니다. 레반스는 자신이 액션러닝을 창시하지 않았다고 했고 오히려 액션러닝은 오래된 지혜를 보유한 것이라고 말했습니다. 따라서 이 책을 통해 여러분은 액션러닝의 지혜가 오늘날 우리에게 어떤 중요한 시사점을 던져 주는지 알게 될 것입니다.

2019년 11월

마이크 페들러Mike Pedler*

* 추천사를 써 주신 마이크 페들러는 영국 리딩 대학교 헨리 경영대학 명예교수이며 액션러닝 국제 학술지『액션러닝: 연구와 실천Action Learning: Research & Practice』의 초대 편집장을 역임했습니다.

저자 서문

이 책에서는 최근에 보기 힘든 액션러닝에 관한 깊이 있는 논의를 하고자 한다. 지금까지는 액션러닝의 핵심이 아닌 기술적인 부분이 강조되어 왔다. 레그 레반스Reg Revans의 기본 개념이 철학적인 토대에서 기인하는데, 바로 그 철학적 바탕이 간과되고 있는 것이다. 따라서 이 책에서는 액션러닝의 핵심을 확실하게 보이고자 한다.

레반스는 액션러닝이 다양한 상황과 문화에 맞도록 하는 게 중요하다고 보았지만, 동시에 몇 가지 중요한 요소는 반드시 가져가야 한다고 했다. 실제 문제, 학습자의 중요성, 질문을 통한 탐구, 5명이나 6명으로 구성된 팀, 팀 리더가 없는 동등한 팀원 구성, 액션과 성찰의 균형, 학습자가 모르는 문제의 선택과 탐구, 팀원의 문제 공유, 외부 전문가의 최소 개입, 과정에 대한 신뢰 등이 여기에 포함된다.

그렇다고 레반스의 주장을 모두 따라야 한다는 것은 아니다. 레반스는 시대 상황에 맞춰 액션러닝을 해야 한다고 보았지만, 동시에 그의 주장 중에서 시대 상황에는 맞지만 잘못 이해되고 간과되고 있는 것도 있다. 이는 오히려 액션러닝에 반하는 프로그램을 지양하고 본래의 모습으로 돌아가는 것을 의미한다. 액션러닝이 본래의 기본 원칙에서 많이 벗어나 있어서 기의 눈에 띄지 않을 정도가 되었는데, 이 책에서는 액션러닝의 기본 원칙을 깨닫게 될 것이다. 현재 알고 있는 것과 비교하고 숨겨진 논리를 통해 액션러닝이 아주 강력한 도구라는 것을 알게 될 것이다.

지난 2009년 6월 6일 책이 완성되기 직전에 공저자인 로버트 딜워스Robert L. Dilworth가 서거하였다. 그 후 내가 느낀 상실감이란 이루 형용할 수가 없다. 우리는 액션러닝의 역사와 진화, 적용 사례 그리고 창시자 레반스에 관해 아직도 할 일이 많다는 것을 잘 알고 있었고, 그동안 지적인 교류를 계속해 온 터였다. 우리는 서로 다른 관점에서 시작했는데, 딜워스의 경우 레반스와 함께 일해 왔고, 나는 20년 동안 비즈니스에서 경력을 쌓아 왔다. 그러나 액션러닝의 역사와 진화를 탐색하는 과정에서 우리 모두 레반스와 전통적인 액션러닝에 대한 존경심을 새로이 발견하였다.

딜워스는 아주 훌륭한 파트너이자 멘토였다. 그는 언제나 도와줄 준비가 되어 있었고, 경험과 지식을 나누고자 하였다. 레반스가 말한 대로 그는 진정한 '역경 속의 동반자partner in adversity'였다. 관대함과 조언, 늘 용기를 주는 그에게 많은 사람이 감사해했고, 그 결과 2009년 '임원 역량개발 및 비즈니스 중심 액션러닝 글로벌 포럼' 행사에서 그를 기리는 '로버트 딜워스 기념 임원개발과 액션러닝 분야 최고 업적상'이 만들어졌다. 이렇게 함으로써 그를 기억하고 그의 공헌과 가치 및 열정을 지속하고자 한다. 따라서 이 책은 그에게 헌정되었다.

유리 보식Yury Boshyk

차례

제7장 국가 및 조직의 맥락, 문화 속 액션러닝 185

제8장 현대의 액션러닝: 관련 자원, 네트워크와 실천 공동체 221

제1부

액션러닝의 기원과 역사

액션러닝의 기본 개념과 원칙

액션러닝 · 제 1 장

Robert L. Dilworth

서론

이 장에서는 전통적인 액션러닝의 특징과 창시자인 레그 레반스Reg Revans가 굳게 믿었고 실천하고자 했던 개념을 살펴보고, 액션러닝 본래의 모습이 시간이 지나면서 어떻게 변모되었는지 제시하고자 한다. 그간 액션러닝이 시행되면서 레반스가 굳게 믿었던 기본 원칙에 따르고자 했지만 결과적으로 아주 다른 모습이 되기도 하였다.

애초에 레반스는 모든 액션러닝이 레반스의 방식을 따라야 한다고 하지는 않았으나, 적어도 기본적인 요소는 갖추고 있어야 한다고 하였다. 여기서 기본 요소라 함은 학습자에게 자율성을 주고 외부 전문가의 개입을 최소화하며, 아주 어렵고 당장 해결이 필요한 문제를 선택하게 하여 낯선 상황에서 어려운 문제를 다루게 함으로써 편안한 상태에서 벗어나 얻은 새로운 경험에 내해 성찰하세 하는 과정 등을 포함한다. 이와 같은 기본 요소들이 현재 크게 비중을 차지하고 있는 것 같지 않다. 예를 들면, '러닝코치learning coach'가 액션러닝 과정의 중심이 되는 경우도 있는데, 레반스는 누구보다 '학습자learner'가 과정의 중심이 되어야 한다고 보았다. 레반스는 액션러닝에서 문제를 해결하기 위해 어떤 전략을 취해야 하는지에 대해 학습자가 자율적으로 정하는 방식을 이상적으로 보았다.

레반스에 대한 이해

액션러닝의 창시자인 레반스는 경제학자와 교육자이기 전에 물리학자였다. 레반스는 진취적인 사고방식의 소유자였기 때문에 전통적인 사고방식을 가진 사람들로부터 많은 저항을 받았다. 이에 대해 레반스는 "우리 아이디어가 기존 전문가에게 비웃음을 받을수록 가치가 있다."고 말하였다.

비록 성공에 반한다 하더라도 레반스는 자신의 신념을 굽히지 않았다. 영국 맨체스터 대학Manchester University의 산업경영학과 교수로 재직했지만 결국 사표를 내고 말았던 일이 그렇다. 그의 아이디어가 전통적인 학자들과 자주 충돌했던 것이다. 레반스는 결코 사적인 부를 추구하지도 않았다. 스파르타식으로 절제하면서 살았고, 먹는 것도 소비도 책을 사는 것 말고는 최소한으로 살았다. 그가 가치를 둔 것은 아이디어였고 변화를 추구하는 것이었다. 액션러닝이 의미 있는 대화의 창구가 되고 세계 평화를 증진시킨다고 믿었다. 레반스는 퀘이커 교도로 평화주의자였고 세계 갈등과 대량 살상용 무기를 혐오했다. 분명 자신이 특별한 지적인 재능이 있었다고 믿었지만 동시에 자신보다는 남을 위해 봉사하려는 겸손한 성격의 소유자였다. 한편, 자신의 업적과 그것이 인정받는 것을 좋아하기도 하였다.

레반스의 아이디어는 널리 보급되는 동시에 지속적인 저항도 받았다. 예를 들면, 학습자가 잘 모르는 문제를 진단하고 해결책을 마련하는 과정에서 새로운 경험을 하게 하는 경험학습과 관련한 그의 기본 원칙은 당시 상식에서 많이 벗어나는 것이어서 많은 저항을 받았다. 사람들이 레반스를 인용하고 있지만 실제 정확한 이해를 하는 경우는 드문 것 같다. 따라서 이 책에서는 레반스의 기본 원칙이 무엇인지 알리고자 한다.

레반스가 자신의 신념을 피력한 지 50년이 지나 그의 아이디어에 변화가 있는 경우도 있다. 예를 들어, 레반스는 시뮬레이션을 액션러닝이라고 보지 않았지만, 현재 군대에서 사용되고 있는 시뮬레이션의 경우 실제 일어날 수 있는 상황을 미리 연출할 수 있다. 의료 관련 상황에서도 고도의 시뮬레이션을 통해 삶과 죽음의 상황에서 어떻게 반응해야 하는지 경험하게 할 수 있다. 기술이 변하고 조직 구조도 변화하고 글로벌 상황으로 인해 우리의 환경 자체가 변화하고 있다. 그러나 레반스의 기본 원칙에는 그것이 실제 상황이든 시뮬레이션 상황이든 여전히 유효하고 우리가 배울 수 있는 무엇이 있다. 문제는 레반스의 기본 원칙이 잘 알려져 있지 않다는 것이다. 다음에서 기술하고 있는 기본 원칙은 레반스와 저자가 가졌던 토론과 그의 저서 및 미발표 원고에 기초하고 있다.

액션러닝의 기본 원리

어떤 개념이건 잘 정의된 이론적 틀을 갖추는 것이 중요한 것처럼 레반스는 액션러닝을 너무 복잡하게 만들려는 사람들과 근본적으로 다른 철학을 가지고 있다. 레반스의 액션러닝 개념은 매우 실제적이고 단순한 것이다. 학습은 탐구하고 자발적이고 믿을 만한 환경에서 열린 대화를 하며 호기심을 충족시키는 것이라고 보았다. 특히 자발성은 자주 강조하는 주제이기도 하다. 레반스는 탐구하고 추론하는 과정을 액션러닝의 기초라고 보았다.

액션러닝의 자발성과 자율성에 대해 베르나 윌리스Verna Willis는 "즉흥적인 선물이나 칭찬을 받을 때 우리는 감동을 느낀다. 아이들이 놀 때 즉흥적으로 놀이에 필요한 대화를 하는 것을 보면 자발성이 이런 것이구나를 느끼게 된다. 놀이 친구들이 서로 상상력을 발휘해 세상을 이해하는 과정에서 실제 실현 가능한 세계를 만들어 내기도 한다."고 말한다.

자발성과 액션의 중요성에 대해 레반스는 "이론이란 뭔가를 하기 위해 준비하는 '준비된 액션'이다. 그러나 뭔가를 하기 위해서는 뭔가를 해야만 하는 상황에 직면해야 한다. 예를 들어, 당구를 치려면 당구대의 상황을 분석하면서 자세를 취하고 있어야 한다. 이때 당구 치는 사람은 추상적인 개념이 아니라 자신의 근육과 큐를 이용해서 볼을 치는 것이다. 석수쟁이나 조각가는 연장을 가지고 형상을 만들어 가고, 복잡한 계약 담당 변호사는 자신의 펜으로 아이디어를 만들어 낸다. 많은 사람들이 자신과의 대화를 통해 다음에 무엇을 할 것인지 정한다."고 말한다.

레반스는 액션러닝을 정의하는 대신 무엇이 액션러닝이 아닌지에 관해 얘기했는데 우리가 무엇을 정의하는 순간 성격을 제한하게 된다고 믿었기 때문이다. 단순화된 요리책과 같이 굳이 예를 들려고 하지 않았다. 다만, 액션러닝은 퍼즐이나 교과서, 강의, 사례, 시뮬레이션이 아니라고 하였다. 굳이 액션러닝을 정의한다면 그의 저서인 『액션러닝의 ABCABC of Action Learning』(1983)에 수록된 바와 같이 "액션러닝은 해결책이 없는 문제를 가지고 다양한 경험을 한 관리자가 모여 액션 과정을 통해 해결하는 것이다."를 참고할 수 있다. 다음에서 레반스의 기본 원리를 하나씩 살펴보도록 하자.

기본 원리 1: 변화의 속도가 학습의 속도를 초과하면 문제가 된다

레반스는 간단한 그래프를 사용하여 교통과 정보 흐름의 속도를 보여 주었다. 예를 들어, 콜럼버스가 대서양을 횡단하여 신세계의 월롭스 섬에 도달하기까지 45일이 걸렸고, 런던과 뉴욕 사이를 콩코드로 4시간 걸렸다고 설명하였다. 정보가 만들어져 배포되고 분석되는 속도는 아주 큰 영향을 미친다고 하였다. 또한 개인이건 조직이건 변화의 속도가 학습의 속도를 초과하게 되면 문제가 된다고 하였다. 따라서 문제는 학습의 속도를 변화의 속도에 맞추는 것이다. 학습의 속도가 변화의 속도와 비슷하거나 앞지르도록 하는 게 중요하다. 학습과 변화의 균형이 맞지 않고 반대로 변화가 학습을 앞지르게 되면 개인이나 조직에 문제가 생기게 되는 것이다.

이 같은 변화 속도와 학습 속도의 균형은 전통적인 교수방법에서 탈피하여 실제 문제에 기초한 경험 학습을 하도록 하는 중요한 개념인데, 그동안 많은 주목을 받지 못했다. 다음 원리는 변화의 속도에 맞는 학습의 속도에 관한 내용을 담고 있다.

기본 원리 2: 학습을 가속화하는 L=P+Q

레반스의 학습공식에서 L은 '학습Learning'을 의미하며 P는 교실과 교과서 같은 '프로그램화된 지식Programmed Knowledge', Q는 질문 탐구와 같은 '질문을 통한 통찰력Questioning Insight'을 의미하는데, 바로 이 Q가 액션러닝의 독특한 특징을 보여 준다. 레반스는 글로벌 시대 변화의 상황에 따라 P보다 Q를 강조해야 한다고 보았다. 일반적으로 학교나 직장에서 P로 시작하는 것과 달리 액션러닝은 해결책에 도달하기 전에 Q로 시작한다. 왜 그럴까? 수학자면서 과학자였던 레반스는 공식에서 P를 Q에 앞서 제시했으나, P보다 Q에서 액션러닝이 시작되어야 한다고 하였다. 그러나 액션러닝 전문가 마이클 마커트Michael Marquardt는 P가 Q보다 앞선다고 했는데, 이는 레반스를 정확히 이해하고 있지 않은 데서 비롯하는 것 같다. 레반스에게 있어서 P로 시작한다는 것은 과거를 지향하는 것을 의미한다. 지난 50년 이상 레반스가 강조해 온 것은 P를 포기하는 게 아니라 Q 과정에서 부족한 지식이 발견되면 P가 필요하다는 것이다.

예를 들면, 벨기에 철강산업 분야의 대기업이 오랫동안 당면했던 문제를 풀지 못했을 때 철강산업에 문외한이었던 사람이 참신한 질문을 던짐으로써 근본적인 문제의 해결을 본 사례가 있다. 여기서 교훈은 레반스의 학습 공식에서 Q인 참신한 문제제기가 중요한 관건이라는 점이다. 이와는 대조적으로 이전의 많은 문제들은 P에서 출발했기 때문에 실패했다고 본다.

액션러닝을 주제로 한 유럽 경영개발 콘퍼런스EFMD에서 알렌 멈포드Alan Mumford는 레반스의 학습공식에 수정을 가하면서 "레반스의 공식에서는 잘 표현되어 있지 않지만, P와 Q는 효과적인 학습을 위해 같이 가야 한다. 다시 말하면, 학습 L = Q + P + Q이다. 기존의 액션러닝이 P에서 시작하는 것과는 달리 Q에서 출발한다는 데 차이점이 있고, 이게 바로 P를 결정하는 출발점이다."라고 말한다. 여기서 멈포드가 Q로 시작하는 것은 올바른 접근이고 Q가 두 번 강조되는 것은 전 과정에 있어서 그만큼 Q가 중요하다는 점에서 시사하는 바가 크다. 레반스는 공식에서만 P를 선행시킴으로써 여전히 P의 중요성을 강조하고 있는 셈이다. 왜 Q에서 시작해야 하는지에 대한 첫 번째 이유는 해결책이 아니라 문제제기에서 시작할 때 P는 과거와 맞물려 있기 때문에 우리가 필요로 하는 것과 맞지 않으며, 또 Q로 시작하면 P는 새롭게 만들어 질 수 있기 때문이다. 이와 같이 Q 요소는 P가 적합한지 아닌지 정하게 만드는 것이다.

레반스는 문제의 모든 측면을 이해하기 위해 시스템 알파System Alpha라고 하는 출발점에서 기본적인 질문 세 가지를 하라고 한다. 첫째, 무슨 일이 일어나고 있는가? 둘째, 무슨 일이 일어나야 하는가? 셋째, 무슨 일이 일어나도록 어떻게 해야 하는가? 첫째와 둘째 질문을 통해 원인 분석이 가능하다. 어떻게 원하는 바를 달성하는가에 답하는 과정에서 기대와 현실 간의 차이가 줄어들 수 있다. 그러는 과정에서 가능한 해결책을 발견하게 되는 것이다. 문제의 원인을 발견하는 시스템 알파 과정은 문제제기 과정의 후속 절차인 '시스템 베타System Beta' 과정으로 이어진다. 첫째, 학습되고 있는 것을 체크하는 사실 발견과 둘째, 현장 연구와 자료 수집과 해석, 셋째, 조사와 관찰, 실험 가설과 이론, 평가와 결과 등의 과정 등을 포함한다. 이같이 학습자의 자율성과 함께 엄정한 절차에 의한 해결책의 발견을 강조하는 점에서 레반스의 과학적 배경을 알 수 있다. 따라서 레반스에게 액션러닝은 예술이자 과학이다.

마지막으로 액션러닝은 '시스템 감마System Gamma'로 이어져 우리 자신과 조직을 더 잘 이해할 수 있게 된다. 레반스의 말을 빌리자면 "관리자의 학습 과정과 시스템의 변화는 공존 체제로서 시스템 감마라 한다. 여기서 중요한 점은 관리자의 이해 능력과 이해에 바탕을 둔 행동의 변화가 공존한다는 것이다." 레반스의 이런 관점은 우리의 마인드를 바꾸는 조직행동 전략이라는 관점에서 조직개발 전략으로 해석되기도 한다. 시스템 감마는 자신에 대한 문제제기에서 비롯되는 성찰 과정을 통해 이루어진다. 이는 잭 메지로우Jack Mezirow가 비판적 성찰과 변혁적 학습으로 정의한 깊이 있는 자기 문제제기를 의미하고, '왜'라고 묻는 이면의 '왜'로 이어진다. 자기 탐구로 이어지는 이 과정에서 사고하고 문제해결하는 방식을 들여다보게 된다. 비판적 성찰의 과정에서 역기능적인 가정이 수정될 수 있고 좀 더 기능적인 가정이 만들어지기도 한다. 레반스는 액션러닝과 성찰 과정을 이 같은 변화, 심지어는 세계 평화를 가져오는 도구로 보았다. 이 같은 시스템 알파, 베타, 감마 개념을 통해 레반스의 과학적 배경을 엿볼 수 있다.

성찰과 자기 탐구는 액션러닝의 전 과정에서 일어난다. 어떤 경우는 액션이 일어날 때 성찰이 이루어지고 또 어떤 경우에는 도널드 숀Donald A. Schön이 언급한 것처럼 이미 일어난 일에 대해 반성할 때 일어난다. 레반스에게 학습은 성찰 과정에서 일어나는데, 이 과정에서 액션과 실제 문제는 촉매의 역할을 하는 것이다. 이는 마커트가 말한 학습공식 L = P + Q + R과는 대조적이다. 레반스는 성찰이 학습의 전 과정에 걸쳐 일어나는 것으로 본 것과 달리 마커트는 액션러닝 과정에서 나중에 수반되는 것으로 보았다. 이는 숀이 정의한 일어난 일에 대한 성찰 과정과 유사하다.

기본 원리 3: 액션러닝 팀은 실제 문제를 다룬다

첫째, 문제는 만들어지는 게 아니다. 인위적인 문제는 내재하는 위험 요소와 최선을 다해 문제를 해결하려고 하는 절박성을 결여하고 있다. 둘째, 문제는 실제적이고 절박하며 어려운 것이어야 한다. 레반스에게 가장 좋은 문제는 해결이 불가능한 것이라고 했다. 셋째, 퍼즐과 사례연구는 실제가 아니고 특히 사례연구는 현재가 아니라 과거에 기초하고 있기 때문에 적합하지 않다고 보았다. 넷째, 실제 문제는 '학습 엔진learning engine'으로써 액션러닝 팀의 에너지를 촉발해 준다.

여기서 '실제realness'라 함은 상대적인 개념이다. 레반스는 어려운 과제에서 오는 스트레스 자체가 학습 경험을 가능하게 하고 여타의 교육 훈련과 차별되는 것이라고 보았다. 팀원들로 하여금 문제해결을 하도록 자율성을 주는 것 자체가 고위 관리자와 인적 자원 전문가에게 위협의 요소가 될 수 있다. 이 같은 반작용 때문에 액션러닝을 더욱 통제하는 결과를 낳을 수도 있다.

기본 원리 4: 액션러닝 팀에는 세 가지 유형이 있다

원래 레반스는 수학 용어인 '세트set'라는 표현을 썼지만, 이 책에서 우리는 현대적인 의미의 '팀team'이라는 용어를 사용한다. 액션러닝 팀은 세 가지로 분류될 수 있는데, 두 가지는 종종 사용되고 나머지 하나는 잘 사용되지 않는다. 팀원들은 공동의 문제를 다루거나 개인적인 문제를 다룰 수 있다. 마지막 유형은 레반스가 벨기에에서 사용한 것이다.

공동의 문제

액션러닝 팀은 공동의 문제를 다룬다. 여기서 다루는 문제는 실제적인 것이므로 지식과 경험을 활용하여 문제를 진단(시스템 알파)해야 하고, 연구 분석하여 해결책과 대안을 제시(시스템 베타)한다. 액션러닝에서 참가자들은 '역경 속의 동반자partners in adversity'로서 팀원들이 함께 문제해결을 한다. 따라서 팀원 간에 아주 강한 결속이 가능하게 되고 해결책이 만들어진다. 팀워크의 경험이 없거나 팀워크를 선호하지 않은 팀원이 있어 초기에 어려움을 겪을 수 있으나 액션러닝 과정을 통해 대부분 팀워크에서 중요한 학습과 리더십을 경험하게 된다.

개별 문제

액션러닝 팀은 참여자의 개별 문제를 다룰 수 있는데, 이 역시 효과적인 학습이 될 수 있으나 몇 가지 단점을 가지고 있다. 첫째, 팀원이 가지고 있는 문제의 난이도에는 차이가 많다는 점이다. 따라서 팀원들 모두가 성공적이기 위해서 비교적 다루기 쉬운 문제를 선택하는 경향이 있다. 둘째, 다른 팀원의 문제에 귀 기울이기는 하지만 공동의 문제를 다루는 팀에 비해 팀의 결속력은 희박한 편이다. 셋째, 참여자 전원의 문제에 귀를 기울이다 보니 시간이 변수가 되어 러닝코치의 교통정리가 필요하게 된다.

벨기에 모델

레반스는 1960년대 벨기에에서 5개 대학과 주요 기업들로 구성된 컨소시엄을 통해 벨기에 국가 경제의 발전을 돕는 액션러닝을 시행하였다. 참여자 반 이상의 고위 관리자들이 산업 간 교류를 한 것이 특이하다. 약 5명으로 구성된 팀원들에게 개별 문제가 주어졌는데, 이들에게 주어진 문제는 은행의 고위 관리자에게 철강 산업 문제가 부과되는 것과 같이 자신이 속해 있는 산업과 전혀 무관한 문제였다. 일단 문제가 정해지면 관련 조직에서 액션러닝 팀이 조직되었다.

팀 내 커뮤니케이션을 위해 4~6명의 참가자가 정해지는데, 레반스는 5명을 이상적으로 보았다. 마커트의 조지 워싱턴 대학George Washington University과 보담Botham의 살포드 대학University of Salford 내 레반스 액션러닝연구센터Revans Centre for Action Learning and Research는 개별 문제 형태를 선호한다. 반면, 딜워스Dilworth의 버지니아 커먼웰스 대학Virginia Commonwealth University과 윌리스의 조지아 주립대학Georgia State University은 공동의 문제 형태를 선호한다.

기본 원리 5: 친숙하거나 낯선 문제와 상황

레반스에 의하면 두 가지 종류의 문제와 상황이 있다. 친숙한 문제와 상황은 우리가 소속해 있는 직장에서 경험하는 경우이다. 예를 들면, 일본에서는 '분임조quality circle'라고 하는 소그룹 활동을 통해 생산라인의 질을 개선하고 있다. 레반스는 이 경우 '질문하는 모임questioning circles'이라는 이름을 사용하였다. 그러나 레반스는 낯선 상황에서 낯선 문제를 다룰 때 가장 많이 배울 수 있다고 보았다. 이 경우 우리가 '편한 상황comfort zone'에서 벗어나

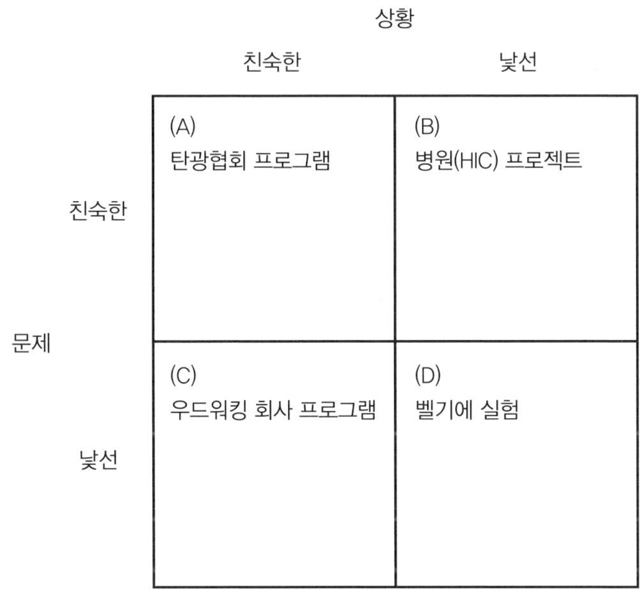

		상황	
		친숙한	낯선
문제	친숙한	(A) 탄광협회 프로그램	(B) 병원(HIC) 프로젝트
	낯선	(C) 우드워킹 회사 프로그램	(D) 벨기에 실험

[그림 1-1] 액션러닝의 네 가지 유형

'참신한 질문fresh questions'을 할 수 있다는 것이다. [그림 1-1]은 친숙하거나 낯선 문제와 상황에 의한 네 가지 가능한 유형Four Square Model을 보여 준다.

사례 (A): 친숙한 문제와 상황

대부분의 직장에서 찾을 수 있는 사례에 해당한다. 국영석탄회사National Coal Board 사례는 레반스가 탄광에서 했던 업무와 관련이 있다. 광부로 구성된 팀과 많은 시간을 함께하면서 관리자의 지시가 아니라 광부 스스로 작업 방식을 설계하고 중요한 결정을 내릴 때 비로소 생산성이 증가하게 된다는 사실을 발견하였다. 이 경험으로 인해 레반스는 액션러닝이 문제를 해결하고 성과를 올리는 데 기여한다는 믿음을 굳히게 되었다. 이후 슈마허E. F. Schumacher의 '작은 것이 아름답다small is beautiful'는 말과 일맥상통하는 '작은 것이 충실하다small is dutiful'는 표현이 만들어지게 된다. 잘 통제되고 관리되는 대규모 팀에 비해 소규모 작업 팀이 훨씬 더 좋은 결과를 낼 수 있다는 내용을 담고 있다. 레반스에게 있어 액션러닝 팀은 5~6명 이상을 넘지 않아야 한다. 슈마허와 레반스의 주장은 동시대를 훨씬 뛰어넘는 것이었다. 이는 오늘날 대기업에서 복잡한 문제해결과 리더십 개발, 고객과의 밀착과 경쟁력 우위를 점하기 위해 수평화되고 덜 관료적이기 위한 노력을 의미한다. 국영석탄회사 사례는 1945년 영국 탄광 산업의 미래에 관한 보고서에서 기술한 바와 같이 레반스가 액션러닝이라고 불리는 노력을 처음 시도한 것이었다. 레반스는 이 보고서에서 '현장 관리자가 그들의 문제를 그룹을 통해 해결할 수 있도록' 직원 대학을 만들자고 제안하였다. 레반스는 평생 동안 팀이 함께 학습하는 것을 지속적으로 강조하였다.

사례 (B): 낯선 상황의 친숙한 문제

병원 커뮤니케이션 개선Hospital Internal Communication, HIC 프로젝트 사례는 런던에서 가장 큰 병원 10개를 대상으로 한 연구를 보여 준다. 간호사의 높은 이직률과 환자의 높은 사망률, 환자의 장기 체류, 직원의 사기 문제 등이 공통적으로 발견되는 문제였다. 이 프로젝트에서 한 병원의 전문가들은 다른 병원에 파견되어 조직문화의 차이를 발견하였다. 1994년 합병하기로 된 맨체스터 지역의 병원 두 군데에 다양한 직종의 참여자 32명이 5개의 액션러닝 팀으로 조직된 프로젝트에 레반스가 개입하였다. 참여자들이 소속된 병원의 조직문화와 새로 접하는 조직문화가 상당히 달라 합병은 쉽지 않은 것으로 나타났다. 액션러닝을 시행한 실험집단이 액션러닝을 사용하지 않았던 통제그룹에 비해 긍정적인 결과를 보였고, 간호사의 이직률이 감소하고 환자의 사망률과 병원 체류 기간이 줄어들었으며, 직원의 사기가 개선되었고 이직률이 감소하였다. 어떻게 이런 결과가 나왔을까? 문제는 효과적인 커뮤니케이션의 부족이었다. 의사는 간호사와 대화하지 않았고 의사끼리도 대화하지 않았으며 의사와 간호사는 환자 및 그 가족들과 충분히 대화하지 않았다. 바로 이 같은 문제가 발견되자 문제의 실마리가 풀리기 시작했다. 물리학자인 레반스가 했던 일은 관찰가능한 세계에서 어떤 구조를 발견하는 것인데, 병원 프로젝트의 경우 공통으로 발견되는 관련성을 찾아냈던 것이다.

사례 (C): 친숙한 상황의 낯선 문제

목재 회사의 임원 5명은 같은 회사라는 친숙한 상황에서 각기 다른 문제를 관찰하고 해결하였다. 이들 디렉터들의 낯선 문제에 대한 집단적인 해결 노력에 의해 공장 비용이 30퍼센트 감소하고 전체 생산 소요기간이 3분의 2가 짧아졌으며 수천 개의 일자리가 보존되었다고 레반스는 증언하였다.

사례 (D): 낯선 상황의 낯선 문제

벨기에 실험은 회사 임원들이 전혀 익숙하지 않은 환경에서 전혀 생소한 문제를 해결하는 사례를 보여 주었다. 게다가 이들 임원들은 전에 함께 일해 본 적이 없는 팀원들과 함께 활동하였다. 사람들의 학습을 자극하기 위해 낯선 상황에 위치시키는 것은 익숙한 데서 벗어나 참신한 질문을 하게 하는 레반스의 아주 중요한 개념을 보여 준다. 이처럼 중요한 레반스의 기본 개념이 간과되고 있는 것 같아 안타깝다. 문제에 익숙하지 않은 사람들이 동원되는 데에 딜레마가 있다. 이들 액션러닝 참가자들은 전문적인 지식을 가지고 있지 않기 때문에 문제를 진단하는 데 한계를 가지고 있다. 그러나 레반스에 의하면 이 정도의 한계는 문제가 무엇인지를 알아내고 해결하려는 의지라고 하는 큰 목적에 의하면 어느 정도 감수할 만한 것이다. 문제를 해결해 본 적이 없고 기존의 패러다임에 얽매여 있는 전문가보다는 과거의 경험과 지식이 없는 사람들이 '참신한 질문fresh question'을 할 수 있고 기상천외한 발상을 할 수 있다는 것이다.

액션러닝 팀이 반드시 해결책을 시행해야 한다는 주장이 있는데, 이 입장과 관련하여 멈포드는 다음과 같이 말한다.

> 벨기에 프로젝트는 낯선 상황에서 낯선 문제를 해결하는 것이었습니다. 국영석탄회사와 의료서비스 프로젝트와 같은 이전 작업들은 친숙한 상황의 친숙한 문제를 다루는 것이었습니다. 액션러닝 참여자가 실제로 해결책을 시행하지 않고 제안만 하는 것은 근본적으로 다른 경험이 됩니다.

멈포드의 이 같은 주장은 두 가지 점에서 문제가 된다. 하나는 회사 임원들이 자기의 전문 분야가 아닌 문제를 진단하는 벨기에 프로젝트에서 실제로 해결책 실행을 다루었다는 점이다. 문제의 조직에서 실행 팀이 조직되면 액션러닝 팀이 한 문제의 진단이 실제 실행될 수 있도록 도와주었다. 특히 레반스는 실행 팀에 해결책을 원하는 사람들과 실행이 가능하도록 할 수 있는 사람들 그리고 전문성을 가진 사람들 등 세 가지 유형의 구성원을 포함하고 있어야 한다고 보았다. 병원 커뮤니케이션 개선 프로젝트는 멈포드가 친숙한 상황이라고 잘못 지칭하였다. 물론 의료진에게 병원은 친숙한 상황이지만 자신이 소속한 병원이 아니라 다른 병원의 조직문화를 말하는 것이었다.

전문성이 없는 사람들이 문제를 진단하고, 해결책을 실행하는 전문가를 갖추는 것 두 가지를 동시에 겸비해야 하는 이와 같은 딜레마를 어떻게 해결해야 할까? 해결책은 문제의 진단이 이루어지면 실행하고자 하는 주체를 갖추는 데 있다. 저자와 같이 지난 30년 동안 낯선 문제와 낯선 상황, 심지어 낯선 동료로 구성된 액션러닝 팀과 일해 본 사람이라면 액션러닝과 관련한 에너지와 열정으로 인해 기발한 아이디어를 낳을 수 있다는 사실을 알 수 있다. 예를 들면, 노엘 티키Noel Tichy가 이끈 미시간 대학University of Michigan의 액션러닝 팀은 참신한 사고를 여는 방법으로 해외여행을 포함시켰다. 레반스는 이런 인위적인 방법이 실제가 아니라는 점에서 환영하지 않았을지 모른다. '모험 훈련adventure training'이 게임이나 퍼즐, 시뮬레이션 등과 같이 실제가 아니라는 점에서 배제되지만, 참여자가 자신의 친숙한 상황을 벗어나게 한다는 점에서 도움이 될 수도 있다.

기본 원리 6: 지정된 리더가 없다

액션러닝 팀의 리더십과 관련하여 의견이 엇갈리고 있다. 레반스는 이에 대해 분명한 입장을 갖고 있으며 모든 액션러닝 '세트set'에서는 어떤 형태의 권위적인 인물도 있어서는 안 된다고 하였다. 그에게 있어 액션러닝 팀은 동등한 사람들로 구성된 것이어야 한다. 레반스는 소위 퍼실리테이터의 역할에 대해 액션러닝 과정을 시작할 때 필요하다고 보았지만 팀워크가 진행되면서 외부 퍼실리테이터는 뒤로 빠져야 한다고 하였다.

레반스의 관점은 특히 러닝코치의 활용이라는 점에서 액션 성찰 러닝Action Reflection Learning, ARL, 마커트의 액션러닝World Institute of Action Learning, WIAL과 대조적이다. ARL 모델은 전문가의 개입을 강조한다. 이 접근방법은 1977년 스웨덴의 밀연구소Mil Institute와 빅토리아 마식Victoria Marsick의 국제경영리더십Leadership in International Management, LIM에서 비롯하였다. 렐린Raelin은 "전문적인 지식을 결여한다는 것은 참가자가 문제제기를 하는 데 적절하면서도 어려운 질문을 해야 한다는 것을 의미한다."고 보았다. 이 같은 렐린의 말이 의미하는 바는 참여자가 문제제기를 잘 할 수 있도록 전문가(또는 외부 퍼실리테이터)의 도움을 받아야 한다는 것이다.

그러나 레반스는 러닝코치가 학습이 이루어지는 공간을 방해할 수 있다고 보았다. 다시 말하면, 학습코치가 팀원들이 과정을 잘 따를 수 있도록 개입함으로써 학습의 공간을 보호하게 된다는 것이다. 저자는 액션러닝 팀이 아주 어려운 문제를 해결하고 있다면 러닝코치의 방해가 부정적으로 비추어질 수 있고 또 실제 그런 일이 일어나는 것을 경험하였다. 한편, 마커트는 러닝코치가 액션러닝 팀에 대해 통제권을 가지고 있다고 했다. ARL의 경우와 같이 마커트는 액션러닝의 핵심에 러닝코치를 두는 반면, 레반스는 학습자를 핵심에 놓고 있다. 따라서 이들 간에는 아주 근본적인 차이가 있다.

기본 원리 7: 행동은 성찰과 균형을 맞추어야 한다

액션은 중요하지만 비판적 성찰과 균형을 맞추어야 한다. 진정한 학습은 성찰에서 비롯하기 때문이다. 그러나 성찰은 즉각적인 문제해결을 강조하는 서구 문화에서 결코 쉽게 얻어지는 능력이 아니다. 순간의 절박함은 현재 일어나고 있고 일어난 일에 대한 성찰을 가능하게 하지 않는다. 깊이 있는 비판적인 성찰은 아주 어려운 일이지만 바로 여기서 전략적 사고가 나오는 것이다. ARL 접근방법은 성찰을 가능하게 하기 위해 외부 전문가의 도움이 필요하다고 보았지만 레반스의 생각은 달랐다. 반면, 멈포드는 외부 퍼실리테이터의 필요성을 인정하는 편인데 몇 가지 유용한 방법을 보여 준다. 성찰을 기록하는 '학습기록learning log'이나 '유형 2 학습type 2 Learning' 즉 학습자로 하여금 최근에 벌어진 일과 금방 일어날 일에 대해 성찰하게 하는 방법의 활용을 예로 들고 있다.

결론

지금까지 요약한 내용은 액션러닝의 창시자인 레반스의 철학과 개념, 기본 원리를 보여 준다. 레반스가 제안하는 액션러닝의 핵심요소는 다음과 같다.

- **참신한 질문을 한다.** 이는 외부 퍼실리테이터의 개입 없이 사람들이 알고 있는 것으로부터 벗어날 때 가능하다.
- **현상의 저변에 숨겨진 가정을 드러낸다.** 낯선 상황에 있을 때에는 적용할 수 있는 가정이 거의 없기 때문에 참신한 질문을 할 수 있고 기존의 가정이 더 이상 맞지 않는다는 것을 깨닫게 됨으로써 새로운 가정을 만들어 낼 수 있다.
- **새로운 관계와 멘탈모델을 만들어 낸다.** 이는 현재 당면한 과제와 맞지 않는 기존의 가정과 사고방식을 넘어설 때 가능하다.
- **P과 Q의 균형을 맞춘다.** 액션러닝 과정의 결과는 새로운 P를 위한 준거가 되고 이를 가능하게 하는 것이야 말로 참신한 질문이다.

● 참고문헌 ●

Arendt, H. (1978) *The Life of the Mind, Volume I, Thinking* (San Diego: Harcourt Brace Jovanovich).

Cullotta, K. A. (2008) "The Parent-Teacher Gains a New Participant", *New York Times, 27 December.*

Davies, B., Principal of Willetton Senior High School in Western Australia, Personal letter addressed to Revans on 5 June 1991.

Dilworth, R. and Willis, V. (2005) *Action Learning: Images and Pathways* (Malabar, FL: Krieger Publishing).

Dilworth, R. (2005) "Creating Opportunities for Reflection in Action Learning: Nine Important Avenues", in S. Reddy and A. Barker (eds.), *Genuine Action Learning: Following the Spirit of Revans* (Hyderabad, India: ICFAI University Press), pp. 88-113.

Lewin, Kurt (2004) "Lewin: The Practical Theorist", in M. R. Weisbord (1987) *Productive Workplaces: Organizing and Managing for Dignity, Meaning, and*

Community (San Francisco: Jossey-Bass), pp. 70-87

Marquardt, M. J. (1999) *Action Learning in Action: Transforming Problems and People for World-Class Organizational Learning* (Palo Alto: Davies-Black).

Mumford, A. (1998) "Appendix 2: A Review of the Literature", in M. Pedler (ed.), *Action Learning in Practice* (London: Gower), pp. 373-92.

Mumford, A. (1994) "Action Learning-The Best Answer for Business Driven Management Development?", Presentation Seminar at the EFMD Annual Conference: The Special MiL Event, 8-10 June, Klippan, Sweden.

O'Neil, J. and Marsick, V. (2007) *Understanding Action Learning* (New York: American Management Association).

Raelin, J. (1993) "Persean Ethic: Consistency of Belief and Actions in Managerial Practice", *Human Relations*, 46(5), pp. 55-62.

Revans, R. W. (1992) Keynote address at the Conference on Educating Cities, Proceedings, November 25-7 1992 (Gothenburg, Sweden).

Revans, R. W. (1990) "The Hospital as a Human System", *Behavioral Science Journal, 35*(2), pp. 108-14.

Revans, R. W. (1983) *ABC of Action Learning* (Bromley, Kent: Chartwell-Bratt).

Revans, R. W. (1982a) *The Origins and Growth of Action Learning* (Bromley, Kent: Chartwell-Bratt).

Revans, R. W. (1982b) "What is Action Learning?", *Journal of Management Development, 1*(3), pp. 64-75.

Revans, R. W. (1958) "Theory and Practice: A Study of Technical Knowledge", *Researches and Studies*, 18, July, University of Leeds Institute of Education.

Revans, R. W. (1956) "Industrial Morale Size of Unit", *Political Quarterly, 27*(3), pp. 303-11.

Schön, D. (1987) *Educating the Reflective Practitioner* (San Francisco: Jossey-Bass).

Schumacher, E. F. (1972) *Small is Beautiful* (London: Blond & Briggs).

Weisbord, M. (2004) *Productive Workplaces Revisited* (San Francisco: Jossey-Bass).

Willis, V. J. (2005) "Spontaniety and Self-Organizing in Action Learning.", in S.

Reddy and A. Barker, *Genuine Action Learning: Following the Spirit of Revans* (Hyderabad: ICFAL University Press), pp. 155-82.

레반스에 대한 기억: 액션러닝의 선구자

Albert E. Barker

이 글은 나의 친한 친구이자 동료였던 레그 레반스Reg Revans의 삶에 대한 스케치로써 그와 나누었던 많은 대화와 그의 가족들의 이야기 그리고 그의 개인적인 기록들을 바탕으로 작성되었다. 레반스는 일생 동안 자신의 전기를 쓴다든가 개인적인 공적을 나타내는 여러 형식들을 피하였지만 삶의 후반부에서 나에게 만큼은 그의 삶의 윤곽을 알 수 있는 정보를 제공하곤 하였다.

나는 그의 친구임을 자랑스럽게 여기고 있다. 그는 매우 사교적인 사람이었고 다른 사람들을 편안하게 대하였다. 우리 모두는 그로부터 많은 것을 배웠다. 그의 일생은 한마디로 관대함이라고 표현할 수 있다. 그는 돈이나 물질적인 것은 생각하지 않았다. 액션러닝에 관해 조언하기 위해 여러 기관들을 방문할 때 그는 보수에 대해 묻지 않았다. 대부분 기껏해야 사례금이나 교통비 정도를 받을 뿐이었다.

레반스는 스파르타인이라 불릴 만큼 매우 엄격하고 간소하게 생활하였으며 음식물을 적게 섭취하였다. 그가 돈에 관심이 없었다는 것을 보여 주는 몇 가지 일화가 있다. 벨기에에서 일한 수년 뒤에야 연금수급권을 얻었고 그는 이에 대해 어떤 보상금도 요청하지 않았다는 것이 후에 밝혀졌다. 1994년, 영국의 히스로에서 열린 액션러닝 상호협력회의Action Learning and Mutual Collaboration Congress의 준비과정에서 레그Reg(레반스의 애칭)는 몇몇 동유럽 참가자들이 참석할 돈이 없다는 것을 알게 되었다. 그는 쥐꼬리만한 자신의 저축에서 돈을 마련하였다. 그의 관심은 세상을 더 좋은 곳으로 만들고 상호이해를 증진시킬 수 있는 대화를 장려하는 것이며 액션러닝은 이것을 실현하기 위한 그의 도구였다.

1988년에 나는 액션러닝에 관한 성과개선 분기별 특별 이슈의 일환으로 레그 레반스의 삶에 관한 간략한 프로파일을 준비한 바 있다. 그러나 이 책이야말로 레반스의 삶을 가장 잘 보여 준다고 할 수 있다.

유년 시기

레지날드 윌리엄 레반스Reginald William Revans는 1907년 5월 14일에 잉글랜드 남부 해안의 해상 운송 중심지라 할 수 있는 포츠머스에서 태어났다. 그가 태어난 1년 후, 그의 아버지는 해양조사관이라는 직업을 갖게 되었고 가족들은 북쪽 지역인 버커헤드에 있는 클로톤의 그래프톤 스트리트로 이주하였다. (강한 신념을 지녔던) 레반스의 어머니는 자발적으로 지역사회에 참여하였다. 좀 더 구체적으로 말하면 명확한 국가건강관리규정이 없던 시절 지역병원에서 보조 업무를 하였다. 1910년 레반스가 3세가 되었을 무렵 플로렌스 나이팅게일이 사망하였다. 그의 어머니는 동료 간호사들과 함께 추모식에 참석하였는데 레반스는 그들이 모두 검은 옷을 입었던 것을 기억하고 있었다.

레반스가 5세가 되었을 때 그의 가족은 런던의 발람으로 이사하였다. 그의 아버지의 업무는 '메르캔틸 선박Mercantile Shipping의 수석 조사관'으로서 타이타닉 재난에 대한 조사에 깊이 관여하였다. 레반스는 당시에 대해 많은 선원들이 그의 가족을 방문했던 것을 기억하고 있었다. 방문자들은 주로 선원이나 그의 가족들이었는데 그들은 맨발이었다. 그 당시 바다 일을 하는 사람들은 너무 가난했기 때문이다. 이후 청소년이 된 레반스는 아버지에게 타이타닉의 비극으로부터 배운 가장 중요한 교훈이 무엇인지 물었다. 그의 아버지는 레반스의 질문을 여러 날 생각한 후에 "우리는 영리함과 지혜를 구분하는 법을 배워야 한다."라고 대답해 주었다. 비록 19세 때의 일이었지만 레반스는 성인이 되어서도 여전히 그 질문에 대한 아버지의 대답은 그의 인생에서 가장 중요한 교훈이라고 말한다. 이러한 이야기를 통해 우리가 확실히 알 수 있는 것은 어린 레반스가 이미 'what?' 유형의 질문을 하는 대신 'why?' 유형의 질문을 하고 있다는 것이다. 11세 무렵 중등교육을 고려할 때가 되었을 때, 가족과 교사들은 레반스가 런던의 가장 유명한 칼리지 중 하나인 크리스트 병원학교Christ's Hospital School의 입학시험을 통과할 수 있을 것이라 확신하였다. 그러나 레반스는 그 학교의 전통적인 교복이 노란 양말과 프록코트라는 것을 알았을 때 입학을 강력하게 거부하였다. 레반스의 생각에는 자신이 그런 옷을 입고 런던 거리를 걸을 수는 없었기 때문이었다. 그의 저항에도 불구하고 입학시험을 치러야 했다. 결국 입학시험의 결과는 그의 인생에서 처음으로(그리고 유일하게) 시험에 실패했다고 판결되었다. 이 사건은 노란 양말과 프록코트가 너무나 못마땅했던 어린 레반스가 시험지에 자신의 이름 외에 아무것도 쓰지 않았던 것이다. 결국 배터시 그래머 학교Battersea Grammar School에 입학하게 된다. 이렇듯 원칙에 대해 자신의 견해를 고수하겠다는 완고한 결심은 이후 그의 삶에서 여러 번 나타난다.

유년기부터 레반스는 음악에 대한 상당한 관심과 애정을 나타냈다. 그의 어머니에 따르면 브람스 심포니에 대해 특별한 애정을 가졌다고 전한다. 레반스는 어머니에게 어떻게 우아하고 단순한 멜로디에 매료되었는지 말하곤 하였다고 한다. 그는 미술에도 관심이 있었다. 실제로 그는 런던에 있는 지역미술관을 자주 방문하였고, 전시된 작품을 보는 것뿐만 아니라 (청소년임에도) 그림들을 보관하기 위해 저장소로 옮기는 일이 허용되기도 하였다. 후에 그는 그림 그리기를 시작하였고 그의 작품 중에는 두 번째 부인인 노라Norah의 초상화도 있다. 레반스의 작품 목록에는 많은 스케치가 있었는데 대부분의 캔버스는 여러 해를 거치며 사라졌다. 10대의 레반스는 스포츠 활동에 적극적이었으므로 은둔형이거나 비참여적인 아동이 아니었다. 그리고 탁월한 운동능력 또한 두드러지게 나타내기 시작하였다.

레반스가 옥스퍼드와 케임브리지 두 대학의 입학시험에 합격했다는 것은 놀라운 일이 아니다. 이후 화학을 연구할 계획으로 옥스퍼드 대학의 인터뷰에 참석했을 때, 레반스의 답변에 만족한 인터뷰 담당 교수는 마지막 질문을 하였다.

"레반스군, 옥스퍼드 대학에서 화학 분야의 학위를 받은 후 무엇을 할 것인가요?"

"나는 초상화를 그리는 화가가 되고 싶습니다."

레반스의 순진한 답변은 그들을 당황하게 하였다. 인터뷰 담당자는 그의 대답이 위대한 옥스퍼드의 학위를 낭비하는 것이라 생각하였고 지원서를 찢는 소리로 그 절차가 종료되었다. 이후 수년 동안 레반스는 세속의 가르침을 성실하게 배웠다. 일례로 케임브리지 엠마뉴엘 칼리지Emmanuel College 대학원의 연구원으로 지원할 때에는 초상화를 그리는 데 관심이 있다는 것을 언급하지 않았다.

학생 시기

레반스는 배터시 그래머 학교Battersea Grammar School를 졸업한 후 런던의 유니버시티 칼리지(1925~1928)에서 수학하였다. 그는 정상적인 교육기간인 3년 대신 2년 만에 (그의 지도교수인 포터Porter교수의 바람과는 달리) 물리학을 마쳤다. 물론 레반스는 학위를 위한 시험을 통과했으며, 물리학에서 뿐만 아니라 대학 전체의 최우수학생에게 수여하는 상을 수상하였다. 역설적으로, 그는 3번째 해인 1928년에 유니버시티 칼리지에서 연구 프로그램을 진행하며 강압적인 교수를 돕는 것으로 보내게 된다. 그의 스포츠맨으로서의 노력 또한 지속되었다. 제1차 세계대전의 결과로 인하여 독일은 올림픽에 참가하는 것이 금지되었다. 1927년 여러 나라의 선수들은 이같은 결정에 반대하는 의견을 제시하고자 국제올림픽위원회 본부가 있는 하노버를 방문하기 위해 모였다. 레반스는 대표단의 일원이었으며, 그 방문이 이루어지는 동안에 발생한 한 사건에 대해 친구에게 말한 적이 있다. 그 당시 그들이 앉아 있던 바로 그 홀은 브람스가 그의 첫 피아노 협주곡을 연주한 곳이다. 공연 당시 첫 번째 무브먼트의 끝에 관객은 독일에서 가장 위대한 작곡가 중 한명을 야유했다. 브람스는 놀림을 받았고, 사람들은 연주를 중단하도록 고함을 쳤다. 레반스는 하노버 의회에서 소위 '전문가experts'들에 의해 무시받고 조롱당하면서, 진정한 가치를 지닌다는 것이 무엇인지 확신할 수 있었다. 이후 그의 삶에서, 우리들에게 같은 교훈을 주는 다른 사람들을 떠올리게 한다. 레반스가 이 8월의 모임에 대해 언급했을 때 단지 20세에 불과했다. 이 의회에서의 선언은 그의 전체 삶을 통해 나타난다. 그의 견해는 자주 저항에 직면하였지만 그의 신념은 절대 흔들리지 않았다.

레반스는 케임브리지 엠마뉴엘 대학에서 연구 학생 자격인 서드버리

Sudbury를 수상했고 그곳에서 1929년부터 1930년까지 박사학위를 위해 연구를 수행하였다. 그의 운동에 대한 재능만큼 지적인 재능과 노력은 그를 아카데미와 스포츠 성취 두 가지를 모두 달성하게 하였다. 그의 신체적인 노력과 별개로 예술에 대한 흥미는 지속되었고 그는 트럼펫을 연주하는 시간과 함께 케인즈John Maynard Keynes를 공부하는 시간을 가졌다. 그는 또한 20세기의 거장인 러셀Russell, 화이트헤드Whitehead, 비트겐슈타인Wittgenstein, 보어Bohr 그리고 아인슈타인Einstein 등을 만났다. 레반스는 전기학의 아버지인 톰슨J. J. Thomson의 마지막 제자로서, 박사학위 논문을 위한 이론을 연구하기 위해 엠마뉴엘 대학Emmanuel College에 정착하였으며 또한 캐번디시 연구소Cavendish Laboratory에서 근무하였다. 톰슨이 1919년 이곳에서 은퇴했을 때 러더퍼드Rutherford가 연구소의 새로운 책임자가 되었다. 레반스가 그 연구실에 있을 당시 러더퍼드는 원자의 분열 연구에 몰두하였고, 제임스 채드윅James Chadwick은 중성자를 발견했으며(1932), 패트릭 블래킷Patrick M. S. Blackett(1948년에 노벨 물리학상 수상)은 오퍼레이션 리서치를 추진하였다.

학업 외 대학원 활동들

강렬한 개인 운동을 추구해 본 적이 있거나 복싱 링에서 상대를 향해 홀로 서 있어 본 사람은 그들이 직면하는 투쟁이 그들 자신, 그리고 그들을 둘러싼 환경을 발견하기 위한 전투라는 것을 알게 될 것이다. 진실로부터 숨을 곳은 없다. 이 프로세스 또한 레반스가 케임브리지 시절 동안 발견한 것이다. 그것은 그가 '시스템 감마System Gamma'라고 부르는 프로세스의 일부이다.

그는 미국의 아이비리그 대학에 대항하는 '옥스퍼드-케임브리지 연합팀'에 선발되어 영국 대표선수로서 영국, 유럽, 미국이 참가하는 대학 간 체육대회에 출전하였다. 그는 지속적으로 운동을 하였고, 특히 롱 점프와 트리플 점프에서는 올림픽 수준을 유지하였다. 그가 케임브리지에서 세운 롱 점프의 기록은 30년 이상(1929~1962) 유지되었다.

물리학자로서 레반스는 태양이 어떻게 계속해서 엄청난 양의 에너지를 생산하는지에 대한 질문에 매료되었다. 그는 대서양을 가로질러 가장 큰 배에 동력을 공급하기 위해서 태양 표면의 1cm²에서 생산된 에너지로 가능하다는 계산을 했다. 이때 태양은 직경 80만 마일이다. 실제로 레반스가 이론을 제시한지 수십 년 후에 이르러서야 공상 과학 소설가들은 우주를 탐험하기 위한 동력원으로 이온 드라이브와 태양풍을 이용한 우주선을 언급하고 있다(우주선 발사 시 충분한 양의 에너지를 가져갈 수 없기 때문에 자체적으로 생산해야 한다).

1930년 레반스는 커먼웰스 펀드 펠로우 상Commonwealth Fund Fellow award을 수상하였고, 희망하는 미국의 대학을 선택할 자격을 얻었다. 그는 예일 대학과 하버드 대학을 이미 경험했기 때문에 미시간 대학을 선택했다. 이곳은 그가 스웨덴의 은행가인 라울 웰렌버그Raul Wallenberg와 친밀하게 된 곳이다. 라울 웰렌버그는 제2차 세계대전 동안 천여 명의 유태인들을 스웨덴 승객들로 위장시켜 그들의 생명을 구하였으나, 전쟁이 종결된 후 1945년 무렵 소련에서 실종되었다(최근에 그가 구류 중에 사망하였다는 것이 밝혀졌다). 미국에 있는 동안 레반스는 미국 전역을 여행할 기회가 있었는데 대부분 1갤런당 3센트의 연료를 사용하는 포드 오프 투어였다. 그는 이 여행을 통해 미국이라는 나라와 그곳에 살고 있는 놀라운 사람들을 사랑하게 되었다.

액션러닝의 맹아기

레반스가 케임브리지의 캐번디시 연구소에 있을 때, 그곳에는 30~40명의 연구자들이 있었다. 그들 중 12명 이상이 현재 우리가 알고 있는 '노벨상 수상자'이다. 아마도 세계에서 지금까지 알려진 곳 중에서 한 장소에 동시에 가장 많은 두뇌가 모인 집합체일 것이다. 액션러닝의 개념 중 일부는 의심할 바 없이 케임브리지에서의 경험을 통해 형성되었음이 틀림없다. 톰슨에 이어 캐번디시 연구소장을 맡은 러더퍼드는 연구소 내에서 정기적인 연구자 모임을 시작하였다. 격주로 연구원 중 한 명이 자기 분야의 연구 주제를 선정하여 강연을 하고 함께 이야기를 나누는 모임이다. 모든 연구자들은 자발적으로 참여하였고, 러더퍼드의 지침은 다음과 같았다.

"매주 우리가 사실이라고 믿는 것을 연구 모임에 가져오세요. 그러나 그것이 진리일까요?"

격주 수요일 오후 4시, 자신의 프로젝트에 몰두하고 있는 연구자들은 함께 모여 연구의 진행사항이나 개선점을 논의하였다. 실험실에 배정된 30명 중 약 15명 또는 20명이 참석하였는데 매주 같은 사람이 모일 필요는 없었다. 이러한 모임이 추구하는 정신은 미지의 것을 탐구하기 위한 무지의 교환, 즉 입자물리학의 다른 층을 밝혀내는 것보다 훨씬 큰 미스터리라고 할 수 있는 자신을 발견하기 위한 것이었다. 1932년 어떤 오후에 채드윅의 세션이 끝난 후, 러더퍼드가 한 말을 레반스는 이렇게 회상한다.

"여러분, 지난 몇 시간 동안 나를 가장 감동시킨 것은 나 자신의 모르는 것이 많다는 것을 깨닫게 됐다는 것입니다. 여러분은 어떻습니까?"

레반스가 후에 'Q Questioning Insight'라고 명명한 것이 이 당시 참석한 모든 사람에 의해 제공된 것이다. 동시에 'P text book knowledge, established learning' 또한 풍

부하게 존재했다. 그 결과인 'L'은 더 나아가 'P'의 기초를 제공하는 순환적 학습이었다. 레반스는 당시 그 과정을 학습방정식으로 설명하지는 않았지만 그가 가장 깊은 인상을 받은 것은 그룹의 정신 그리고 과학과 지식의 첨단에서 그들의 고군분투가 불러일으키는 개인적인 변화였다. 적어도 그들 가운데에는 그들 자신의 이해의 경계를 깨닫는 것이 가능한 겸손, 그리고 감사가 존재하였다. 이것이 개개인에게 내면화 될 때 까지 더 이상의 진보는 이루어지지 않는다는 것이다(레반스가 '감마'라고 부르는 것). 다른 무엇보다도 그들이 직면해야 했던 것은 개별적인 뛰어남과 이해가 아니라 그들의 무지였다. 지적인 거인들 사이에서 제시되고 생성된 이 영적 능력은 학문적 확신과 경영 컨설턴트의 무오류성이라는 현대적 정신에 반하는 것이다.

후에 윈스턴 처칠이 소위 '폭풍 전야the gathering storm'라고 할만큼 당시 전 유럽이 결집되는 것과 달리 레반스는 캐번디시 연구소(1932~1935)에서 연구를 계속하였다. 이미 일부 사람들은 입자물리학 분야의 새로운 지식을 남용함으로써 발생할 수 있는 윤리적 문제에 대해 질문하기 시작했다. 1932년과 1935년 사이에 레반스는 캐논 콜린스Canon Collins와 버트랜드 러셀Bertrand Russell을 만났고 깊은 인상을 받았다. 또한 물리학 연구가 지향하는 방향이 심각한 윤리적 문제를 야기할 것으로 예측하는 몬트리올 출신의 페르디난드 테루Ferrdinand Terroux의 주장을 늘 염두에 두고 있었다. 1945년이 돼서야 아인슈타인이 일본 히로시마에 원자폭탄을 사용한 것과 관련하여 "내가 알았더라면 시계공이 되었을 텐데."라고 한탄했던 것을 고려한다면 레반스는 매우 일찍부터 물리학의 윤리에 대해 인식하고 있었을 것으로 보인다.

캐번디시에서 연구가 진전됨에 따라 정부 부서에서 이들에 주목하였고 특히 군사 업무와 관련된 부서에서 관심을 보였다. 그들의 입자 연구의 결과를 적용하여 만든 무기들의 사용은 캐번디시가 순수한 연구기관으로 존재하는 것의 방해요인이 되었다. 1935년에 레반스는 캐번디시 연구소가 수행하는 연구에 대한 외부적인 관심의 본질에 대해 환멸과 염려를 하게 되었고 연구소를 떠나 에섹스 주 카운티공의회의 수석 교육담당관 대리가 되었다. 이제 그의 사고는 학습과정에 집중하기 시작했다.

전쟁의 위협이 유럽을 뒤덮던 시기

1930년대 무렵, 영국의 동부지역은 과밀한 인구로 인해 오랫동안 고통을 겪었고 노후 건물들은 사람이 살기에 건강하지도 현대적인 요구에 적합하지도 않았다. 이에 새로운 타운이 요청되었고 이때 형성된 것이 다젠함 지역이다. 이곳은 템즈강의 북쪽 둑을 따라 동쪽에 위치해 있으며 거대 기업들을 유치하였는데 이 기업 중 가장 유명한 기업체는 포드 자동차 회사이다. 레반스가 수석 교육담당관 대리로서 그곳에 도착했을 때 다젠함은 그의 책임지역에 포함되어 있었다. 당시 지역 기획자는 학교와 같은 기본적인 인프라 요구사항을 간과했다. 레반스는 그 지역이 수많은 대규모 새 학교를 설립하는 긴급한 과제에 직면하고 있음을 깨달았다.

전쟁 전 짧은 기간 동안 레반스는 에섹스 주의 보건책임자인 동료를 만나게 되었다. 지역보건과 관련하여 그가 겪고 있는 문제의 핵심은 간호사의 부족이었다. 간호사들은 견습기간 동안 다수가 이탈하였다. 그렇게 높은 이탈율을 나타낸 간호사 교육의 문제는 무엇인가? 레반스는 견습 간호사들에게 책임감을 갖도록 하면 문제가 해결될 것이라 판단하였고 적절한 교육방안을 마련하고자 하였다. 이것은 레반스 삶의 또다른 핵심 포인트이다. 왜냐하면 수십 년 동안 그의 노력의 대부분을 차지했던 지역으로 의료문제에 직면하게 되었기 때문이다. 레반스는 견습생 이탈의 원인을 조사하기 시작했다. 그는 곧 젊은 수련생들을 격려하지 않는 문화를 접하게 되었다.

18~20세의 소녀들이 병원 병동의 조직을 이해하고 환자들을 더 잘 돌보는 것에 기여할 수 있다는 생각은 '윗사람들superior'의 눈에는 그저 우스꽝스러운 것일 뿐이었다. 레반스는 당시 어린 견습생들이 '무식한 어린 게으름뱅이 ignorant young sluts'로 불린 것을 회상할 때 다소 분노하기도 하였다. 1938년 에섹스 교육위원회Essex Education Commitee에 제출하기 위해 비망록 형태로 쓰여진 결과보고서를 추진한 것은 그의 윤리의식에 따른 것이었다. 그리고 후에 '액션러닝Action Learning'이라고 알려진 방식으로 이 문제를 다루었는데 이것은 그가 시도한 액션러닝의 첫 번째 작품이다.

당시 조직 내 학습효과를 높이는 방법들에 대한 논의들이 이루어지기 시작했다. 예를 들면, "포드 자동차 회사와 같은 조직의 운영자들은 노동자들의 생각을 이해해야만 자신들의 문제를 알 수 있다."는 확신과 같은 것들이다. 그러나 레반스의 주장은 받아들여지지 않았다. 이듬해 마침내 유럽 전역에 전쟁이 발발했다.

당시 30대 초반이었던 레반스는 런던 동쪽 끝 지역의 비상 서비스를 담당하게 되었다. 이는 그가 실질적인 '여기 지금here-and-now' 경영분야에 데뷔할 것임을 예고하는 것이었다. 히틀러가 런던을 전격 기습한 상황에서 발생한 문제를 처리할 때 그는 대처할 아무런 이론도 없었다(그리고 동쪽 끝은 최악이었다). 아리스토텔레스의 "우리가 배워야 할 것은 실행을 하는 것으로부터 배우는 것"이라는 말은 그 당시 레반스에게는 분명한 사실이었다. 그것은 죽음, 파괴, 공습, 방화에 의한 화염과 매일매일의 폭격이 이루어지는 가장 강렬한 성격의 실제적이고 긴급한 위기 관리였다.

모든 것이 문제였다. 인력은 부족했고 체력적으로도 최상이 아니었다(가능한 젊은이들은 모두 무기를 들어야만 했다). 장비는 부족했으며 그나마 보유하고 있는 장비는 제대로 작동하지 않았다. 수도관은 파열되어 물의 공급이 끊겼고 가스관은 파괴되어 불타 버렸으며 전기는 끊겼거나 제한되었다. 건물은 붕괴위험이 있었고 여기저기서 시체가 발견되고 사람들은 사라졌다. 쥐들은 건강을 위협하였나. 구호팀은 쉬지 않고 일하였으나 부상으로 업무인원 부족을 초래하였다. 어떤 거리는 더 이상 존재하지 않았고, 다른 것들은 감당할 수 없었다. 식량은 부족했으며 대부분의 기간시설은 파괴되었다. 심지어 폭격이 있을 때 레반스는 자동차와 그의 모든 물건을 잃었다. 그는 그러한 상황을 받아들일 수밖에 없었지만 결코 다시는 운전을 하지 못하게 되었다.

레반스를 경영이론의 '현자guru'로 보는 사람들은 수년 간의 전쟁을 겪으며 실제적인 위기 관리 경험으로 가득한 그의 이 시기를 신중히 고려해야 한다. 레반스는 가장 어렵고 열악한 상황에서 경영의 실무를 담당하였기 때문에 경영 실천과 경영 학습은 같은 것이라고 말하는 것 같다.

국영석탄회사

전쟁의 종말이 다가옴에 따라, 영국에서는 산업의 많은 부분을 구조 조정하려는 계획이 시행되었다. 탄광산업은 국유화(1947년)할 예정이었고, 약 70만 명의 인구를 고용하는 단일 기업은 1,000여 개의 개별 탄광을 도입하였다. 레반스는 교육 훈련 담당자로 선정되었고, 1945년 10월, 산업구조조정 계획이 시행되면서 레반스는 늘 그래 왔듯이 건강한 체력을 바탕으로 북쪽의 더럼으로 갔다. 그곳에서 그는 광산의 가혹한 사실에 대해 잘 알고 있는 거칠고 튼튼한 광부들과 함께 광산에서 몇 주 동안 일하면서 지냈다. 레반스는 자신이 해 보지 않은 일에 대해서 전문가인 체 하지 않았다.

채굴현장에서 또 다른 중요한 관찰이 이루어진 것은 이 시기였다. 레반스는 땀 흘리는 광부들 사이에서 중요한 것을 발견했는데 그들은 안전과 성공적인 팀워크를 위해 서로에게 매우 많이 의존하고 있다는 것이다. 그는 탄광 광부들 사이에서 하나의 '정신spirit'을 발견하였고 이것은1930년대에 캐번디시 연구소의 노벨 수상자들 사이에서 널리 퍼져 있던 것을 그에게 떠올리게 하였다. 이것은 액션러닝이 만들어진 아이디어에 기여한 또 다른 단서였다.

레반스는 탄광 매니저들이 광부와 함께 일해 본 적이 없거나 탄광에 내려가 본 적이 없는 무경험 경영컨설턴트가 작성한 몇몇의 이론보다 서로에게서 더 잘 배울 것이라고 확신했다. 그는 탄광 매니저로 이루어진 직원 대학Step College을 제안하였다. 그는 스스로 '규모의 역효과Adverse Size Effect'라고 부르는 결과들을 연구하고 평가하였고 '작은 것이 충실하다Small is Dutiful'는 표제의 논문을 작성하였다. 더 많은 세부적인 연구들이 규모가 작은 탄광들이 큰 탄광보다 보다 효과적으로 업무를 수행한다는 그의 주장을 입증하였다. 결국 국영석탄회사National Coal Board 경제자문위원인 슈마허는 레반스의 사고방식에 마음을 열었고 1973년『작은 것이 아름답다Small is Beautiful』는 책을 출판하였다. 이 책에 레반스는 다음과 같이 썼다.

> 나의 경험에 의하면…… 나에게 산업계의 원로들이 많은 가치 있는 지식을 그들의 후계자들에게 가르칠 수 있을지 의문을 갖게 하였다. 많은 사람들이 그들 스스로 거의 아무것도 배울 수 없는 것처럼 보여졌기 때문이다.

간단히 말하면, 높은 수준의 전문가들이 준비한 계획과 이에 대한 우아한 자기 확신은 탄광현장의 거칠고 천박한 수준에 부합하지 않았다. 커뮤니케이션, 윤리, 자율성 학습과 같은 규모효과에 대해 어떤 토론도 불가능하였다. 1950년대 탄광이사회의 대부분 공무원에게 있어서 성공적인 개혁은 여전히 '올바른right' 행정 구조에 투입되는 '올바른right' 중앙 부서가 추진하는 계획에 달려있었다.

맨체스터 대학

레반스가 탄광을 떠날 무렵, 점차 현장과 거리가 먼 관료들과 행정가들에 의해 경영이 이루어졌다. 레반스는 1955년에 맨체스터 대학Manchester University의 산업행정학 교수가 되어 1965년까지 재임하였다.

이 기간 동안 수행된 프로젝트에는 랭카셔 공장Lancashir factory의 실험이 포함되었는데, 이 실험을 통해 경영에 대한 근로자의 감정을 계량화할 수 있다는 것을 보여 줌으로써 업무 현장의 생산성을 높이기 위해서는 듣기 기술이 매우 중요하다는 것을 확인시켜 주었다. 그는 또한 '맨체스터 대학 프로젝트Manchester school's project'를 도입했는데, 이것은 티칭 스타일이 반사회적 행동의 발생과 정도에 영향을 미친다는 것을 보여 준다. 또한 연구들은 간호사, 공장 근로자, 경영진이 어떻게 더 잘 협력할 수 있는지를 깊이 이해하기 위한 노력을 포함하고 있다.

이 시기에 프랫 경Lord Pratt은 레반스에게 맨체스터 지역의 간호사들이 훈련 기간 동안 이탈하는 문제를 담당해 줄 것을 요청하였다. 레반스는 1938년에 경험한 에섹스에서의 기억을 떠올렸고, 전형적인 자신의 방식으로 이 문제에 접근하였다. 간호사들과 훈련생은 병동이 조용해지고 대개의 선배직원들이 잠든 새벽 3시에 함께 차를 마시며 자신들의 경험을 이야기 하는 가운데 자신감과 신뢰가 형성되었고 이때 많은 학습이 이루어졌다. 질병, 사고, 무단결근기록(낮은 윤리의식의 척도인)의 분석결과, 이러한 요인의 발생율과 병원의 규모 간에 매우 강력한 상관관계가 있는 것으로 나타났다. 기록에 의하면 직원들은 작은 병원에서 일할 때에 비해 더 빈번히 일을 하지 않을 뿐만 아니라 업무를 하지 않는 시간이 더 긴 것으로 나타났다 이것은 '작은 조직이 더 충실하게 운영된다.'는 증거이다.

레반스는 경영대학원을 활성화하기 위한 아이디어를 제시했고, 1965년에 '맨체스터 경영 스쿨'이라는 대학 내 기금을 설립할 수 있게 되었다. 당시 그의 생각은 국영석탄회사 직원 대학(광산 직원들에 의해 직접 만들어진)과 같은 기관을 만드는 것이었다. 이에 비즈니스 스쿨이 다음과 같은 목표를 지향하기를 기대했다. '서로 함께 배우며learning with and each other' 자신의 자원을 창출하고 자신의 문제를 확인하며 자신의 해결책을 고안하는 것이다.

레반스는 당시 교수사회에서 이 같은 아이디어가 어떻게 비웃음을 받았는지를 회상하였다. 경영자들이 문제를 진단하거나 해결책을 선택하는 데 있어서 무엇을 해야 하는가에 대한 인식에서 레반스와 다른 교수진들은 서로 물과 기름 같았기 때문에 결국 다른 길로 갈라서게 되었다. 이와 같은 일은 경영과 사업에 대한 새로운 사고방식을 짓밟는 전통적인 사례였다.

벨기에 시기(1965~1975)

레반스는 맨체스터를 떠나 1965년부터 1968년까지 브뤼셀에 있는 유럽 경영훈련센터협회European Association of Management Training Centers, EAMTC의 연구원으로 근무하였다. EAMTC는 서유럽 14개국, 40개 이상의 대학급 이상의 기관들이 소속한 자유로운 연합체였다. 레반스는 자신이 이곳에서 수행한 연구에 대해 다음과 같이 말하고 있다.

"나는 이 협회의 회장으로서, 이 협회가 보다 현실적인 업무를 수행하는 조직으로 만들기 위해 노력을 지속하였습니다. 나의 임무는 협회의 구성원을 방문하고, 그들이 유럽경영을 위한 특유의 연구문화를 발전시키는 데 관심을 갖도록 하는 것이었습니다."

연구를 통해 레반스는 관리자가 업무 현장에 적극적으로 참여할 필요성을 강소했다. 그리고 이 보고서의 가장 흥미로운 특징 중 하나는 하버드 경영대학원의 학장인 조지 롬바드George F. Lombard가 이 내용을 참고했다는 것이다.

현재 액션러닝으로 알려진 경영개발을 통해 대학과 기업을 더욱 긴밀히 연계하기 위한 노력을 깊이 이해한 롬바드 학장은 자신의 동료들에게 유럽의 사례를 토대로 교육할 것을 강력히 촉구했다. 롬바드 학장은 "조직의 핵심적인 문제는 관리자들이 스스로 그들의 경영이 조직 내 사람들(관리대상)에게 미치는 영향을 이해하는 것"이라는 레반스의 메시지를 강조하였다.

이후 1968년부터 레반스는 브뤼셀에 있는 산학협력재단Fondationation Industrie-Université에서 공식적으로 일하기 시작했는데, 그의 주된 업무는 1968년에 시작된 대학 간 고급 관리 프로그램을 설계하고 이행하는 것이었다. 당시 벨기에의 인구는 약 1천만 명이었으며, 전년 대비 경제 실적 개선 면에서 OECD 국가들의 국제 리그 최하위에 머물렀다. 전통적인 경제 활성화 조치가 시도되었지만 큰 영향을 발휘하지 못하고 있었다. 이 같은 상황에서 국가의 경제성과를 향상시키는 것은 시급한 과제였고, 대학 간 고위 경영 프로그램은 이러한 목적을 달성하기 위해 고안되었다. 경영훈련에 관심을 가졌던 벨기에의 5개 대학과 23개 기관이 협력했는데, 이들 기관들은 벨기에의 자본기반의 52%를 차지하고 있었다.

액션러닝은 벨기에의 경제성장을 주도하는 이들 조직에서 경험하고 있는 복잡하고 벅찬 문제를 해결하는 주요한 도구로 사용되었다. 프로그램이 시행될 때, 산업계의 고위 임원들은 전문성이나 배경이 없는 다른 산업분야의 주요 문제를 조사하도록 요청받았다. 그것은 기존의 뿌리 깊은 가정으로부터 벗어나 새로운 질문에 도달하기 위해 고안된 레반스의 테크닉이었다. 임원들은 5명의 액션러닝 세트(팀)로 구성되었는데, 거기서 그들은 그들이 경험하고 배우고 있는 것에 대한 의견을 교환할 수 있었고, 그 과정에서 서로에게서 배우고 있었다. 또한 경영진들은 그 과정의 일부로서 서로 매칭되고 교환되었다.

짧은 몇 년 동안 벨기에는 전년 동기 대비 발전 측면에서 OECD의 최하위에서 독일, 일본, 미국에 앞서 1위로 올라섰다. 대학 간 고급 관리 프로그램은 의심할 여지없이 이 같은 결과에 기여했다. 벨기에의 국왕은 이 같은 노력을 인정하여 레반스를 체발리에Chevalier–a Knight of the Order of Leopold로 임명하였다.

병원 커뮤니케이션 개선 프로젝트

1964~1965년(맨체스터 대학에서 그의 임기 말 무렵), 런던의 병원들이 참여하는 병원 커뮤니케이션 개선Hospital Internal Communication, HIC 프로젝트가 시작되었다. 벨기에의 프로젝트와 동시에 진행된 이 액션러닝 프로젝트에는 런던 내 10개 병원이 참여하였다. 이들 병원에서는 일반 병동들이 주로 참여했고 산부인과 병동들은 참여하지 않았다. 이 같은 결정은 액션러닝 시행 효과성에 대한 통제된 비교를 가능하게 했기 때문에 오히려 전화위복이라 할 수 있는 상황이었다. 또한 다른 영향요인이 결과를 왜곡하지 않도록 사회경제적 영향과 기타 요인들을 통제하고 연구가 시행되었으며 수십 건 또는 수백 건의 사례로부터 통계결과를 얻었다. 실제로 이 수치는 통계적으로 매우 중요한 결과로서, 프로그램에 참가한 3만 3천 명의 일반의료 및 외과 환자와 참가하지 않은 2만 9천 명의 산부인과 환자들의 결과 간에는 유의한 차이가 있었다.

프로그램 시행 결과 결근, 경미한 사고, 직원이직 등과 같은 윤리적 지표가 모두 향상하였다. 병실 비용(리넨이나 주방 서비스 등)은 환자당 향상되었고, 대기자 명단이 사라졌다. 이와 같은 결과에 대해 미시간 대학의 조지 비엘랜드George Wieland 교수는 2년 동안 이 프로그램을 심층적으로 연구하였고 병원의 대기자 명단이 사라진 불가사의한 일의 원인을 밝혀냈다. 환자의 평균 체재 기간을 살펴본 결과, 프로그램에 참여하지 않은 병동은 약간의 변화가 있었던 반면, 프로그램에 참여한 병동 환자의 평균 체재 시간은 25퍼센트 감소했다. 간단히 말해서 환자들은 점점 더 빨리 회복된 것이다. 이 프로그램을 시행한 결과 의사와 간호사, 환자와 의사, 가족과 병원 직원 간 의사소통이 개선 되었다. 이 같은 변화로 인하여 직원들의 사기를 높였고, 사기가 높아진 만큼 업무 수행이 향상되었으며 환자들은 더 빨리 회복될 정도로 신체적 또는 비생리학적으로 모두 혜택을 받은 것이다.

하이어 다운스에서의 생활

1974~1975년에 레반스는 벨기에를 떠나 영국에 영구히 정착했다. 그가 은퇴했다는 것은 단지 체셔 주 보우든, 알트린담, 하이어 다운스 8번지에 있는 집에 머무르고 있었다는 것뿐 그의 활동은 여전히 활발하였다. 그는 이때 GE의 임원 프로그램의 고문이었다. 또한 책도 꾸준히 집필하였다. 1980년에는 『액션러닝: 새로운 경영기법Action Learning: New Techniques in Management』이 출판되었고, 그의 가장 유명한 저서인 『액션러닝의 기원과 성장The Origins and Growth of Action Learning』은 1982년에 출판되었으며, 『액션러닝의 ABCThe ABC of Action Learning』(1983년)와 『액션러닝 사례Confirming Cases』(1985년)가 잇따라 출판되었다.

1995년 맨체스터에 있는 살포드 대학University of Salford은 액션러닝연구를 위한 레반스 액션러닝연구센터Centre for Action Learning and Research를 설립하였는데 이곳에는 레반스와 관련된 여러 기록물, 미발표된 책들과 함께 그의 논문들이 다수 보관되었다. 레반스의 절친한 친구인 자넷 크레이그Janet Craig가 그의 기록물을 정리하고, 보존 작업을 위해 수년 동안 매달 일주일 정도 이곳에서 시간을 보냈을 만큼 많은 양의 자료이다. 또한 1980년대 후반의 아카이브 리뷰에 따르면 레반스는 무려 600명 이상의 사람들과 연락하고 있었던 것으로 밝혀졌는데, 이 중 400명이 최근 6~9개월 이내에 함께 작업을 하며 활발히 활동하였다. 레반스는 취미로 책꽂이, 캐비닛, 프레임, 벤치, 의자, 탁자 등을 만들거나 개조하는 목공예에 심취하였다.

노년 무렵인 1995년, 영국 히스로에서 액션러닝 상호협력회의Action Learning and Mutual congress가 개최되었다. 17개국 80명 이상의 사람들이 이 회의에 참석했다. 이 회의에 대해 특별히 주목해야 할 것은 학자나 컨설턴트 보다 실무자들을 초청한 것이었다. 이 회의의 후속 조치로 살포드(영국), 애틀랜타와 버지니아주의 리치먼드(미국), 발라랏(호주)의 학술센터 간 개별 협력네트워크뿐만 아니라 국제적인 협력이 촉진되었다. 버지니아 커먼웰스 대학의 렉스 딜워스Lex Dilworth 교수는 그것을 "네트워크의 네트워크network of networks"라고 표현하였다.

틸스톡크에서의 생활

그의 아내 노라Norah가 사망한 후, 레반스(당시 90세)는 화이트 처치의 근방인 틸스톡크로 거주지를 옮기고 딸 마리나Marina와 함께 살았다. 이미 언급한 바와 같이, 그의 기록물들과 많은 책은 살포드 대학의 도서관에 이관되었다. 차츰 방문객들은 레반스를 만나기 위해 틸스톡크를 방문하였고, 레반스는 여전히 예리한 통찰력을 가지고 그들을 대하였다.

1996년, 살포드 대학에서는 미국, 캐나다, 호주에서 온 31명의 대학원생들이 참여한 하계 프로그램이 열렸다. 버지니아 커먼웰스 대학의 렉스 딜워스와 살포드 대학 레반스 센터의 소장인 데이비드 보담David Botham은 2주간 진행된 이 프로그램을 시행하는 데 함께 노력하였다. 레반스는 전 과정에 참여하였다. 이 프로그램은 맨체스터 지역과 국립보건원에 속한 대형 병원들이 직면하고 있는 주요 문제들과 관련된 강력한 액션러닝을 경험하는 것이었다. 비록 참가자들이 액션러닝 자체를 완전히 이해하지 못하였지만 레반스는 그들이 액션러닝을 이해하는 것을 돕기 위해 많은 노력을 하였다. 레반스는 액션러닝을 정의하거나 몇 가지 제한된 요소로 규정하는 것을 거부하였다. 우리가 레반스에 대해 이해하고자 한다면 그가 평생 동안 추구해 온 액션러닝을 통해서 알 수 있다. 액션러닝에는 그를 이해할 수 있는 많은 단서가 있다.

그는 우리에게 "서로 배우고 또 함께 배워야 한다."고 말하였으며, 이것을 학습방정식으로 제시하였다(Q는 Questioning Insight, P는 text book or established knowledge, L은 Learning). 그는 학습방정식을 L=P+Q라고 설명했지만 이 중 Q를 학습에서 가장 우선적으로 일어나는 것으로 다루었다.

시스템 알파에서 레반스는 우리에게 세 가지의 진단적 질문과 세 가지의 처방적 질문을 제기하는 것으로써 전략적인 분석방법을 보여 준다(예를 들면, 어떤 일이 일어났는가?, 어떤 일이 일어나야 하는가? 어떻게 하면 실현될 수 있는가?). 시스템 베타의 다섯 가지 단계는 일반적인 문제해결 접근방식인 조사, 결정, 행동, 검토의 과정으로 요약되어 있으며, 이를 통해 학습으로 이어진다. 시스템 감마는 알파와 베타의 협력으로 이루어진다. 학습방정식 내에서 생성되는 것은 진정한 학습이 이루어지기 위해 우리 내부에서 반드시 일어나야 하는 변화를 반영한다. 레반스는 그가 우리의 사고를 촉진하기 위해 묻는 새로운 질문들이 전혀 새로운 것이 아니라고 말할 것이다.

나는 누구인가?

내가 무엇을 알 수 있을까?

나는 무엇을 해야 하는가?

우리 존재의 본성은 무엇인가?

우주에서 우리는 어디에 존재하며 그 목적은 무엇인가?

이와 같은 질문들은 우리에게 카르마Karma, 부처, 공자, 플라톤, 아리스토텔레스, 그리스도, 모하메드 그리고 또 몇몇의 이름들과 가르침을 떠올리게 한다.

그 밖의 일화들

1980년대에 두 명의 노벨상 수상자가 데이터 결과를 조작했다는 것이 밝혀져 상을 박탈당했다. 1930년대에 함께 일했던 노벨상 수상자들의 청렴함을 알고 있었던 레반스는 이에 대해 깊게 실망하였다. 1987년 어느 날, 전화벨이 하이 다운스에 울렸다. 이것은 레반스를 1988년 노벨 경제학상의 후보자로 추천하고자 하는 스칸디나비아 단체의 전화였다. 레반스는 그들에게 "나는 경제학에 대해 잘 모른다."고 말하고 전화를 끊었다. 그는 노벨상 수상에 욕심이 없었다.

그는 또한 전문용어를 사용하는 것에 열성적인 반대자였고, 특히 경영 전문용어는 허세 부리는 짓거리를 적은 목록의 우선순위에 있었다. 그는 학자들 특유의 말이 청중들을 현혹하여 의미 없는 용어에 의존하게 하고 자신의 이미지를 과장할 수 있다고 지적하였다. 레반스는 "청중 누구도 이해하지 못하는 강의를 하는 것이 모든 교수들의 평생의 야망이다."라고 언급하기도 하였다.

어떤 사람들은 퍼실리테이터는 멍청이라는 레반스의 의도를 잘 이해하지 못하지만 퍼실리테이터(액션러닝의 세트를 위한)에 대한 그의 관점은 분명하다. 그는 퍼실리테이션을 "전문가의 범죄를 용인하는 도제apprenticeship for white collar crime" 그리고 퍼실리테이터를 "겉치레만 하는 바보들supernumeries"이라고 하였다.

레반스는 음식에 대해서는 항상 자제하는 편이었고 주로 생선이나 유제품을 선택하였다. 그는 많은 양의 우유, 치즈, 크림, 버터를 즐겼고 소금은 설탕처럼 자유롭게 사용하였다. 그의 식습관은 심장병을 일으킬 만큼 염려스러운 것이었지만 분명히 90대에도 건강을 유지하였다. 큰 팬에 밀크 커피를 가득 끓여서 몇 일 동안 데워 가며 마시기도 했다. 그의 아내 노라가 사망한 후 식사는 더욱 걱정스러웠다. 그는 연구에 열중했기 때문에 종종 24시간 내내 일하고 식사에 대한 모든 것을 잊곤 했다. 특히 그가 흥미롭게 생각하는 주제인 수학적 분석을 포함하는 경우라면 더욱 그러하였다. 그를 잘 아는 사람들은 적절한 식사를 제공하기 위해 여러 노력을 하였는데, 냉장고에 있는 지난주 저녁에 먹고 남은 생선이나 치즈를 치우고, 그의 딸 마리나가 만든 간단히 데워 먹을 수 있는 파이와 스튜 등을 채워 넣곤 하였다.

명예로운 일들

하이어 다운스에 있는 그의 집에는 홍콩에서 카트만두까지, 그리고 북극에서 호주에 이르기까지 그에게 감사하는 수많은 개인과 단체들의 감사패, 기념품, 상장과 상패, 기타 답례품으로 가득 차 있었다. 클루터버크Clutterbuck와 크라이너Crainer는 『경영을 만드는 사람들: 비즈니스 세계를 바꾸다Makers of Management: The men and women of who changed the business world』(1990)라는 책을 집필했는데 이 책은 현대 경영에 가장 크게 기여한 24명의 삶과 죽음에 대한 책이다. 레반스는 헨리 포드Henry Ford, 그의 친구인 슈마허Schumacher 그리고 다른 사람들과 함께 소개되었다. 이 책에서 이고르 앙소프Igor Ansoff는 레반스를 '놀랍지만 과소평가 된 남자amaging under underestimated man'라고 묘사하였다. 1997년, 레반스는 액션러닝의 선구자로 인정받았다.

그 외 몇 가지 특성들

여기서 레반스에 대한 어떤 결정적인 특성을 묘사하거나, 특성 중 어떤 것이 다른 것보다 더 중요한 영향을 미쳤는지를 말하려는 것이 아니다. 단지 많은 사람들에게 사랑받게 된 한 남자를 보다 더 잘 볼 수 있게 해 준다는 점에서 다루고자 한다.

겸손: 다른 사람들로부터 읽고 듣는 것을 통해 기꺼이 배우고자 하는 그의 전형적인 태도로 우리가 배워야 할 것이다. 경영상의 문제를 평가할 때, 그는 다른 사람들과 달리 노동자들과 먼저 대화하고 그들의 도전에 대해 직접 배우곤 하였는데 몇 달 동안 석탄을 캐는 사람들의 삶을 경험하기 위해 광부들과 함께 갱으로 내려갔던 것이 이를 잘 말해 준다.

결심: 그는 홀로 자신의 길을 달리는 선수로서 완벽히 성공적이었다. 60년 이상 동안 그는 많은 사람들을 액션러닝으로 교육했다. 그들의 시대를 훨씬 앞섰고, 전통을 고수하는 학자들의 빈번한 조롱과 거절에 직면하면서도 혁신적인 경험적 상상력을 발휘했다.

통합: 그는 결코 액션러닝을 창안했다고 주장한 적은 없지만, 우리에게 다양한 문화와 문명의 다른 곳에서 발달된 접근법, 철학, 행동적 특성을 알려주었다.

인식: 사회적 인식-그는 항상 약자의 옹호자였고 열렬한 참여 신봉자였으

며, 진정한 '여기 지금'을 실천하였고 흙 묻은 손을 가진 사람들을 진심으로 존경했다.

민감성: 유년 시절 그는 아버지가 타이타닉 참사를 조사하는 동안 선원들이 맨발로 자신의 집을 방문한 것을 보고 영향을 받았다. 그는 이 일을 결코 잊지 않았고 늘 서민의 곤경에 대해 공감하였다. 그는 귀족처럼 행동하지 않았다.

연민: 레반스는 두 차례의 세계전쟁을 겪으며 그 비참함을 알고 있었고, 제2차 세계대전 중 런던 동부 지역을 위한 긴급서비스를 지휘할 때 직접 그 충격을 겪었다.

인내: 그는 어떤 개념을 이해하는데 있어서 다른 사람들보다 느린 사람들을 참을성 있게 대했다. 레반스는 현학적이지 않은 사람이었다.

성급함: 그는 동료들을 부당하게 처우하는 자들에 대해 인내심이 없었다.

근면함: 레반스는 훌륭한 교사였다. 다른 사람들의 문제와 어려움에 귀 기울일 준비가 되어 있는 사람은 거의 없다. 그러나 그는 사람들이 스스로 답을 찾을 수 있도록 기다려 주었다.

염려: 레반스의 심오한 인도주의적 관심사는 그의 일생 동안 행동을 통해 입증되었다. 과학이 대량 살상무기의 개발로 눈을 돌리고 있다는 우려 때문에 물리학에 대한 사랑을 포기했을 사람이 과연 몇이나 될까? 레반스는 이것을 쉽게 해냈고 결코 뒤돌아보지 않았다.

마지막 날

2001년 크리스마스를 며칠 앞두고 레반스는 웹에 있는 웨스트랜드 요양원으로 옮겨졌고, 건강이 악화됨에 따라 그곳에서 많은 도움을 받아야 했다.

2002년 5월 14일에는 95번째 생일을 맞은 뒤 영국, 독일 등에서 온 친구들과 점심을 먹었다. 이날 6명의 교수와 석사, 박사과정의 학생들은 레반스의 평소 배려심 많은 모습을 발견하였다. 그는 조용하며 사려 깊었고, 여전히 우리가 항상 알고 있던 모든 정신적 일치의 힘을 보여 주었다. 그는 대화에 대해 성찰하고 나서 언제나 그랬듯 명쾌하고 적절하며 통찰력 있는 기여를 하였다. 여름 동안에는 특히 루마니아에서 이루어진 액션러닝에 대한 사람들의 열망과 관심을 열심히 모니터하였다. 바커Baker 교수, 보담Botham 교수, 모리스Moris 교수 등이 그를 계속 방문했다. 그는 '대학의 역할은 무엇인가' '지식이 무엇인가'와 같은 향후 검토할 문제를 제기했다. '감마'가 불과 몇 년 전에 앨버트 바커와 함께 수행한 주요 연구 분야였듯이, 2002년 가을에도, 레반스와 앨버트는 가장 넓은 맥락(신체적 · 지적 · 감정적 · 영적 측면)인 사이버네틱스 과정으로 액션러닝을 연구하고, 유전학과 그가 젊었을 때 처음 펼쳤던 양자물리학(레반스는 자신이 물리학자였다는 것을 기억하며)을 연구하고, 창조에 내재된 사이버네틱 전체 과정을 탐구하기 위하여 겨울 내내 집중하기로 하였다. 그러나 11월부터 피로를 느끼기 시작했던 레반스의 건강상태는 연말 무렵에 악화되었다. 크리스마스 때부터 깊은 잠에 빠졌으며 마침내 2003년 1월 8일 저녁 마침내 그는 영원한 휴식에 굴복하였다.

액션러닝 · 제3장

레반스 이론과 실제의 기원

Yury Boshyk, Albert E. Barker, and Robert L. Dilworth

레반스Reg Revans는 액션러닝의 역사를 이미 두 권의 책(1980, 1982)으로 펴낸 바 있다. 이 장에서는 이 긴 여정을 논의하기 위해 레반스의 어린 시절을 연대기별로 살펴보고, 첫 번째 직장인 에섹스 구위원회 활동(1935~1945), 탄광업의 경험(1944~1950), 컨설턴트와 연구원 경험(1950~1955) 등에 대해 기술하고자 한다. 이 장에서는 그동안 친한 친구 이외에는 별로 알려지지 않았던 레반스의 이론에 영향을 미친 부모님과 어린 시절, 퀘이커 교도, 케임브리지와 캐번디시 연구소, 2차 세계대전, 1947년 국유화되기 전 탄광업의 경험 등에 관해 살펴보고자 한다. 1947년 40세에 레반스는 두 번째 결혼과 컨설턴트, 연구원, 교수 그리고 액션러닝의 창시자로서 인생의 새로운 장을 열게 된다.

부모와 어린 시절

레반스는 아버지가 돌아가시자 다음과 같은 부고문을 썼다. 이 글에서 레반스의 성격과 행동, 영감의 원천이 무엇인지를 알 수 있다.

토머스 윌리엄스 레반스는 1936년 12월 13일 59세의 나이에 병환으로 돌아가셨다. 레반스는 당시 무역성 상선국의 선박 조사관장으로 재직 중이었다. 그는 독야드 학교에서 기술교육을 받았고, 1932년 선박 조사관장으로 임명된 이후 해양의 안전을 도모하고 국제 선박 컨벤션을 개최하였다. 기술 문제가 어떻게 해결되는지를 보면 그의 판단력과 지식, 경험을 알 수 있다. 아버지는 무역에 관한 규정과 가이드에 관한 풍부한 지식을 가지고 있었으므로, 직원들이 물어볼 때마다 가르쳐 주었으며, 언제나 실제적인 고려를 반영하는 방향으로 이론을 해석하였다. 그의 특징은 문제를 총체적으로 접근하면서 동시에 기술적인 고려를 하는 것이었으며, 규정을 중요시하되 사람들을 우선시하였다. 그러나 무엇보다 중요한 특징은 겉으로 보기에는 무뚝뚝하지만 매우 친절하고 유머감각이 있어서 주위 사람들이 그를 존경하고 좋아했다는 사실이다.

또한 레반스는 아버지가 1912년에 벌어진 타이타닉 침몰사건을 조사하면서 얻은 교훈을 얘기해 주었을 때 받았던 영향을 다음과 같이 말함으로써 그로부터 받은 영감이 액션러닝의 근본적인 철학이 되었음을 암시하고 있다.

1912년 내가 네 살 반이었을 때 대서양에서 아주 끔찍한 일이 벌어졌다. 타이타닉호가 빙하에 부딪혀서 침몰하면서 무려 1500명이 사망했던 것이다. 당시 대부분의 배는 영국에서 만들어졌고 마침 아버지는 선박 조사관이었다. 당시 무역성은 배의 안전에 대한 책임을 지고 있었다. 영국의 해군 본부가 있는 포츠머스에서 태어나신 아버지는 해군 건축가여서 배의 디자인과 선원의 훈련, 선장의 권위 등에 관심이 많았다. 따라서 나는 자연히 많은 얘기를 듣고 자랐는데, 갑자기 타이타닉 침몰사건이 터진 것이다. 아버지가 원인 조사에 깊이 관여해 있었기 때문에 생존자들이 우리 집에 수시로 방문하였다. 그때 나는 어려서 잘 몰랐지만 14살인가 15살이 되었을 때 아버지한테 사건의 교훈을 물어본 적이 있다. 아버지의 답변은 "영리한 것과 지혜로운 것을 구별해야 한다는 것"이었다. 조사를 통해 알게 된 사실은 선원들이 빙하를 조심해야 한다는 사실을 알고 있었으나, 오히려 빙하를 정면으로 부딪히면 배가 침몰하지 않게 디자인되어 있다는 것을 누구도 인식하지 못했다는 것이다.

레반스는 뭔가를 이해하려고 할 때 이해한다는 게 무엇인지, 한계는 무엇인지 스스로에게 물어봐야 한다는 것을 이때 배웠다. 사람들이 삶을 바라보는 방식은 어렸을 때 배운 대로 정해진다는 사실이 중요하다. 레반스가 어린 시절에 받은 영향은 1997년 작성된 미발표 원고에서 다음과 같이 기술되고 있는데, 왜 그가 1935년 물리학 분야를 떠나게 되었는지를 단적으로 보여 준다.

1907년에 내가 태어나고 2년 후 우리 가족은 포츠머스에서 버켄히드로 옮겼다. 아버지는 해군 건축가로서 배를 만드는 일을 했는데, 곧 선박 조사관장으로 임명될 예정이었다. 아버지는 타이타닉 침몰사건에 대해 배 운행의 중요한 위치에 있는 사람들이 영리함과 지혜를 구별하지 못했기 때문에 일어났다고 했다. 모리타니아 호의 대서양 횡단 기록을 깨려고 빙하를 만날지도 모르는 상태에서 아주 빠른 속도로 달리고 있었고, 타이타닉 호는 빙하와의 충돌에 대비하여, 배의 이물과 고물을 분리하여 부피를 줄이고 부유를 유지하도록 최신의 기술로 설계되었으나 위험상황에서 적절히 활용되지 못하였다. 예상치 않은 일이 일어났을 때 복잡한 시스템을 지휘하는 리더는 새로운 질문을 던질 수 있어야 한다는 것을 보여 준다. 일요학교에서 1911~1912년에 남극을 탐험한 스콧Robert Falcon Scott 선장에 관한 신문 기사를 읽으면서 인간의 사회적 행위의 중요성을 분명하게 이해하게 되었다. 그때 선생님은 남극 탐험대 가운데 오츠Oates의 희생은 예수가 우리를 위해 희생한 것과 같다고 하였다. 오츠는 1912년 1월 17일 남극에 도달한 5명 중의 한 사람이었다. 돌아오는 길에 날씨 때문에 탐험대는 꼼짝달싹할 수가 없었다. 오츠는 동상에 걸려서 동료들에게 짐이 될까봐 밖에 나가 자기를 희생하였다. 당시 오츠는 23살이었다.

정신세계와 퀘이커 믿음, 정화위원회 경험

레반스의 절친한 친구였던 바커Albert E. Baker를 통해 레반스가 퀘이커 교도였다는 것을 알게 되었다. 퀘이커 교파는 연합된 경배가 아니라 내부 정신세계를 존중하며 다른 사람들의 종교에 대해 관대하다. 신자들의 동등성을 강조하여 종교적 리더가 없으며 누구나 성령에 인도되어 경배의 말을 할 수 있다. 전쟁과 노예제도, 차별을 반대하고 박애주의로 잘 알려져 있는데, 특히 영국의 의료 보장제도와 교육, 상업에 중요한 역할을 하였다. 퀘이커가 만든 회사는 초콜릿 3대 회사인 캐드배리, 프라이, 라운트리가 있고, 맥주와 은행 회사인 바클리, 회계법인인 프라이스 워터하우스 등이 있다. 레반스가 태어난 포츠머스의 퀘이커는 18세기부터 도자기로 유명했다.

케임브리지 대학원생이었을 때 레반스는 퀘이커 모임에 참석했었다. 토요미팅에 참가했던 사람들 중에 캐번디시 연구소Cavendish Laboratory의 일원이었던 천문학과의 에딩턴Arthur Eddington 교수가 있다. 에딩턴은 아인슈타인 이론을 가장 잘 이해하는 학자였는데, 실제 1919년 일식 연구를 통해 아인슈타인의 이론을 증명한 장본인이었다. 에딩턴은 레반스가 천체 물리학을 선택하고 종교적 토대를 분명하게 하는 데 깊은 영향을 미쳤다. 딩글Herbert Dingle에 의하면 에딩턴은 종교와 과학을 통합하고자 하였다. 특히 인간의 종교적인 면은 외부 세계에 대한 과학적 접근과 같이 필요한 것이라고 보았다.

레반스는 1956년 이후 저서에서 자주 성경 귀절을 인용하고 있으므로 분명히 그의 종교적인 색채를 미루어 짐작할 수 있음에도 불구하고 자신의 종교적인 믿음에 대해 직접적인 언급을 하지 않았다. 그는 종종 액션러닝을 힌두교나 불교, 유교 또는 이슬람교에 근거하고 있는 것으로 보았다. 또한 레반스의 저서에서 윤리적인 가치와 원칙에 대한 언급을 볼 수 있는데, 진솔함과 사회적 책임, 변호, 겸손함, 타인의 존중 등이 그렇다. 계층 간, 고용주와 종업원, 국가 간의 조화로움은 레반스에게 아주 중요한 관심사였고 이는 퀘이커 교도의 관심사이기도 하였다.

퀘이커로서 레반스는 평화주의자였고, 캐번디시 연구소에서 진행 중인 연구를 군사적인 목적에 사용하려는 정부의 의도에 실망하여 핵물리학 분야를 떠났다. 평생을 통하여 레반스는 평화적인 사회운동과 국가 간, 사람들 간, 계층 간 조화를 도모하는 데 가담하였다. 철학자 러셀Bertrand Russell 등과 함께 핵무장해제Campaign for Nuclear Disarmament, CND 운동을 했고, 액션러닝이 좀 더 평화로운 사회를 만드는 데 활용되기를 원했다.

레반스는 물리학 분야를 떠난 후 교육 부문에서 휴머니스트, 개혁가, 선구자로서 일했다. 당시 과학과 마찬가지로 교육도 많은 변화를 겪고 있었다. 1930년대 기술적인 진화가 이루어지는 시기에도 혜택받지 못한 계층에 대한 기술교육이 전혀 고려되지 않고 있었다. 이런 상황에서 레반스는 영국의 계급적인 전통을 반대하고 과학자로서 실력과 겸손함과 업적 등에 가치를 두었다.

퀘이커의 정화위원회Clearness Committee와 액션러닝 팀set(team)의 유사성을 통해 레반스에게 미친 퀘이커교의 영향을 볼 수 있다. 액션러닝 팀은 8명 이하의 사람들로 구성되며 처음에는 '역경 속의 동지Comrades in adversity'로 나중에는 '역경 속의 동반자partners in adversity'로 불려졌다. 팀원들은 자발적으로 모여 외부의 도움 없이 공동의 문제를 서로 도와가며 해결하였다. 퀘이커의 정화위원회는 레반스에게 아주 깊은 영향을 미쳤는데, 이에 대해 미국의 퀘이커 교도인 파머Parker J. palmer의 설명을 다음과 같이 소개하고자 한다.

개인적인 어려움에 부딪히면 상당한 충격을 받지만 그 문제는 자신에게만 해당되는 것이어서 내부에서 해결해야 한다고 생각한다. 그러나 여기서 내부라 함은 자신의 관점에서 비롯하기 때문에 너무 애매하다. 친구나 동료, 가족이 문제를 해결하는 데 도움이 될 수 있다. 그러나 문제를 노출하게 되면 그들의 판단과 조언에 의해 '침해'당할 수 있다. 결과적으로 우리는 많은 경우 공동체보다는 자기 자신에게만 기대게 된다. 아주 중요한 결정을 해야 할 시점에 우리는 우리 자신과 다른 사람들로부터 얻을 수 있는 자원을 제대로 활용하고 있지 못한다. 이런 딜레마에 있는 사람들에게 퀘이커 공동체가 만든 접근방법, 즉 개인의 성실성을 유지하면서 공동체의 지혜를 얻을 수 있는 접근방법을 추천하고 싶다. 이 방법이 바로 '정화위원회'이다. 퀘이커는 일찍부터 성직자가 없기 때문에 개인적인 문제를 해결하기 위해 개인적, 집단적 자원을 활용하는 방법이 필요했다. 정화위원회의 존재는 우리 자신의 내부를 제외하고 인생의 아주 어려운 문제를 해결할 수 있는 전문가와 권위 있는 인물은 없다는 사실을 말해 준다. 정화위원회는 아주 간단하고 중요한 믿음, 즉 우리를 가이드하고 힘을 주는 내적인 스승, 진실의 소리가 있는데 여러 가지 형태로 방해를 받아 애매모호해진다는 믿음을 바탕에 깔고 있다. 정화위원회가 하는 일은 밖에서 사람들을 고치기 위해 도와주는 게 아니라 내적인 소리를 방해하는 것들을 제거해서 사람들이 자기 자신의 지혜를 내부로부터 깨닫게 하는 것이다. 우리가 내부의 지혜를 믿지 않으면 정화위원회가 사람들을 조종할 수 있게 되고, 우리가 내적인 스승을 존중하게 되면 정화위원회는 사람들의 깊은 진실의 소리를 찾을 수 있도록 도와줄 수 있다. 정화위원회는 다음과 같은 간단하지만 중요한 규칙에 의해 운영된다.

• 정화를 원하는 사람은 스스로 5~6명의 믿을 만한 위원들을 선정한다. 이때 다른 사람과 상담하여 위원을 결정할 수 있다. 5명 또는 6명의 위원에 정화를 원하는

사람의 숫자를 더하면 같이 일하기에 아주 이상적인 숫자가 될 수 있다.

- 당사자는 자기의 문제를 적어서 모임 전에 위원들에게 보낸다. 이때 세 가지 내용을 적어야 하는데, 문제를 설명하고 문제가 될 만한 당사자의 배경 설명과 앞으로 어떻게 할지에 대한 당사자의 기대 등을 포함한다. 다섯 장이나 여섯 장을 쓰는 이 과정에서 당사자는 내부 정화를 위한 첫 번째 단계에 들어가게 된다.
- 위원회는 앞으로 한 두번 더 모임을 갖는다는 이해 하에 처음에 세 시간 동안 만난다. 먼저 의장과 서기가 정해진다. 의장은 모임이 규칙대로 잘 진행되고 있는지 모니터하는 역할을 한다. 서기는 당사자가 모임 후에 생각을 정리하는 데 도움을 준다.
- 의장이 먼저 침묵하자고 제안하고 당사자가 문제를 간단하게 설명할 수 있을 때 얘기를 시작하라고 한다. 당사자의 설명이 끝나면 위원들은 단 한가지 단순하지만 어려운 원칙, 즉 당사자한테 솔직하고 도움이 될 만한 질문을 할 수 있다. 이 규칙에는 우리가 다른 사람의 문제를 어떤 가정을 가지고 조언하지 말라는 아주 중요한 배경을 깔고 있다. 다시 말하면, 아주 진지하고 열린, 도전적이고, 배려하는 질문을 해서 당사자가 자기 내부의 진실을 깨달을 수 있도록 해야 한다. 내가 문제에 대한 답을 알아도 당사자한테는 전혀 가치가 없다. 답은 당사자의 내면에서 나와야만 한다. 그러므로 정화위원회는 당사자가 다른 사람들에게 방해받지 않고 내면으로 들어가도록 도와야 한다.
- 위원들은 당사자의 요구에 맞게 간단명료하며 핵심을 찌르는 질문을 해야 한다. 명료한 질문은 당사자가 통찰력을 갖도록 도와준다. 위원들은 자기가 하는 질문에 신뢰를 가지고 있어야 한다. 모임 내내 위원들은 판단이 개입된 질문을 하지 않도록 해야 한다.
- 당사자는 질문에 답해야 하는데, 보통 당사자의 답변은 더 많은 질문을 하게 만든다. 답변은 가능하면 간단하게 해서 질문과 대답이 더 진행되어 깊이 있는 수준이 될 수 있도록 한다. 어떤 경우에도 당사자의 사적인 감정과 사생활을 해치지 않는 범위 내에서 이루어져야 하며 당사자는 질문에 대해 답변하지 않아도 되는 권한이

있다.

- 어느 정도 여유를 두고 부드럽고 인간적으로 질문하고 답변하는 과정은 매우 중요하다. 정화위원회는 취조를 하는 게 목적이 아니다. 직설적으로 쏘아 대는 질문은 당사자로 하여금 뭔가를 침해당했다고 여기게 하기 때문에 성찰을 불가능하게 한다. 대신 침묵을 허용하는 것도 중요하다. 침묵이 있는 경우 뭔가 잘못되어가는 게 아니라 오히려 중요한 일, 즉 새로운 통찰력이 일어나게 할 수도 있다.
- 세 시간 동안의 모임은 적당한 시간이다. 참을성 있게 기다림으로써 깊이 있는 질문이 가능하게 된다. 모임이 끝나기 30분 전에 의장은 당사자에게 위원들이 지금까지 보고 들은 내용을 얘기하기를 원하느냐고 물어본다. 위원들이 보고 들은 내용을 얘기한다는 것은 당사자에게 조언을 하는 것이 아니라 당사자의 말과 분위기를 반추함으로써 당사자가 다시 반응할 수 있는 기회를 가지게 하는 것이다. 마지막 10분 동안 의장은 위원들이 당사자를 격려하게 한다. 당사자는 아주 솔직히 답변을 해 왔기 때문에 이 시간은 중요한 의미를 갖는다.

정화위원회는 모든 사람이 자발적으로 자신의 내면에 접근하도록 할 때 가장 잘 운영된다. 우리가 다른 사람에게 무엇이 가장 좋은지 아는 척하지 말고 당사자가 답변을 스스로 찾을 수 있도록 솔직하고 배려하는 질문을 할 수 있어야 한다. 마치 우리가 다른 사람들을 구할 수 있다고 생각하는 오만함을 버리고 당사자의 말을 귀담아듣고 당사자가 내면의 소리를 들을 수 있게 도와주어야 한다.

물론 정화위원회가 만병통치약은 아니다. 누구에게나, 어떤 문제에도 통하는 것은 아니고, 적당한 사람과 적합한 문제가 있을 때 공동체의 위력을 보여 줄 수 있는 것이다. 물론 위험한 요소도 있다. 모든 인간관계가 그렇듯이 교묘하게 조종하는 사람들이 있을 수 있다. 그러나 정화위원회의 토대가 되는 정신적 지지를 이해한다면 그것은 개인적 삶 안에 공동체를 새롭게 하여, 사람들로 하여금 고립되지 않게 하며, 지나치지 않은 배려로 우리 내부에 성령이 움직이게 하는 채널이 될 수 있다.

케임브리지 시절과 캐번디시 연구소 (1928~1930, 1932~1935)

1928년 레반스는 케임브리지의 엠마뉴엘 대학Emmanual colledge 연구 장학생으로 뽑혀 박사과정을 시작했다. 1906년 전자 발견으로 노벨상을 수상하고 전 캐번디시 연구소장이었으며 트리니티 대학 총장이었던 톰슨J. J. Thomson의 마지막 대학원생이었다. 레반스는 새로운 연구소장인 러더퍼드Ernest Rutherford 밑에서 1928년부터 1930년까지 연구를 하였고, 1932년과 1935년 사이에 박사학위를 받고 케임브리지를 떠났다.

톰슨과 레반스의 관계는 돈독했다. 둘 다 스포츠를 좋아했고, 유머감각이 있었으며, 겸손하고, 믿음에 충실했다. 톰슨은 학생들이 자신감과 독립성을 가지도록 가르쳤는데, 레반스도 예외는 아니었다. 레반스가 '학습 L = 지식 P + 질문 Q'라는 공식을 만들고, 전문가의 개입을 반대한 것은 다음과 같은 톰슨의 접근방법 때문이었다.

> 연구는 교육적 가치가 있고 정신력을 시험할 수 있는 것이어야 한다. 연구를 통해 독립적인 사고를 하게 되고 성숙한 판단을 하게 되며 비판력과 의지력이 생기는 것을 보아 왔다. 논문을 쓸 때 과학적인 결과도 중요하지만 자기 자신의 노력으로 어려움을 극복하려는 점을 높이 사야 하고, 지도교수의 역할은 학생들이 낙담하지 않게 하고 일이 실패하지 않도록 도와주는 것이다.

레반스는 캐번디시 연구소의 지적이고 사회적인 분위기에 관해 종종 얘기했는데, 라슨Larsen 책에 다음과 같이 묘사되어 있다.

> 캐번디시 연구소에서 일할 수 있었던 연구원에게는 1920년대와 1930년대가 가장 설정기였다. 캐번디시 연구소의 전통은 편안한 분위기를 유지하며 경력에 상관없이 과학자의 독자성을 존중하였고, 교수는 연구의 대가이기보다는 멘토의 역할을 했다.

매년 15명 정도의 연구학생들이 들어왔는데, 그들 중 반은 케임브리지의 출신이었고, 나머지 반은 다른 나라에서 온 학생들이었다. 모든 학생들은 연구 장비를 스스로 만들기 위해 목공 수업을 들어야 했다. 레반스는 평소 목공일을 좋아했는데, 아마도 이때 기술이 개발된 것 같다.

캐번디시 연구소에는 40명 정도의 사람들이 있었는데, 대부분은 연구소 소장의 연구 주제인 원자에 관한 연구를 하고 있었다. 학생들은 3년 안에 연구를 마치고 박사학위를 받게 되어 있었다. 이 연구소는 연구원들이 과로하지 않도록 매일 저녁 6시가 되면 문을 닫았다. 또 다른 특징은 세미나와 클럽 활동이었다. 매주 수요일 오후에 러더퍼드 소장은 캐번디시 물리학 학회라는 연구원 모임을 주관하였다. 이런 모임들은 새로운 원자 물리학 분야의 열정적인 분위기를 이끌었고 동료 간에 건설적인 비판, 실용주의와 협력하는 문화를 만들었다. 1932년 채드윅James Chadwick이 원자를 분리했다는 공식 발표를 하기 전날 러더퍼드가 한 말은 액션러닝의 지적이고 문화적인 토대에 깊은 영향을 미쳤다고 레반스는 다음과 같이 회고하고 있다.

> 1920년대와 1930년대 케임브리지의 캐번디시 연구소는 가장 지적인 사고를 하는 곳이었다. 그때 나는 연구원으로 일하고 있었는데, 연구 주제는 원자의 에너지에 집중되어 있었다. 연구소 소장은 덴마크의 보어와 같이 원자를 발견한 러더퍼드였다. 당시 나는 전자를 발견한 톰슨의 마지막 박사과정 학생이었다. 내가 연구소에 있을 당시 우리 연구 그룹에서 원자 분열의 기초가 되는 중성자를 발견하였다. 아버지가 타이타닉호의 침몰 이유를 찾는 과정에서 선박을 설계하고 운항했던 전문가들이 자기들의 아주

협소한 자신의 분야만을 고집했다는 것을 알아내었는데, 캐번디시 연구소는 이와는 아주 다른 분위기를 가지고 있었다. 연구소에 있는 노벨상 수상자들은 원자 분열이 왜 일어나는지에 대해 각기 다른 의견을 가지고 있었지만 다른 사람들을 설득하거나 자기의 의견이 가장 맞는 것이라고 주장하지 않았다. 내가 캐번디시에 있는 동안 11명의 노벨상 수상자들은 서로 원자 분열의 원인에 관해 논쟁을 벌였지만, 서로에게 전혀 적대적이지 않았다. 채드윅이 새로운 물체인 중성자가 원인이라고 발표하기 전, 러더퍼드가 세미나 말미에 "우리는 지난 네 시간 동안 논쟁하고 있었지만 이제 그만 하고 홀에 가서 저녁을 먹읍시다. 네 시간 동안 나에게 인상적이었던 것은 내가 아무것도 모른다는 사실인데, 여러분은 어떻습니까?"라는 말을 하였다. 1933년부터 이 말을 되새기면서 중요한 시스템을 운영하는 사람들이 생각이나 의견을 어떻게 바꾸는지에 관해 관심을 가지게 되었다. 우리가 뭔가를 좀 더 잘하기 위해서는 "당신이 하고 있는 일에 몇 가지 의문을 가지고 있고 나 역시 그렇다. 그럼 뭔가 다른 접근을 해 보는 게 어떨까?"라고 말하는 사람들과 의견을 나누어야 하는 것이다. 사람들이 중요한 논문을 많이 발표했다 하더라도 뭔가 의문을 가지고 있을 때, 지금 벌어지고 있는 일을 내가 잘 모른다고 할 때, 다른 사람들과 의견을 공유할 때에 비로소 난관을 헤치고 진정한 의미의 진전을 볼 수 있는 것이다. 바로 이것이 액션러닝의 기초이다.

독일과 미국의 물리학계에서 보면 캐번디시 연구소 연구원들은 충분히 이론과 실험을 개진하지 않는 불완전한 물리학자들로 보일지도 모른다. 레반스의 액션러닝이 이론에 근거하고 있지 않다는 비판을 받았을 때 바로 이런 분위기를 보여 준다. 이에 대해 레반스는 "좋은 아이디어는 언제나 처음에 조롱을 받는 법이다." "새로운 아이디어의 가치는 처음에 얼마나 많은 저항과 조롱을 받느냐에 달려 있다."는 니체Niezsche의 말을 인용하였다.

레반스는 이 케임브리지 시절에 평생의 친구들을 만났고 이후 오랫동안 그를 지원했던 동료들을 만났다. 대표적인 예는 물리학 박사이며 컴퓨터 사용의 선구자인 보덴 경Lord Bowden이다. 보덴 경은 1953년 맨체스터 과학기술대학 학장이 되었는데, 1955년 레반스를 교수로 임용하는 데 중요한 역할을 하였다.

제2차 세계대전

레반스는 1940년과 1941년 런던 공습으로 잘 알려진 전쟁기간 중에 런던에 있는 비상 서비스국 책임자로 배치되었다. 아주 극단적인 상황이었기 때문에 레반스는 현재 우리가 알고 있는 '위기관리'를 경험하였다. 레반스는 이때 경영에 관한 아주 중요한 경험을 했는데, 불행히도 우리에게 전해지는 기록이 전혀 없다. 대신 전쟁이 끝난 몇 개월 후인 1945년 8월에 쓴 시가 한 편 있는데, 당시의 분위기와 그의 생각과 감정을 잘 담고 있는 것으로 알려진다.

탄광업 경험(1944~1946)

영국의 탄광산업(1944~1945)

레반스는 1944년부터 1955년까지 당시 영국의 가장 중요한 산업 중의 하나였던 탄광업에 관여하였다. 그는 탄광 엔지니어 연구소에서 발급하는 자격증을 취득한 탄광 엔지니어가 되기도 했다. 이때 레반스에게 가장 중대한 영향을 미친 인물은 레반스보다 훨씬 이전에 탄광촌에서 액션러닝을 시도하고 있었던 하울즈워스 경Sir Hubert Houldsworth 경이다. 하울즈워스 경은 1951년부터 1956년까지 국영석탄회사National Coal Boad의 대표를 지냈다. 다음에서 레반스는 '역경 속의 동반자'인 광부들이 미친 영향에 관해 기술하고 있다.

액션러닝에 관한 첫 번째 논문은 1945년에 발표되었다. 1944년 전쟁 중에 쓴 논문은 당시 영국이 처한 상황에서 가장 큰 문제는 전쟁에 필요한 에너지를 어디서 구할지, 어떻게 하면 탄광 산업을 효율적으로 만드는가 하는 것이었다. 문제를 해결하기 위해 내가 파견되어 직접 갱에 들어가 광부들과 함께 지냈고 그들 집에서 살았다. 내가 직접 보고 경험하면서 탄광 산업이 얼마나 복잡하게 이루어졌는지를 깨닫게 되었다. 그때 우리가 필요로 했던 것은 탄광 산업의 실제를 경험하지 않은 전문가를 배제하고 실제 20~30명의 관리자들이 직원 대학에 모여 문제가 무엇인지 논의하게 하는 것이었다. 그때는 탄광 산업이 사적인 소유였기 때문에 소유자들은 내 아이디어가 지극히 상식적이라는 이유로 추진을 승낙하였다.

이 직원 대학은 레반스가 아이디어를 낸 지 11년이 지나고 국영석탄회사를 그만둔지 5년 후인 1955년이 되어서야 만들어졌다.

자발적인 광부들의 교육과 액션러닝(1946)

다음은 레반스의 미발표 원고인데, 학습에 대한 그의 열정과 창의성, 몰입을 보여 주고 있으며, '동지' 또는 '역경 속의 동반자'가 공동의 노력에 의해 불가능하게 보이는 것을 가능하게 만드는 점을 선호하는 것을 알 수 있다.

1946년 (공식적으로는 1947년 1월) 탄광업이 국유화되었을 때 국영석탄회사의 교육 담당관으로 임명되었다. 내가 제안한 직원 대학 아이디어는 800개가 넘는 회사에서 일하고 있던 사람들을 재배치하는 엄청난 일 때문에 지연되었다. 처음에 우리 갱에 자발적으로 오는 동유럽 사람들에게 영어를 가르치는, 액션러닝과는 전혀 관련이 없는 일을 해야 했다. 20개가 넘는 언어를 사용하는 사람들이어서 문제가 많았는데, 다행히 리처즈I. A. Richards라는 기본 영어의 선구자와 하버드 대학 동료들의 노움으로 보통 교사들이 할 수 없는 일을 해내기 위해 일종의 액션러닝을 개발하였다. 바벨 프로그램은 동유럽 사람들이 10주 내에 탄광촌에서 일을 시작할 수 있도록 영어를 가르치는 프로그램이었다. 이때 정부 관료들은 외국 사람들의 활동을 저지하려는 시도를 했는데 이 같은 모욕적인 처사는 학생들이 먼저 자기네 언어로 서로의 실수를 지적하는 식으로 영어를 같이 공부하는 학습 능력을 저해하는 것이었다. 이 프로그램에서 사람들이 보여 준 '역경 속의 동반자' 개념은 액션러닝이 궁극적으로 지향해야 하는 것이다.

● 참고문헌 ●

Barker, A. E. (2009) "Bio-Chronology: RWR Milestones". Unpublished article and background information for Chapter 6 in this volume.

Barker, A. E. (2004) *An Introduction to Genuine Action Learning* (Oradea, Romania: Oradea University Press).

Brayshaw, A. N. (1969) *The Quakers: Their story and message* (London: Friends Home Service Committee).

Cathcart, B. (2004) *The Fly in the Cathedral: How a group of Cambridge scientists won the international race to split the atom* (New York: Farrar, Straus & Giroux).

Comfort, W. W. (1968) *Just Among Friends: The Quaker way of life* (Philadelphia: American Friends Service Committee).

Crowther, J. G. (1974) *The Cavendish Laboratory, 1874-1974* (New York: Science History Publications).

Dingle, H. (1954) *The Sources of Eddington's Philosophy* (Cambridge: Cambridge University Press).

Dixon, M. (1971) "David, Goliath and Dr. Revans", *The Times* (London), 8

November, Section D, p. 15.

The Institution of Naval Architects (1937) 2, Adam Street, London, W.C.2.

Larsen [Lehrburger], E. (1962) *The Cavendish Laboratory: Nursery of genius* (New York: Franklin Watts).

Rayleigh, Lord (1942) *The Life of Sir J.J. Thomson* (Cambridge: Cambridge University Press).

Revans, R. W. (1994) From a videotape of Reg Revans' speech at Virginia Commonwealth University, February, 1994. Provided by Robert L. Dilworth.

Revans, R. W. (1985) "Chapter I, Some Opening Evidence of Action Learning at Work around the World: Action Learning in the Coal Industry, Alternative Approaches." Undated but from 1985, from a typed manuscript provided by Robert L. Dilworth and Donna Vick.

Revans, R. W. (1982) *The Origins and Evolution of Action Learning* (Bromley, U.K.: Chartwell-Bratt).

Revans, R. W. (1980) *Action Learning: New techniques for management* (London: Blond & Briggs).

Revans, R. W. (1962) "Preface", in D. N. Carofas, *Programming Systems for Electronic Computers* (London: Butterworths).

Thomson, J. J. (1937) *Recollections and Reflections* (New York: Macmillan).

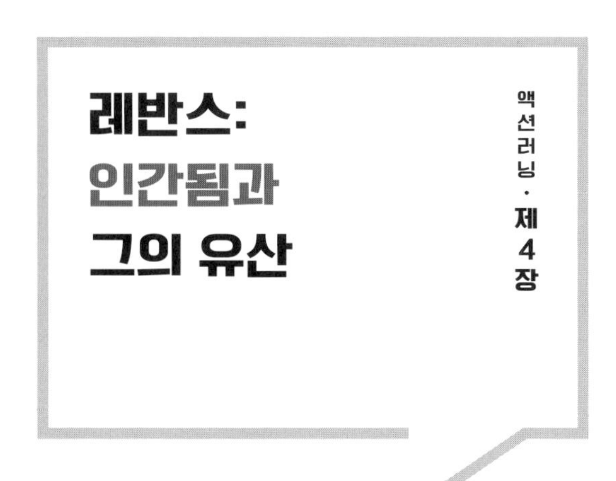

Compiled by David Botham, Robert L. Dilworth, and Yury Boshyk

서론

이 장은 레반스를 잘 알고 있거나 그의 저서를 면밀히 연구한 사람들이 쓴 기억과 성찰을 요약한 것을 다루었다. 여기에는 레반스를 바라보는 많은 관점들이 포함되어 있으며, 그의 성격, 가치관, 신념을 포함하여 레반스를 구성하는 것들 그리고 그가 남긴 유산을 소개한다.

레반스를 알고 있는 사람들이 그의 장점과 관심사, 특유함을 설명할 때 떠오르는 많은 단어들이 있다. 존경심, 지혜, 통찰력, 끈기, 관대함, 겸손, 친절, 은혜, 역동성, 영감을 주는 자질, 독불장군, 도발성, 혁신성, 솔직성, 정직성, 품위, 때로는 대결성, 운동성 등이 그것이다. 그는 또한 철학자로 여겨지기도 한다. 다음에서 소개되는 각각의 논평은 레반스를 회상하는 사람들과 레반스의 관계를 잘 설명하는 몇몇의 단어들로부터 시작하고자 한다.

딜워스가 본 레반스의 인품과 성격에 대하여

나는 레그(Revans의 애칭)와 함께 했던 경험과 데이비드 보담David Botham, 앨버트 바커Albert Barker, 베르나 윌리스Verna J. Willis 그리고 그 외 사람들과의 대화에서 얻은 정보를 바탕으로 이 글을 썼다. 나는 1991년부터 레그Reg와 정기적으로 연락을 취했고 우리는 가까운 동료이자 친구가 되었다. 레반스의 마지막 출판물은 베르나 윌리스와 내가 액션러닝에 관해 쓴 『액션러닝: 이미지와 경로Action Learning: Image and Pathway』의 서문이었다. 레반스는 2003년에 서거하였다.

익명의 자선

1995년 4월, 잉글랜드 히스로에서 제1차 액션러닝 상호협력회의Action Learning and Mutual collaboration congress가 추진될 무렵, 레반스는 동유럽의 초청자들이 그들의 여행경비와 숙박비를 마련하는 데 어려움을 겪고 있다는 것을 알게 되었다. 그들의 경비를 충당하기 위해 그는 조용히 자신의 빈약한 예금을 인출하였다. 이것은 레반스의 전형적인 모습이었다. 그는 실천하는 사람이었고, 자신의 개인적인 선행에 주목을 끌고자 하지 않았다.

극도로 검소한 생활

레그는 거의 헤아릴 수 없을 만큼 검소한 사람이었다. 그는 음식을 거의 먹지 않았고 식당에서 식사를 할 때에도 대부분의 음식들은 집으로 가져가기 위해 종이봉투에 담겨졌다. 그의 냉장고에는—특히 그의 아내인 노라가 사망한 후에는—레스토랑의 종이봉투와 남은 음식물이 들어 있었다. 가족과 친구들은 그의 건강을 지키기 위해 주기적으로 냉장고를 청소하곤 했다. 그는 자신의 모든 시간을 아이디어와 개념들, 어떤 행동을 취하는 것에 쏟았고, 사실상 일생 내내 지속된 연구나 집필을 할 때, 그는 마치 다른 세상에 있는 존재와 같았다. 그는 돈이나 물질적인 것, 안락한 생활에는 거의 관심이 없었다.

그래피티의 의미

버스로 런던 시내를 다니면서 벽에 그려진 그래피티를 볼 때마다 레그는 "그래피티는 젊은이들이 자신의 아이덴티티와 표현의 수단을 찾아낸 결과"라고 말했다. 이같은 표현은 그의 깊은 통찰력과 지혜의 반영이었다. 그는 자신의 서재에 많은 책들을 가지고 있었고, 그 책들 중 상당수가 심리학과 관련된 것이었다. 그는 인간의 행동을 공부하는 학생이었다.

세계 여행을 할 때

그는 세계를 여행할 때 짐을 가볍게 꾸렸고 항상 단벌로 여행을 하였다. 그는 평소 비행기 안에서 들고 다니는 아주 작은 가방을 사용했고, 그 가방은 대부분 책과 종이로 채워져 있었다. 하루 정도의 여행의 경우, 그는 '얇은thin' 작은 여행 가방만 가지고 다니곤 했는데 책과 종이로 가득차서 그것은 가방이라기보다는 농구공처럼 보였다.

갈등을 다루는 법

1994년 영국에서 미국, 중국, 영국, 남아프리카, 인도, 호주, 루마니아의 대표를 포함한 국가 간 자문위원 12명이 참석한 회의에서 참석자들 사이에 격렬한 대립이 벌어졌다. 배석했던 여성 2명이 방을 빠져나갈 정도로 소란스러웠고 분위기는 험악했다. 레반스는 그곳에서 내내 조용히 귀를 기울이고 있었다. 잠시 후 혼란스러운 상황은 잠잠해졌고, 그룹별로 각자의 관점에 대한 보고를 하도록 결정했다. 대립이 왜 일어났고, 각각의 멤버들은 이 일에 어떻게 기여했는지 전체의 의견을 듣는 데 두 시간이나 걸렸다. 많은 참석자들은 자신들이 난투극이 벌어지도록 조장했다는 것을 인정하고 겸허하게 증언했다. 그들은 또한 자신들이 생각한 것에 대해 공개적으로 이야기했고, 자신들의 행동에 대해 사과했다. 전체의 이야기가 끝나자 레반스에게도 그의 견해를 물었다. 그는 활짝 웃으며 "오늘 저녁 좋은 배움이 이루어졌군요. 늦었으니 나는 자러 가겠습니다."라고 말하였다. 그는 그날 저녁의 사건이 결국 회의에 모인 사람들을 하나로 모으는데 매우 건설적이었고, 모든 사람들은 그 경험을 통해 많은 것을 배웠다는 것을 깨달았다. 레반스의 기본 관심은 사람들이 서로에게서 배우도록 하는 것이었다. 바로 그런 기회가 발생한 것이다. 그는 그 집단이 스스로 학습을 통해 서로 가르치고 배우기를 바라면서 끼어들기보다는 귀를 기울였다. 그에게 그날 저녁은 대성공이었다.

개척자로서 레반스

레반스는 조니 애플시드*Johnny Appleseed를 좋아했다. 조니 애플시드처럼 그도 세계 곳곳을 돌아다니며 사람들에게 영감을 주었고, 그가 시작한 것은 종종 중요한 무언가로 꽃피웠다.

1996년 레반스는 버지니아 커먼웰스 대학Virginia Commonweath University에서 액션러닝 팀으로 1주일 동안 이 기관을 방문한 6명의 대학원생들을 만났다. 그들은 레반스를 '구루guru'처럼 경외심을 가지고 대했고 그럴 때마다, 레반스는 자신이 특별한 전문가나 천재임을 부인하였다. 그들이 레반스의 견해를 물었을 때마다 "그런데 당신은 어떻게 생각합니까? 이것이 정말 중요한 것입니다."라고 늘 같은 대답을 하곤 했다.

일주일 동안 그들과 시간을 보낸 후 레반스는 그들에게 다음 달 이탈리아 볼로냐에서 열리는 회의에 참석하여 액션러닝에 대한 프레젠테이션을 할 것을 제안했다. 그 학생들은 이전에 한 번도 함께 일한 적이 없었고, 액션러닝에 대한 기본적인 개념과 절차 정도만 이해할 뿐이었다. 또한 대부분의 학생들은 대학에서 학비를 감당하기 위해 고군분투하고 있었다. 그러나 이 87세의 영국인이 보여 준 자신감은 그들에게 영감을 주었다. 그들은 그의 권고를 따르기로 결정하고 허리띠를 졸라 매고 돈을 마련했다. 학생 중 한 명은 겨우 300달러를 긁어모을 수 있을 뿐, 그 여행을 감당하기에는 충분하지 않았기 때문에 다른 다섯 명이 비용을 충당하도록 자신의 돈을 기부했다. 그들은 볼로냐에 가서 프레젠테이션을 하였고 그 발표는 호평을 받았다. 레반스는 학생들의 액션러닝 팀에게 버지니아 리치몬드에 액션러닝 센터를 설립하도록 권고하였다.

레반스가 영국으로 돌아온 지 일주일 후, 학생들은 이를 시행했고 심지어 명함까지도 만들었다. 그리고 나서 청소년들이 직면하고 있는 문제들을 더

---

* 역자 주: 조니 애플시드(Johnny Appleseed)
존 채프먼(John Chapman, 1774~1845)은 '조니 애플시드'라는 별명으로 불렸던 사람이다. 그가 그렇게 불린 이유는 미국 개척시대에 많은 지역을 돌아다니며 사과 씨를 뿌리고, 개척자들에게 사과 종묘를 나누어 주면서 개척자들이 정착할 수 있도록 도와주었기 때문이다. 그래서 '조니 애플시드'라는 별명을 얻게 되었다.

잘 이해하고 해결하기 위해 학생들과 학부모들로 이루어진 액션러닝 팀을 구성하는 제안을 리지본드 시의회에 제출했다. 이같은 제안은 시의회 의원이 내용을 이해하거나 지지하기에는 평범하지 않은 일이었다. 그 후 학생들은 교정국department of corrections과 협약을 맺고 "라스트 찬스 패트롤last chance paroles"이라는 이름으로 여섯 명의 혼성 액션러닝 팀을 조직하고 함께 작업했다. 액션러닝 팀에 속한 보호관찰대상 청소년들은 이미 가석방을 두 번 위반했으며, 세 번째 위반을 한다면 더 이상의 추가 가석방의 기회가 없었다. 그 학생들의 액션러닝 활동은 잘 운영되었고, 이 팀 내에서 점차 발전하는 성숙한 대화에 교정담당자들은 매우 놀랐다. 팀원 중 한 명은 인생의 하향곡선을 벗어날 수 있었고, 다른 라스트 찬스 패트롤 팀원들과 함께 일하게 된 후에 교정국에 고용되었다. 이야기는 거기서 끝나지 않는다. 학생 액션러닝 팀은 2년 동안 활동했다. 그들 중 한 명인 돈나 빅Donna Vick은 첫 번째 레반스 장학생으로 선발되었고 잉글랜드 살포드 대학University of Salford 내 액션러닝 연구를 위해 설립된 레반스 액션러닝연구센터로부터 박사학위를 받을 때까지 전액장학금을 받았다. 그녀는 학위를 취득한 후 교수진으로 합류하였다.

이 모든 것은 87세의 한 남자의 방문에서 비롯되었다. 그는 연관된 학생들의 삶을 바꾸었다. 만약 레반스가 오늘날 살아 있다면, 그는 확실히 이렇게 말할 것이다. "나는 그들을 바꾸지 않았다. 그들 스스로 변했다." 조니 애플시드와 같이 레그가 우리에게 보여 주는 수많은 일화 중 하나에 불과하다.

솔선수범하는 아이들

레반스는 언제나 놀이에서 아이들에게 나타나는 조화로움에 흥미를 느꼈다. 아이들은 어른들보다 훨씬 더 조화롭게 작업을 할 수 있고, 생각을 표현하는데 자발적이며, 새로운 아이디어를 탐구하는데 안전하다고 느낀다. 신이 아이들에게 부여한 지적 재능이 엄격한 교실(자율적인 기회와 공간에 제공되지 않는)에 있을 때 사라져 버리는 이유는 무엇인가?

레그가 호주의 멜버른을 방문했을 때의 일이다. 이민자들이 거주하는 대형 아파트 단지에서 발생하는 문제를 해결하기 위해 현지 경찰과 공조했다. 그곳에서는 35개의 언어와 방언들이 사용되었다. 다양한 국적과 민족이 아파트의 각 층에 모여 있었고, 그 집단들 사이에는 영토주의와 마찰, 그리고 심지어 상당한 갈등이 있었다. 이러한 가운데 레그가 발견한 것은 복합단지 내 운동장에서는 갈등이 없다는 것이었다. 그곳에서는 흑인, 백인, 아시아인 그리고 모든 다른 국적과 민족의 사람들이 편안하게 상호작용하고 있었다.

마침내 아이들은 지역의 갈등을 해소하는 데 앞장섰다. 지역 경찰이 제공한 기금으로 그들은 세입자들의 상호이해를 돕기 위한 인종과 관련된 사건과 여러 정보를 다루는 뉴스레터를 시작했다. 아이들은 그곳에 살았던 사람들의 유산을 묘사하기 위해 각 층에 벽화를 칠하는 아이디어를 생각해 냈다. 이것은 지역 경찰이 다시 한 번 프로젝트에 비용을 지원하여 완성되었다. 레그가 런던에서 그래피티를 보면서 관찰했듯이 사람들은 자신들의 정체성을 드러낼 필요가 있다. 레반스는 그 지역 경찰 관계자들과 아이들이 함께 작업하며, 진행되는 과정에 대해 자신을 드러내지 않고 조심스럽게 질문하는 존재였다.

조화로운 관계가 형성되면서 갈등은 진정되었고, 서로를 존중하게 되었다. 8년 후, 레반스는 그 아파트 단지로 돌아왔다. 그 변화들이 지속적인 조화를 가져왔는가? 참여자들이 어떤 의도와 목적을 가졌든지 간에 레반스는 만족해했다. 더 많은 '애플 씨앗apple seed'이 뿌리를 내리고 견실한 나무로 자라난 것이다. 그것은 레반스가 받을 수 있는 가장 중요한 보상이었다. 그것은 어떤 타이틀이나 상금보다 훨씬 값진 것이었다.

컴퓨터를 다루지 못함

레그는 컴퓨터 시대에 합류하지 못했다. 그는 개인용 컴퓨터나 워드 프로세싱 프로그램을 사용하는 것을 거부했는데 심지어 타자기조차 전기방식이 아니었다. 그는 방대한 양의 문서를 우편으로 처리했다. 문서를 작성할 때도 옛날 방식을 고수했는데 그가 실수를 했을 때는 흰색 수정액으로 덧칠을 하고 나서 타이핑을 했다. 나이가 들고 손이 떨리기 시작하면서 수정액의 많은 부분이 종이가 아닌 타자기의 자판에 묻게 되었다. 타자기의 자판은 떨어진 수정액으로 모두 들러붙게 되어 항상 깨끗하게 인쇄되지 못했다. 그의 친구 앨버트 바커는 가능한 한 주기적으로 타자기의 자판을 닦아 내곤 했다.

1991년 레반스가 워싱턴 DC의 조지 워싱턴 대학Jeorge Washington University을 방문했을 때, 그는 자신을 초대한 교수와 함께 엘리베이터를 타려고 기다리고 있었다. 엘리베이터는 빨리 오지 않았고 레그는 인내심을 잃었다. "계단으로 걸어가자."는 그의 예상 밖의 제안에 결국 그 교수는 9층까지 올라가기 위해 그의 뒤를 따랐다. 그들이 계단을 오르고 있을 때 레반스는 그의 뒤에서 몇몇 학생들이 "저 불쌍한 노인이 계단을 오르는 것을 봐!"라고 말하는 것을 들었다(그의 청각에는 아무런 문제가 없었으므로). 레반스는 그들에게 돌아서서 말했다. "맞아요. 내가 그들을 이끌어야 해요, 젊은이."라고 말했고, 그는 당시 84세였다.

이런 일화는 그를 알고 있는 사람이라면 그리 놀라운 일이 아닐 것이다. 그는 1928년 올림픽에서 영국을 대표했다. 또한 케임브리지 대학Cambridge University에 있는 동안, 30년 이상 깨지지 않은 멀리뛰기 기록을 세웠다. 그는 유별나게 건강했고 일생 동안 에너지가 넘쳤다.

인간 주소록

레반스는 숫자, 주소, 몇 년 동안 보지 못했던 사람들의 이름을 기억하는 특이한 능력을 가지고 있었다. 경이로운 일이었다. 숫자도 그를 매료시켰다. 한 번은 그가 자신의 주소록에 추가하기 위해 전화번호를 받았을 때, 그 번호를 보고 웃기 시작했다. 왜 웃냐는 질문에 그는 정수가 재미있는 방식으로 배열되어 있다고 하면서 “수학자만이 그 유머를 이해할 수 있을 것이다.”라고 말했다. 그의 다재다능함과 다양한 관심사에 대해 좀 더 강조해 보면, 그는 스웨덴어(그의 첫 번째 아내는 스웨덴 사람이다)와 독일어를 구사했고, 여러 다른 언어에도 정통했다. 그는 물리학자, 경제학자, 교육자, 예술가, 가구 제작자, 음악가 그리고 무엇보다 철학자라 불린다.

딸의 시각으로 본 레반스

다음의 글은 2007년, 아버지 레반스의 탄생 100주년을 맞아 장녀 마리나 블랑Marina Blanc이 맨체스터 대학University of Manchester의 맨체스터 경영대학원에서 한 발언을 발췌한 것이다.

그의 기억력

아버지가 92세였을 때, 나는 아버지가 어릴 때 가족이 살던 집을 찾으려고 비컨헤드(아주 어린 시절에 살았던 곳)로 함께 갔었는데 그가 아직도 얼마나 놀라운 기억력을 가지고 있는지 깨닫고 놀랐다. 나는 잘못된 길로 운전해서 들어갔는데 아버지는 집이 왼쪽에 있다고 기억하고 있었고 왼쪽의 집들이 모두

불에 탔기 때문에 집을 찾을 수 있을지 다소 걱정 하고 있었다. 하지만 우리가 뵤시에 노착했을 때, 그는 이곳이 그 집의 현관 맞은편이라는 것을 알아차렸다. 옛집은 여전히 그곳에 있었다.

음악에 대한 사랑

어린 시절부터 레그는 음악에 대한 큰 애정을 가지고 있었고 지속적으로 관심을 발전시켰다. 그는 노래를 잘하지 못했기 때문에 모든 것을 휘파람으로 불었다. 그는 놀라운 기억력으로 동요에서부터 대부분의 교향곡과 협주곡 등을 알고 있다. 우리가 함께 차를 탈 때면 라디오에서 나오는 노래를 맞추는 내기를 하곤 했었다. 그는 언제나 작곡가를 잘 맞추었고, 때로 곡명은 틀리기도 했지만 나는 그를 이길 가망이 전혀 없었다.

자연에 대한 매혹

레그는 자연에서 발생하는 것들에 깊이 매료되어 있었다. 그의 영국의 조류와 나무에 대한 지식은 경이롭다. 만약 그가 나뭇가지에 앉아 있는 새를 볼 수 없다면, 새의 울음소리, 나는 모습, 깃털로 식별할 수 있었다. 또한 나무껍질을 보거나 나뭇잎을 따기에는 너무 멀리 있으면 나무들의 실루엣만으로도 어떤 나무인지 알았다.

예술

운동 이외에도 그는 예술에 관심이 많았고 재능을 발전시켰다. 실제로 그는 많은 그림과 만화, 심지어 어린이들을 위한 작은 책들의 삽화도 그렸다. 그는 초상화와 거리 풍경을 그리기도 했다. 그중 엠마누엘 대학Emmanuel College을 흑백으로 그린 스케치는 매우 정교하게 그려져서 마치 사진이라고 생각될 정도였다. 그는 글을 쓰는 데 뛰어난 능력을 지녔을 뿐만 아니라 트럼펫을 연주하기도 했다. 그가 액션러닝에 관한 책과 기사를 쓴 것을 알고 있지만, 여러분 중 몇 명이나 그가 시와 연극 대본도 썼다는 것을 알고 있었는가? 그는 정말로 많은 재능을 가지고 있는 사람이었는데, 그 대부분을 숨겨 두었다.

생활이 어려운 사람들에 대한 염려

레그는 결코 공식적인 행사에 나서지 않았다. 1971년 벨기에 국왕이 체발리에(그는 기사로 임명되었다)로 추대하기 위해 만찬을 베풀었을 때도 그는 애피타이저만 먹을 뿐 주코스를 거절하고 식사를 마쳤다. 이 같은 행동에 대해 그는 자신보다 음식을 더 필요로 하는 사람들이 있다고 말했다. 그의 관심은 오직 사람들이 어떻게 배우는가뿐이었다.

사람들이 어떻게 배우는가에 집중함

그는 사람들이 배우는 방식에 깊이 몰두하고 있었고, 개인과 사회 모두에게 '책을 통한 학습book learning' 보다 '실제로 수행하는hands on' 학습이 더 가치 있다고 확신했다. 그렇다고 해서 그가 책을 읽는 것을 막지는 못했다. 그는 책에 중독되었다고 할 만큼 평생 동안 책을 읽고 수집했다.

가구 제작자

그는 가구들을 직접 만들었는데 느릅나무 판에 오크 테두리가 있는 큰 식

탁, 하나의 받침대로 두 가지 기능을 하는 소파 프레임, 사이드 보드들이 그것이다. 그리고 아직도 내가 가지고 있는 작은 테이블, 팔걸이들은 정원에 떨어진 아카시아 나무로 만든 것이다.

인내심이 강하지만 때로는 사나운 성격의 교사

그는 인내심이 강한 교사였지만, 또한 성질이 사납다. 그러므로 뭔가 잘못된 일이 생기면, 그를 피해 침실로 도망쳐야 한다.

음식에 대한 기호

레그가 가장 좋아하는 음식은 항상 걱정거리였다. 그는 하루 다섯 가지 과일과 야채가 아니라 치즈, 크림, 버터를 좋아했고, 소금을 마음껏 사용했다. 설탕을 넣은 커피를 마시고, 깡통 가득히 들어 있는 초콜릿 비스킷을 먹어치웠다. 그의 식단은 심장마비를 일으키기에 충분했다. 그러나 그는 95세까지 살았다. 그는 생선류를 좋아했으니까, 아마 이것이 보상한 것 같다.

종교적 신념

나는 레그와 종교에 대해 이야기를 나눠 본 적이 없다. 그가 나를 퀘이커 학교에 보냈다는 것은 그의 신념과 관련이 있을 수도 있지만, 우리가 그의 논문에서 알 수 있듯이 그는 성경을 매우 잘 알고 있었다.

걷기에 대한 사랑

그의 걷기에 대한 사랑은 평생 지속되었다. 케임브리지에서 그와 비비안 보든Vivian Bowden(대학원의 물리학 전공 동료)은 수 마일을 함께 걸었다.

[앨버트 바커의 메모에 따르면 임종 전, 마지막 병환 중이던 기간에 레그는 비비안 보든이 불과 몇 마일 떨어진 요양원에서 죽음에 임박한 것을 알게 되었다. 어느 날 밤 바커가 방문했을 때, 레그는 앨버트에게 "그녀는 나보다 도움이 더 필요해."라고 말하며 비비안을 방문하라고 말했다. 바커는 곧바로 비비안을 병문안하기 위해 길을 내려갔지만 그녀는 그날 아침 무렵 사망하였다.]

건강 쇠퇴

1997년 무렵, 레그는 젊었을 때 다친 상처에 통증을 느끼기 시작했다. 그는 올림픽 선수였을 때 왼쪽 발목을 다쳤었다. '치료하면 괜찮겠지만, 80세가 되면 문제가 좀 생기겠지.'라고 생각했으나 운이 좋게도 발목은 건강을 유지하였고 92세부터 그를 괴롭혔다. 발목의 통증으로 걷기 어렵게 되었고 마침내 그는 속도를 늦추기 시작했다.

친구이자 동료인 데이비드 보담이 말하는 레반스

나는 레그를 매우 잘 알고 있다. 1995년에 설립된 레반스 액션러닝연구센터Revans Centre for Action Learning and Research의 센터장으로서 여러 차례 그와 함께 활동하면서 소통한 것은 말할 것도 없고, 지난 20년 동안 일주일에 한 번 저녁식사를 했다.

독불장군 레반스

레반스는 항상 진보적이며 확고한 사고방식을 취한다는 점에서 독불장군이다. 그는 시대를 앞서가는 사람이었고 경험 학습의 선구자였다. 그는 교수자가 지식을 수동적인 학습자에 전달하는 일방적인 교수적 접근을 반대하였다. 레반스에게 있어서 배움이란 참가자들이 서로 그리고 함께 배우면서 실제 문제와 씨름하는 것이다.

인도주의자

레반스는 과학자였지만 인도주의자였고, 액션러닝이 사람들을 세계의 여러 문제를 해결하기 위한 열린 대화로 모으는 힘이 될 수 있다고 믿었다. 그는 진정한 학습은 다양한 사람들이 참여하는 사회적 과정이라고 느꼈다.

참신한 질문의 중요성

레반스는 그의 일생 동안 많은 발표를 통하여 액션러닝은 참신한 질문이 중요하다는 주장을 일관되게 하였다. 질문의 중요성은 새로운 지식을 발견하고자 하는 소크라테스(BC 469~399년) 사상에 기인한다. 플라톤(BC 427~347)은 질문 게임을 철학적 훈련의 방법으로 발전시켰다. 이후 이 게임들은 아리스토텔레스(BC 384~322년)에 의해 서구 전통 최초의 체계적 인식론과 논리적 시스템으로 사용되었다. 이것은 모든 가설-연역적 사고의 기초가 되었다.

자율적 학습 과정으로서 액션러닝

레반스가 남긴 유산의 가장 중요한 결과 중 하나는 참가자를 위한 자율적인 액션러닝 과정과 액션러닝 프로그램을 조직, 후원, 조언하는 임무를 맡은 사람들 간의 관계이다. 어떤 사람들은 액션러닝 프로그램에 스폰서, 어드바이저, 컨설턴트, 퍼실리테이터가 포함되어야 한다는 주장을 강력히 지지한다(Garratt, 1983). 그러나 레반스는 일관되게, 그리고 때로는 화를 내며, 액션러닝 세트에 외부인이 포함되는 것을 반대하였고, 학습자의 자율권을 강력히 주장했다(예, Revans, 1984, pp. 209-20 참조). 그는 세트 어드바이저 및/또는 퍼실리테이터라는 명목으로 전문지식을 제공하려는 사람들의 행동에 이의를 제기했다. 사람들은 누군가가 자신의 개념만을 고수하고, 그들에게 실행하도록 제안하거나 외부 '전문가experts'가 '세트set'의 숙의와 대화에 대해 끊임없이 개입하여 지시하고 이끌어 가는 것에 대해 특히 화가 난다는 것을 알고 있었기 때문이다.

연구에 대한 강조

액션러닝에 대한 레반스식 접근법과 현재 이루어지고 있는 대부분의 경향 간의 또 다른 극명한 차이는 연구에 대한 그의 강한 신념과 강조에 있다. 결과적으로 레반스의 모든 액션러닝 프로그램들은 체계적으로 연구되었고, 주로 레반스 자신이 그의 지속적인 학문적 공헌의 기초가 되었다. 조직행동을 이해하는 방법으로 변화와 반응을 관찰하기 위해 레반스가 주요 시행단계에서 액션러닝 프로그램을 도입했다는 점에서 고전적 액션러닝 입장을 취하고 있다고 볼 수 있다(예, Revans, 1971, pp. 148-201과 액션러닝을 통한 경영교육Management Education through Action Learning 서문 참조).

액션러닝 세트(팀)와의 관계

레반스는 액션러닝 팀과 자신의 관계에 대해 명확한 관점을 가지고 있었다. 우선, 그는 의도적인 학습이 팀에서 일어날 것이라고 기대하였다. 둘째는 단정하고 정중한 태도로, 참가자들에게 자신의 존재감을 드러내기보다는 팀 회의에 초대되기를 기다렸고, 자신의 학습 욕구를 겸손하고 진지하게 나타냄으로써 논의되는 주제와 관련하여 편협한 경험에서 비롯되는 오만함을 피했다.

액션러닝을 정의하는 것을 망설임

일부 사람들은 레반스가 액션러닝의 정의를 제시하지 못하거나 제공하는 것을 피한다고 주장한다. 그들은 레반스가 액션러닝을 정의해 주었다면 그 과정을 더 쉽게 이해할 수 있을 것이라고 지적한다. 이러한 논쟁은 전적으로 타당하지 않다. 레반스는 액션러닝이 아닌 것을 설명함으로써 액션러닝을 정의하는 것을 피하는 이유를 주장하였다. 사실 거시적인 관점에서 정의를 제공한 것이다. 그는 다음과 같이 말했다.

> 액션러닝은 복잡하고 스트레스가 많은 문제에 책임감 있게 관여함으로써, 문제 분야에서 그의 관찰 가능한 행동을 개선하기에 충분한 의도된 변화를 달성하는 지적, 정서적 또는 신체적 발전의 수단이다(Revans, 1979, p. 4).

현 세대와 액션러닝의 연결성: 그의 유산, 그 자체

모든 유산이 그렇듯이 레반스의 업적이 현재 그리고 지금의 세대와 직접적인 관련이 없다면 무의미하다. 따라서 액션러닝의 관점과 해석에 대한 레반스의 견해를 제대로 소개하기 위해서는 해야 할 일이 많다. 예를 들어, 레반스의 저서가 미국에서 폭넓은 독자층을 얻지 못했기 때문에 레반스에 의해 다루어졌던 논의의 세부사항들은 대부분 진지한 평가를 받지 못했다. 액션러닝의 잠재력은 레반스의 저작 중 저널과 문헌의 일부분으로 인정받았을 뿐이다. 레반스와 함께 액션러닝을 작업한 많은 사람들이 있다. 이들은 레반스의 철학과 개념적 사고가 널리 확산되는 데 기여하였지만 시간이 흐르면서 액션러닝과 관련된 사상이 사람들에게 침투되는 것은 점차 약화되었다. 우리는 액션러닝이라고 분류되는 다소 광범위한 프로그램들을 접할 수 있다. 그러나 좀 더 깊이 살펴보면 그것들은 레반스가 제시한 방법과 다른 것처럼 보인다. 레반스는 액션러닝이 상황에 따라 다양한 형태로 구현될 수 있다는 것을 인정했지만, 프로그램 시행과정에서 엄격한 통제로 학습자들에게 권한이 주어지지 않는 점에 대해 염려하였다. 이 같은 이유로, 레반스가 액션러닝을 통해 남기고자 한 것이 무엇인지 한마디로 표현하는 것은 쉽지 않다. 그러나 그가 제시한 개념을 면밀히 검토하고 조직과 경영에서 오늘날 우리가 직면하고 있는 어려움과 관련지어 볼 때, 레반스가 처음 그것들을 설명했을 때와 마찬가지로 오늘날에도 적용할 수 있는 중요한 교훈과 접근법이 있다는 것이 명백해진다. 그는 '작은 것이 충실하다small is dutiful'라는 말을 자주 할 만큼 자율적인 권한을 가진 작은 팀의 장점을 강조하였다. 우리는 오늘날 이것을 자기주도적인 팀, 리더가 없는 팀, 그리고 고객과 지속적으로 접촉하는 직원들이 고객의 니즈를 즉시 충족시킬 수 있는 결정을 해야 한다는 철학에서 발견할 수 있다. 다시 액션러닝의 뿌리를 돌아봄으로써 오늘날 시행되고 있는 액션러닝을 발전시킬 필요가 있다.

레반스는 종종 어린아이들이 서로 개방적으로 의사소통하고 서로의 세계를 탐험하는 것이 얼마나 쉬운가를 이야기했다. 아이들은 작은 그룹으로 함께 놀고 서로 이야기를 하면서 안전하다고 느낀다. 레반스는 이러한 개방성과 자발적 태도가 어떻게 발현되는지를 관찰하는 한편, 권위주의가 지배하는 고도로 통제된 교실환경과 그들의 직장에서 발생하는 일들에 의해 어떻게 그것이 사라지는지 확인하였다. 진정한 액션러닝의 경험, 즉 당면한 문제를 더 잘 이해하고, 어떻게 그 문제를 해결할지 폭넓고 자유롭게 생각하는 능력을 가진 팀의 활동은 어린아이들의 놀이에서 흔히 접하는 현상들과 같다. 즉, 외부 조력자가 있을 때와 달리 신뢰와 상호지원의 분위기 속에서 열린 대화에 집중하면서, 사고를 제한하는 제약으로부터 자유로워지는 것을 의미한다. 비록 그의 생각은 기존의 교육 및 학습 시스템의 틀에 부합되지 않는다는 이유로 자주 거부되었지만, 진정한 권한의 실천이라는 점에서 그의 유산이라 할 수 있다. 그것이야말로 액션러닝의 본질인 것이다.

마이크 패들러의 레반스에 관한 코멘트

마이크 패들러Mike Pedler는 경영과 리더십 이슈에 관한 선도적인 학자이며 컨설턴트이다. 그는 액션러닝에 관한 최초의 국제학술지인 『액션러닝 연구와 실천Action Learning Research and Practice』의 편집장을 지냈고 레반스를 잘 알고 그와 함께 일했었다.

레반스와 그가 남긴 것들에 대한 생각

나는 지난 30년 동안 여러 번 말해 왔지만, 레반스가 액션러닝에 대해 정의하기를 거부한 것은 사실상 액션러닝의 지속과 재창조 가능성의 원천이라고 생각한다.

레반스가 언급한 액션러닝이 아닌 것은 직무 순환, 프로젝트 작업, 사례 연구, 비즈니스 게임 및 기타 시뮬레이션, 그룹 역동성 및 기타 업무 연습, 비즈니스 컨설팅 및 기타 전문가 임무, 운영 연구, 산업공학, 업무와 관련된 연구 및 관련 과목, 단순한 상식 등이다(Revans, 1998, pp. 89-103). 이들 방법은 최근에 등장한 것이지만 곧 사라질 기술이다. 반면 액션러닝을 유지하는 것은 결코 단순히 방법이 아니라 아이디어, 철학, 규율, 그리고 고유의 방법에 기반한다. 우리는 항상 "무엇이 액션러닝인가?" 그리고 "나는 제대로 하고 있는가?"라는 질문을 해야 한다. 그리고 "다른 사람들은 액션러닝이라는 이름으로 무엇을 하는가?"라는 질문 또한 중요하다. 이러한 질문은 서로 우리의 실천 결과물들을 공유하도록 북돋운다. 존 버고인John Burgoyne, 셰릴 브룩Cheryl Brook과 공저한 논문에서, 우리는 "액션러닝은 어떻게 발전해야 하는가?(Pedler et al., 2005)"라는 질문을 통해 현재 널리 퍼진 퍼실리테이터의 활용과 같이 레반스가 허락하지 않거나 반대했던 많은 프렉티스 개발에 주목하고 있다. 이것은 염려스럽기도 하고 한편 안심되기도 한다. 이처럼 새로운 형태와 접근방식을 실험하면서, "우리는 올바로 하고 있는가?"라고 계속 질문해야 한다.

레반스의 종교적 또는 정신적 신념의 영향력은 액션러닝을 이해하는 중요한 요인이다. 그는 성경을 인용하여 이야기하곤 하였는데 주로 언어적인 표현 뒤에 숨은 정신에 관심이 있었다. 그가 어떻게 하면 고통을 덜 수 있을지에 대한 부처의 말을 인용한 경우라면, 그것은 불교의 원칙이 액션러닝이 추구하는 것과 일치했기 때문이다. 그의 도덕적 판단의 배경에는 많은 청교도적 원리들이 영향을 미쳤다. 최근 소개되고 있는 경영학 문헌의 허울 좋은 아이디어들을 경멸하거나 컨설팅 분야의 '무지한 자'에 분개할 때는 마치 구약성서에 등장하는 설교자와 같았다. 그는 컨설턴트였지만, 자신의 서비스에 대한 비용을 청구하지 않은 사람이었으며, 부유한 권력자들보다는 적은 비용이라도 자신에게 관심이 있는 누구와도 시간을 보낼 용의가 있었다. 일반적인 컨설턴트와 비교해 보면, 그는 꽤 특이한 사람이다.

내가 그를 처음 만난 것은 1976년 요크셔 지역 경영센터에서 열린 회의에서였다. 그는 경영과 개발에 관한 주제에서 "정직한 사람이란 무엇인가?" 그리고 "내가 정직한 사람이 되기 위해 무엇을 해야 하는가?"와 같은 질문을 하면서 윤리성의 실천으로서 경영발전을 제시하였다. 우리의 관심은 사람들을 개발하고 그들의 수행과 방향에 영향을 미치는 것이다. 이 같은 주장은 그때나 지금이나 마케팅이나 재정을 가르치는 대부분의 교수들에게 반향을 일으키지 않는 것 같았다. 그날 일정이 끝날 무렵, 레반스는 낡은 가방에서 책들을 꺼냈다. "출판사들은 이것들을 판매하려고 하지 않는군요." "원하는 사람은 1파운드에 살 수 있습니다."라고 말했고 그는 두 권을 팔았다. 액션러닝을 이론화하려는 그의 가장 야심찬 시도인 『유능한 관리자 육성Developing Effective Managers』(1971년)은 나의 생각을 바꾸었고 그날을 기념하듯이 이후 쭉 나와 함께 했다.

알렌 멈포드가 논평한 레반스의 독보성

알렌 멈포드Alan Mumford는 영국 국제경영센터International Management Center, IMC의 경영학 교수로 전 세계 경영개발과 액션러닝과 관련된 많은 일을 했다. 또한 피터 허니Peter honey와 공동으로 데이비드 콜브David Kolb의 학습 스타일에 대한 연구를 바탕으로 학습 스타일 설문지를 개발한 바 있다. 다음의 논평은 런던에서의 그와 인터뷰를 내용을 정리한 것이다.

레반스의 독보성

레반스의 독보성은 액션러닝에 참여하면 명확해진다. 액션러닝에 참여한 매니저들은 그의 매력을 증명한다. 그의 아이디어들 또한 예전에 "별볼일 없는 말"이라고 했던 몇몇 기관이나 학자들에 의해 부분적이라도 수용되고 있다. 실제로 경영교육을 선도하고 있는 한 인물은 모든 경영대학원에서 현재 액션러닝을 시행하고 있다고 주장한 바 있다.

카리스마와 존재감에 관하여

나는 경영학회의 연례 콘퍼런스에서 벨기에 프로젝트 이후의 레반스를 만났다(레반스는 1965년부터 1975년까지 벨기에에서 장기간의 시간을 보냈으며, 그중에서 벨기에 실험이라고 불리게 된 몇 가지 프로젝트를 진행함).

나는 레반스의 저서를 읽어 보았지만 직접 그의 강의를 들어본 적이 없었기 때문에 매우 특별한 경험이었다. 그는 분명한 존재감이 있었다. 그와 나는 두바이의 한 콘퍼런스에서 같은 기회에 발표를 했는데, 사실 그것은 내가 레그와 나눈 대화 중 가장 긴 대화였다.

레반스는 '걸프 아랍인Gulf Arabs'이라고 부르는 80~90명의 사람들에게 액션러닝에 관한 발표를 했는데 매우 훌륭했고 사람들은 감명받았다. 레반스는 그들에게 놀라운 것을 전달한 것이다. 그는 '일화적인 경험자나 프로젝트 참가자, 강력한 지식기반훈련이 모두 쓰레기'라고 말하고자 하는 한 남자를 완전히 제압하였고, 그것도 가장 멋진 방법으로 사람들에게 인상을 남겼다.

튜터의 뿌리 깊은 욕망에 관하여

우리 모두는 레반스로부터 배운 인용구를 가지고 있을 것이다. 내가 가장 좋아하는 표현은 액션러닝은 '학습자에게 주목받고 싶어 하는 튜터의 상습적인 욕구'를 알아차리게 한다는 것이다. 나에게 이것은 매우 중요한 진술이라는 인상을 주었다. 퍼실리테이터를 강단에 서는 강사처럼 묘사하는 사람들에게는 주목받고자 하는 욕구가 있는 것이 사실이다. 물론 레반스는 훌륭한 연설가였기 때문에 주목받을 수밖에 없는 아이러니가 있다. 불가피하게 학생들 관심의 중심에 있는 것은 어쩔 수 없는 일이다.

연설 또는 서면 커뮤니케이션

레반스가 국제경영센터에서 수여한 명예 박사학위를 받았을 때 나는 축하 연설을 하였다. 이때 나는 연설가로서의 레그와 저술가로서의 레그 사이에는 상당한 차이가 있다는 말을 하였다. 연설자로서 레그는 단어와 문장을 구성하는 데 있어서 매우 명확하며 논리적이고 대체로 이해하기 쉬운 반면 그의 글은 결코 이해하기 어려운 것은 아니지만 '밀도가 높다dense'라고 묘사하였다. 그는 식이 끝난 후 내게 다가왔다. 나는 어떤 일이 있을지 확신하지 못했다. 그는 결코 쉬운 아첨에 넘어가는 사람이 아니므로 "알렌에게 너무 감사하다. 좋은 연설이었다."와 같은 말은 기대하지 않았다. 사실, 레그는 내가 방금한 연설의 요점을 파악하고 있었다. 그는 누군가가 자신의 업적에 대해 말과 글 모두를 칭찬받은 것이 얼마나 기쁜지 나에게 말해 주고 싶어 했다. 그가 말한 것은 내가 그 두 가지 스타일의 중요한 차이를 분명히 알아차린 첫 번째 사람이라는 것이었다. 그가 내 의견을 수용하였으므로 다소 안심이 되었다. 왜냐하면 나는 그가 두 번째 부분을 고마워할 것이라고 전혀 확신하지 못했기 때문이다.

베르나 윌리스, '레그가 나에게 의미하는 것은'

1994년 베르나 J. 윌리스Verna J. Willis가 레반스를 만났을 때, 그녀는 액션러닝에 깊이 몰두하고 있었다. 그녀는 인적자원개발 분야에서 명성이 높았고 프로그램 운영의 성과로 상을 받았다. 그 프로그램은 레반스가 설명한 원칙을 고수하는 액션러닝 방식을 적용한 것이었다. 그녀는 영국 살포드 대학의 레반스 액션러닝연구센터에서 안식년을 갖는 등 레반스와 함께 일할 기회를 가졌고 이후 호주, 아프리카의 코트디부아르, 영국, 루마니아에서 액션러닝에 참여하였다. 윌리스는 가장 먼저 CLOChief Learning Officer라는 용어를 썼고, 박사과정 학생 중 게리 메이Gary May는 처음으로 CLO가 되었다.

많은 다른 사람들처럼 나는 레반스와 만나게 된 것, 그리고 그가 생각하고 생활하는 방식이 나의 직업생활의 패턴을 재정립하고 향상시키는 데 도움이 되었을 뿐만 아니라, 직장생활 안과 밖에서 나의 개인적 가치를 다시 확인하는 데 도움을 주었다는 것을 인정한다. 6년 전, 나는 새로운 직원개발 학위 프로그램을 만들기 위해 훈련과 개발 분야의 기업경영에서 대학 교수직으로 옮겼고, 기업이나 훈련 기관들이 학습에 대해 생각하고 인식하는 방식에 변화를 줄 수 있을지 탐색하고 있었다. 나는 실망스러운 사내 학습 이벤트와 시장에서 꽤 표준화된 '학습 테크놀로지learning technology'의 활용에 완전히 지쳐 있었다. 학습 테크놀로지의 대부분은 그들이 약속했던 많은 것들을 실현하지 못했고 생산적인 사고방식 변화나 행동 변화를 가져온 제품은 거의 없었다. 나는 뭔가 새롭고, 실제적이며, 학습자들을 진정으로 몰입시키고 자신이 학습한 것에 책임을 지도록 하는 방법들 그리고 상황에 따라 학습자들을 어떻게 변화시킬지 계속 탐색하고 있었다. 학습자는 우리 조직 내에 있거나 외부에서 계약된 '스탠딩 트레이너standing trainer'들의 교묘한 기법에 의해 너무나 쉽게 만족해했다. 1993년에 나는 같은 생각을 가진 교직원들과 미국의 몇몇 선임 기업 트레이너들과 함께 인적자원개발원the Academy of Human Resource Development, AHRD을 설립했다. 우리는 공식적인 연맹을 통해 우리의 노력을 강화하고, 새롭게 부상하는 규율에 대한 더 많은 대중의 이해와 수용을 얻고 우리의 교육을 강화하며 새로운 분야에서 활동하고 있는 학생들을 지원해 줄 수 있다고 믿었다. 지금까지 위의 모든 것들은 이 이야기가 진정 무엇에 관한 것인지를 알리는 서론에 불과하다. 진짜 이야기는 액션러닝에 대한 나의 열정적이고 매우 보람 있는 참여이다.

내가 레그 레반스와 액션러닝에 대해 알게 된 것은 1994년 텍사스 주 샌안토니오에서 새로운 아카데미의 첫 공식 모임에서였다. 그는 자신을 알고 있고 그의 공헌의 중요성을 확신하는 동료들(딜워스Dillwath, 딕슨Dixon, 마식Marsick)의 초청을 받아 그곳에 참석하였다. 그것은 우연한 일이었다. 레반스가 설명한 것은 내가 7년 동안 기업에서 그리고 3년 동안 대학에서 해외 과제를 하며 심층적으로 관찰한 바와 같이 컨설턴트에 의해 제공되는 학습에 문제가 있다는 내 생각을 확신하게 하였고 나에게 '바로 저것이다.'로 들렸다. 물론 보다 중요한 것은 내가 깊이 알고 있었지만 그것을 표현할 단어를 찾지 못했던 것, 즉 사람들은 그들이 알고 생각하는 것을 질문할 때 진정으로 배우고, 호기심을 촉발하며, 그들 자신과 스스로의 가능성을 믿고, 새로운 발견을 내면화하며 이러한 발견을 실행하기 위해 개인적인 책무성을 지닌다는 것을 그는 명확히 말하고 있었다는 점이다. 나는 거의 모든 사람들이 레반스 스타일의 액션러닝에서 이러한 '학습의 자유freedom to learn'를 느끼고 행동한다고 믿는다. 비록 그것이 어떤 사람들에게는 두려운 전망이라 할지라도 말이다. 우리는 학습 후 에세이와 구두 보고에서 이 두 가지 반응 모두를 반복해서 인식한다. 액션러닝은 우리가 평생 갈망해 온 그 무엇과 같다. 아마도 일찍이 그것을 경험해 본 적이 있었을 것이다(나의 짧은 경험은 1930년대 작은 교실에서 이루어졌는데, 서로 주고받는 배움은 지극히 평범하였지만 확실히 흥미진진했음).

어쩌면 우리가 학습속도를 안전하게 유지하기 위해 권위자에게 전적으로 의지하는 '전문가의 지혜expert wisdom'에 고개를 숙였었더라면, 액션러닝은 그 어떤 것보다 파급력이 컸을지도 모른다.

돌이켜 생각해 보면, 나는 새로운 아카데미의 고도로 전문적이고 경험이 많은 설립자인 우리로서는 전문가가 인정했든 아니든 간에 믿을 만한 해답이 거의 없었고, 대신 레반스가 말한 것처럼 '역경 속의 동반자partner in adversity'였다고 믿는다. 비록 학습조직을 만들기 위해 전념하고 있음에도 불구하고 우리는 복잡한 소용돌이 한가운데 있었다. 그러나 그 당시 우리 중 극히 소수만이 액션러닝의 추종자가 되었다.

레반스가 빈번히 말한 바와 같이 위대한 힘은 겸허하게 "서로 함께 배우는데 있다with and from each other"는 것은 단순한 진실이지만 그 진실을 어떻게 확산하는가는 또 다른 문제다. 나는 레반스와 그가 주장하는 것을 옹호하는 사람들로부터 내가 무엇을 배울 수 있을지 상당한 호기심을 갖고 레반스의 기조연설 세션을 떠났다. 이상한 점은 그가 뭐라고 하든 이미 그의 주장에 동의했지만, 그것에 대해 행동할 수 있는 어떠한 허가도 받지 못했다고 느꼈다는 것이다. 나와 같은 경우가 특별하지 않다는 것을 안다. 이것 중 얼마나 많은 부분이 미개척 상태로 남아 있는지 우리 대부분은 모를 것이다. 레그의 설명을 통해, 허락을 받는다는 것이 어떤 권위로부터 부여받는 것이 아니라 내적인 문제라는 깨달음을 회복하게 되었다. 얼마 지나지 않아, 나는 매우 보수적인 대학에서 어떤 스폰서 없이도 전략적인 의도와 행동을 갖고 액션러닝을 시작할 수 있을 정도로 충분히 용감해졌다. 몇 년 안에 조지아 주에서의 액션러닝은 산업계, 정부, 시민사회에서 통용되었고, 실제 세계와 연결시키려는 우리의 노력은 많은 관심을 받게 되었다. 나는 레반스가 천부적이건 교육에 의해서건 전체론적으로 생각한다고 믿는다. 나는 그가 에르빈 라즐로Ervin Laszlo 가 말하는 생명과 사회, 지구, 또는 우주의 어떤 부분도 다른 부분과 별개로 분리되어 있다고 보지 않는 위대한 시스템 사상가들 중 최초라고 확신한다. 일반적으로 이 이론은 DNA, 세포, 입자, 환경뿐만 아니라 '내부'와 '외부' 공간을 포함하는 거대한 규모의 '생태적 사고'라고 부를 수 있다. 레그는 마가렛 위틀리Margaret Wheatley, 피터 셍게Peter Senge와 같은 저자들이 기관과 기업 조직에 일반 시스템 원칙을 적용하기 훨씬 앞서서 그러한 원칙을 민주적이며 인간중심적으로 시행할 것을 강조했다. 그는 상아탑에 안주하는 것이 아니라 전략가, 전술가, 노동자로서 보다 협력적이고 의식적으로 상호 의존적인 세계를 추구했다. 나는 그가 코코넛 기름을 짜는 노동자에서부터 왕족에 이르기까지 모든 사람들이 이해할 수 있도록 의도적으로 학문적 전문용어의 사용을 피했다고 생각한다. 그의 미발표 원고 중 한 권에는 이런 사실을 완벽하게 알려 주는 감동적인 사연이 있다. 내가 기억하는 바로는 자신이 발표자였던 미국심리학회의 워싱턴 DC 콘퍼런스에서의 일이다. 그는 지식주의와 선입견의 과잉이라는 지루함을 느끼면서 그 도시에 대해 호기심을 갖기 시작했다. 그는 묘하게 차려입은 '히피풍의 사람들'의 야외 모임을 우연히 접하게 되었다. 그들은 서로 어울려 노래하고 즐거운 시간을 보내는 사람들이었다. 그들은 레반스를 환영하였고, 레반스는 그들과 함께 찬송가를 부르며 머물렀다. 그가 좀 전에 떠나온 규칙이 지배하는 구역과 그가 방금 받았던 자발적인 환영 사이의 대조적인 점은 정말로 분명했다. 내가 살포드 대학의 레반스 기록보관소에 있는 이 원고를 몇 년 전 우연히 발견했고 그 기록이 너무 사적인 것임을 알아서 복사할 엄두를 내지 못했다. 나는 그 이후로 레반스에 대해 이 사례보다 더 잘 알려 주는 것은 없다고 생각한다. 이 사람은 제2차 세계대전 당시 독일의 공습을 받은 영국에서 전쟁의 고통을 목격했던 바로 그 사람이다. 그런 지울 수 없는 경험에 비추어 볼 때, 나는 그가 종종 덜 현실적이고, 매력적이거나 인생이 바뀌는 사람과 사건들에 자신을 맞추는 데 어려움을 느꼈다는 것을 의심하게 된다.

4년의 짧고도 강렬했던 학습기간 동안 내가 알고 있는 레반스를 한마디로 정의해 보려고 비록 헛된 일일지라도 수십 개의 형용사와 그의 특징들을 검토하였는데 하나의 단어가 무릎을 치게 했다. 레그는 과거에도 그리고 지금에도 "독보적인 인물authentic presense"이다. 나는 이 단어를 강조하고 싶다. 레그 자신만이 그 점을 모르고 있을 뿐이다. 앞에서 언급한 바와 같이, 레반스는 내 개인적이고 직업적인 삶에서 중요한 존재였으며, 일종의 정점에 이르도록 영향을 주었다. 그중에서도 나에게 가장 중요한, 시스템 지향적인 세계관을 검증했고 내가 어떻게 세상을 바꾸려고 노력하는 것과 그것에 의해 변화되는 것 사이에서 더 나은 균형을 맞출 수 있는지를 깨닫도록 도와주었다.

단호하게 예언을 하거나, 비공식적인 자리에서 위트가 있거나, 성찰을 위해 침묵하거나 그가 좋아하는 주제를 얼마나 완강하게 되풀이했거나 간에, 이 모두가 전형적인 레반스의 모습이다. 그는 '차분하고 단단한 본성을 보여주는 실제 인물'이고, '직접적으로 또는 특출' 나지만, 연주자가 '관객'과 관계를 맺도록 하는 명료함과 효율성이라는 자질을 가지고 있었다.

그는 안정감을 지니고 있었으며 그가 방문한 국가들에서 인간의 신뢰와 자신감을 얻은 사람들에 대한 진정한 개방성이 있었다. 나는 레반스가 어떤 상황에서도 스스로 자만을 경계한다는 점을 잘 알고 있다. 이것은 또한 본질적으로 겸손한 사람이 겪어야 하는 정신적 부담이지만 그는 자신의 독보성을 포기함으로써 이러한 부담을 줄였다.

나는 그가 했던 모든 말 이상으로, 그의 존재 자체가 액션러닝의 수칙과 패턴을 가장 근접하게 따르는 사람들에게 영향을 미쳤고, 여전히 영향을 미치고 있다고 확신한다. 레반스의 유산을 구성하는 것은 그의 존재, 즉 일생 동안의 업적, 그의 정신적 · 도덕적 철학, 그리고 세상의 지혜를 발견하기 위한 탐색과 공유를 모두 포함하는 것이다. 내가 아는 한 그는 탐색하기를 멈추지 않았고, 나는 그가 자신의 도서관에 둘 만큼 가치를 부여한 것들에 대해 나 자신의 고양을 위해 목록화하고 읽을 수 있기를 바랐다.

딜워스가 버지니아 커먼웰스 대학에서 활동했을 때 쓴 글을 보면, 잔 브랜드Jan Brandt(딜워스의 대학원생 중 한 명)가 그들의 액션러닝 경험의 역동성을 토의하는 자리에서 퀘이커의 문화와 컨벤션의 유사점, 즉 "대답을 아는 것을 질문할 수 없다."는 의견을 제시하였다. 이것은 레반스의 학습공식에서 질문을 통한 통찰력Q Questioning Insight의 중요성에 관한 사항이 퀘이커 회합 규칙에서 영향을 받았나는 것을 확인한 유일한 사례이다. 퀘이커 교도의 신앙 안에서 성장한 레반스가 항상 참신한 질문을 하고, 변화하는 세상에서 일시적인 해결책에 불과한 답을 찾도록 요구하지 않고 학습자들이 새로운 질문을 향하도록 한 것은 놀라운 일이 아니다. 그는 다른 신앙에서도 학습의 상호성에 대한 중요성을 강조하는 유사한 점을 발견했다. 그러므로 일련의 학습은 영원한 탐색, 과정, 역동적 실존이 되어야 한다. 그러한 역동성은 '과거 경험에 대한 맹목적인 믿음'을 중단하고, 성찰적이고 질문하는 학습자의 공동체 내에서 자연스럽게 능동적 학습이 자리 잡게 된다.

나는 레반스가 공동체에서 제외되었다고 느꼈을 때 다른 참가자들이 레반스가 강조하는 탐구정신을 고려하지 않았던 일화를 기억한다. 나는 두 달 동안 레반스 액션러닝연구센터에서 거주하며 공부했다. 레그가 다음 직원 회의에서 우리와 함께 탐구하고 싶은 것을 표시를 한 책들이 가득 들어 있는 여행용 가방을 가지고 왔을 때, 나는 자발적으로 이 책들을 복사하고, 분석하고, 배포했다. 나는 흥미롭게 그것들을 읽었고, 그들 사이의 연관성, 액션러닝, 그리고 센터의 일을 기대하였다. 그런데 어찌된 일인지, 그가 직원 회의에 왔을 때, 우리는 그의 자료를 납득하지 못했다. 나는 그 이유를 알 수 없었지만, 다른 문제가 있을 것으로 생각되었다. 레반스는 우리에게 새로운 질문이 필요하다고 느꼈으나 우리는 그것을 무시하면서, 그가 그곳에 있는 이유를 잊고 문제를 감추려고 했다.

액션러닝의 지지자와 현장실천가들은 그들이 당면한 관심 밖의 사람이나 질문을 배제하는 이 같은 패턴에 빠지기 쉽다. 이러한 경향은 우리가 액션러닝의 특성에 대해 지속적으로 시험할 필요가 있다고 나는 믿는다. '레그의 존재'를 인정하지 않는 것은 시간이 지남에 따라 그의 삶이 남긴 유산에 훨씬 더 큰 영향을 미칠 수 있다. 만약 우리가 경계하지 않는다면, 빈번히 현명하지 못한 것에 만족하게 될 것이다. 그러나 이러한 경고에도 불구하고, 나는 레반스의 관점의 확대를 위한 기회와 액션러닝에 대한 그의 신념을 알고 있다. 이 책의 기여자들은 팀 활동에서 모든 개인 구성원의 중요성에 대해 굳건히 믿고 있을 뿐만 아니라 폭넓고 다양한 영역에서 활용될 것임을 증명하고 있다. 액션러닝은 단지 기업의 이윤창출을 위해 활용되는 것만은 아니다. 인간 사회의 모든 곳에서 심각한 결함에 직면하고 있기 때문에 액션러닝에 대한 보다 광범한 의존의 시대가 도래할 것이라 생각한다. 우리는 우리의 보편적인 인간성 안에서, 서로 자신이 속한 지역에서부터 전 세계에 이르는 책임과 관련하여 더 큰 깨달음에 도달하고 있는 것 같다. 나는 특히 희망에 차 있다. 왜냐하면 나는 액션러닝이 국가 건설과 경제 발전에—심지어 가장 빈곤한 커뮤니티에서도—어떻게 사용되고 있는지 조사해 왔기 때문이다. 레그가 예측한 대로 액션러닝은 전 세계적으로 진행되고 있다. 그의 풀뿌리 실재주의 realism는 우리의 바램과 같이 성숙한 단계로 성장하고 있다.

요약: 액션러닝의 강력함에 대한 증거

우리는 한 인간으로서 레반스와 그가 우리에게 남긴 것들에 대해 다양한 관점으로 살펴보았다. 액션러닝의 가장 중요한 증거는 진정한 액션러닝을 경험한 사람들이 그것에 대해 말하는 것을 통해 얻을 수 있다.

조지아 주립대학의 액션러닝 프로그램에서, 그리고 버지니아 커먼웰스 대학의 렉스 딜워스에 의해 만들어진 프로그램과 같이, 베르나 윌리스는 프로그램이 시행되는 과정에 퍼실리테이터의 개입을 최소화하고, 학습자들이 실행하면서 배우도록 간섭하지 않으며, 대학 밖의 큰 조직과 기업들, 공공기관과 개인들이 직면하고 있는 중요 문제를 해결하도록 하는 것을 포함하여 레반스의 가르침과 가장 유사하게 액션러닝을 수행하였다. 레반스의 방식에 맞추어 제시된 과제는 매우 복잡하고, 그 문제를 가지고 있는 회사들에게 긴급하며, 심지어 해결할 수 없는 것으로 여겨지는 영역에 속하기까지 했다. 액션러닝에 참가한 학습자들은 전문지식이 없거나 경험이 부족하기 때문에 발생하는 문제에 직면하여 상당한 어려움에 봉착하였다. 그들의 동료들은 대학원생임에도 불구하고 대체로 친하지 않았고, 이미 언급했듯이 그들이 해결해야 하는 문제는 완전히 생소한 것이었다.

그 결과 어떤 일이 벌어졌을까? 윌리스는 학생들이 5주간의 액션러닝 경험을 마친 후, 학생들의 성찰과정을 파악하기 위해 소프트웨어 프로그램을 사용하여 학생들의 에세이에 포함된 진술을 분석하였다.

진술의 일부는 '언제 가장 몰입하였는가?' 그리고 '언제 가장 어려움을 겪었는가?'와 같이 전적으로 예상 가능한 것들이었다. 그러나 다른 범주는 '변혁transformation'과 같이 예상하지 못했던 것들이 나타났다. 변혁의 범주에 해당하는 것은 "이 경험은 나를 심오하게 변화시켰다." 등의 다양한 표현들이 진술되었다.

다음은 '변혁'과 관련된 학생들의 진술이다. 그들은 레반스의 가르침이 순수한 형태로 시행되었을 때 발생하는 것을 말 그대로 '반영reflection'하고 있다. 그들은 어떻게 레반스의 의도와 일치할 수 있었던 것일까? 그들은 액션러닝의 원칙에 대한 증거이며 레반스가 남긴 유산의 반영이라고 볼 수 있다.

학생 1 지난 5주를 돌이켜 보면, 나는 이 수업이 기본적으로 나에게 인식의 변화를 갖게 해 준 것을 깨달았다. 첫째, 액션러닝의 기초에 대한 인식, 둘째, 나 자신에 대한 인식이다. 후자의 인식은 내가 지금 나와 그룹의 역학관계에 대해 생각하는 방식에 눈을 뜨게 했다. 내가 전문가가 될 필요는 없지만, 내가 나의 강점이라고 느끼는 직감, 상식, 그리고 창의적 사고를 활용할 수 있다는 사실에 안심이 된다. 내가 어떤 주제에 대해 알아야 할 모든 것을 알지 못한다면, 나는 입을 다물고 아이디어를 짜내야 한다고 느끼기 때문에 나 자신의 이러한 특성에 대해 별로 가치를 두지 않았다. 이제 나는 더 잘 알게 되었다! 또한 집단적인 상황에서 다른 사람들을 대하는 것이 이전에 비해 쉽다는 것을 알았다. 예전에 매우 박식한 사람들에게 겁을 먹었던 것과 달리 이제는 그들을 완전히 새로운 시각으로 보게 되었다. 그들이 건방지게 굴더라도 나는 참겠다. 이제 나는 그들이 배움에 마음을 열지 못한다면 결국 그렇게 똑똑한 것이 아니라고 자신 있게 말할 수 있다. 어리석게 들리겠지만, 지금은 주눅 들지 않는다.

학생 2 이 과정에서 몇 주 만에 얻은 것은 타인과 우리 자신에 대한 탐구가 진정한 학습이라는 깨달음이다. 내가 생각하기에 사람들이 그룹으로 모이는 대부분의 상황에서 무시되는 것은 배움의 탐구적인 측면이다. 액션러닝은 우리에게 이 사회에서 '문제해결problems solving'이 얼마나 중요한 것인지에 대한 새로운 통찰력을 주었다. 기존의 방식이 제시하는 해결책들은 질문, 탐구, 성찰의 과정을 거치지 않기 때문에 최종적인 결과는 우리가 함께 일하는 사람들의 상호작용 과정에서 발견되는 성장을 제한한다. 나는 질문이나 탐험에 열려 있다는 것의 가치에 대해 진정으로 새로운 인식을 갖게 되었으며 동시에 해결책을 내놓아야 하는 전문가라는 요구도 떨쳐버렸다. 이제 어떤 상황에서 해결책이 필요한지, 그것을 달성하기 위한 가장 좋은 방법 중 하나는 질문하고 탐험하는 것이다.

학생 3 액션러닝이 나에게 많은 영향을 끼쳤다고 말하고 싶다. 확실히 그것은 단지 나의 기존 지식에 추가된 또 다른 학습이론이 아니었다. 여러 면에서 내 인생의 모든 분야에서 활용할 수 있는 인생철학으로 보기 시작했다. 당장 답을 내놓지 않아도 질문하고 성찰하는 것만 해도 괜찮다는 것을 깨닫는 계기가 됐다. 나는 배움이 개방성과 전문가 역할의 포기에서 나온다는 것을 발견했다. 또한 사람들이 질문을 하고 탐구할 때, 보통 개인에게 부과할 수 있는 많은 가치 판단을 내릴 수 있다는 것을 깨달았다. 누군가의 생각에 동의하지 않을지라도, 액션러닝을 할 때 개인들은 여전히 그 생각들을 성찰하고 자신의 인식을 넓히는 데 도움이 될 수 있는 새로운 질문을 할 수 있다.

이상에서 살펴본 바와 같이 레반스의 유산은 현재에도 실천가들이 그가 말하고 실천한 것들에 주의를 기울일 만큼 생생하게 살아 있다. 그들은 레반스가 의도한 것을 가시적으로 유지하며 다른 맥락과 장소, 문화에 적응시키고 있다.

• 참고문헌 •

Dilworth, R. L. and Willis, V. J. (2003) *Action Learning: Images and pathways* (Malabar, FL: Krieger Publishing).

Garratt, B. (1983) "The Role of the Learning Group Adviser: A process of phased redundancy? *Management Education and Development, 14*(3), pp. 201-7.

Mumford, A. (March 8, 2008) Interview in London by Yury Boshyk.

Pedler, M., Burgoyne, J., and Brook, C. (2005) "What Has Action Learning Learned to Become?" *Action Research: Research and Practice 2*(1), spring, pp. 49-68.

Revans, R. W. (1998) *ABC of Action Learning* (London: Lemos & Crane).

Revans, R. W. (1984) "On the Learning Equation". *Management Education and Development, 15*(part 3), pp. 209-20.

Revans, R. W. (1982) *The Origins and Growth of Action Learning* (Bromley: Chartwell-Bratt).

Revans, R. W. (1979) "The Nature of Action Learning". *Management and Educational Development, 10*(part 1), pp. 3-23.

Revans, R. W. (1971) *Developing Effective Managers* (New York: Praeger).

국가 차원의 액션러닝: 벨기에 실험과 그 이후의 일들

액션러닝 · 제5장

Robert L . Dilworth, David Bellon, and Yury Boshyk

서론

레반스Revans가 추진한 벨기에 프로젝트와 이집트 프로젝트(또는 나일 프로젝트Nile project)(1968~1971년)는 국가 차원에서 추진된 주목할 만한 액션러닝 사례이다. 레반스는 인도와 호주 공공 서비스 사업에도 관여했으나 벨기에와 이집트 프로젝트에 더 의욕적이었다.

국가 차원의 액션러닝 사업은 여러 관점에서 추진이 쉽지 않은 면이 있다. 여러 정치적 요인들이 존재하고 이해관계가 얽혀 있어 영향력 있는 지지자들을 모으는 것이 어려울 수 있다. 벨기에와 이집트 사례의 경우, 공공 및 민간 부문 양쪽 모두 연관되어 있어 조율과 기획이 복잡한 상황이었다.

벨기에 실험에서는 상당한 영향력을 지닌 사람들이 주요 위치에서 액션러닝을 지원하는 등 여러 사람들이 함께 하였다. 당시에 벨기에의 중대 관심사는 국가 산업 생산성이었고, 따라서 악화된 경제상황을 전환하는 데 도움이 될 만한 새로운 아이디어와 접근방식을 받아들였다. 액션러닝은 벨기에가 앞으로 나아가기 위한 프로그램 중 하나였다. 레반스는 유럽경영단체에서 널리 알려진 인물이었고 액션러닝에 참여하여 도움을 줄 만한 위치에 있었다. 모든 면에서 타이밍이 좋았다.

나일 프로젝트는 사실상 벨기에 프로젝트의 산물로 어떤 면에서는 벨기에 프로젝트와 연계되어 있었다. 두 개의 프로젝트는 많은 시사점을 던져준다. 남아프리카 공화국은 벨기에의 도전에서 학습한 것을 토대로 국가 차원의 액션러닝 프로그램 시행을 고려해 왔다. 우리는 두 국가의 프로젝트 성과와 새로운 노력에서 얻을 만한 시사점에 대해 살펴볼 것이다.

벨기에 실험

액션러닝의 선구자인 레반스는 자신이 수행한 주요 사업 중 액션러닝의 특징을 잘 보여 주는 대표 사례로서 국영석탄회사National Coal Board, 병원 커뮤니케이션 개선Hospital Internal Communications, HIC 프로젝트, 벨기에 실험, 그리고 종종 나일 프로젝트를 꼽았다. 레반스의 첫 번째 액션러닝 프로그램은 1952년 전국탄광관리자협회National Association of Colliery Managers와 함께 개발한 것이다.

> 국영석탄회사의 후원 하에 위원 22명이 컨소시엄을 구성하여 자신과 동료들이 근무하는 탄광의 일상적인 작업에서 드러난 네 가지 문제에 대해 조사하였다(Revans, 1983, p. 56).

3년 넘게 국영석탄회사 프로그램이 실행되는 동안 참여한 관리자들은 서로의 경험을 교환하였다. 이 프로그램은 서로에게 배울 필요가 있다는 레반스의 주된 신념과 일치하는 것으로, 그가 명명한 액션러닝의 개념적 프레임워크가 구체화되기 전에 이루어졌다.

런던 소재의 대형병원 열 곳이 참여한 HIC 프로젝트는 1965년부터 1969년까지 추진되었는데(Revans, 1985, pp. 17-19), 이는 레반스가 벨기에 실험에 심혈을 기울이던 시기와 같다. HIC 프로젝트에는 액션러닝의 기본 요소들이 반영되어 있으나 액션러닝 팀 자체가 적용되지는 않았다. 병원 관계자들에게 다른 병원의 의료 관행을 살펴보도록 하였는데, 이는 낯선 환경과 문제를 다룸으로써 더 많은 것을 배울 수 있다는 레반스의 믿음과 일치하는 것이었다(1장 참조). 소속된 병원에서 다른 병원으로 파견된 그룹에는 서너 명의 사람들이 있었는데 이들은 비공식으로 형성된 그룹이었다. 다양한 그룹들이 정기적으로 모여 병원 운영을 개선하기 위해 대략적인 아이디어와 자신들이 학습한 바에 대해 의논하였다. 이 프로젝트로 최소 20개 사업들이 추진되었고 눈에 띄게 두드러진 성과를 남겼다.

벨기에 실험은 레반스에게 '가장 중요한 자부심'이었다. 완전한 형태의 액션러닝에 대해 설명할 때 벨기에 실험이 언급되곤 하였다. 벨기에 실험은 액션러닝에 대한 레반스의 생각을 가장 잘 보여 주고 있으며 그는 벨기에 경제의 주요 성장이 이 실험 덕분이라고 여겼다.

2007년과 2008년, 벨론David Bellon은 보식Yury Boshyk의 격려와 지원을 받으며 벨기에 실험에 대한 중요한 조사 작업을 수행하였다. 그는 1960년경 액션러닝 연구를 도왔거나 실제 액션러닝 팀원이었던 사람들을 찾을 수 있었다. 많은 사람들이 그 현장을 떠났지만 벨론과 연락이 닿았던 사람들은 자신이 경험한 것을 생생히 기억하고 있었다. 여러 면에서 벨기에 실험은 인생의 한 획을 긋는 중요한 경험이었던 것 같다. 이들 덕분에 액션러닝 연구에 신선한

흐름이 생겨났다.

벨기에 사업의 내력과 이 사업을 이끌어 낸 역동성에 대해 이해할 필요가 있다. 첫째, 이것은 국가와 개인 모두의 이해가 강력하게 하나로 합쳐진 것이다. 유럽연합European Union과 유럽원자력공동체European Atomic Energy Community의 1차 토대가 된 두 개의 로마조약이 1957년 체결되었을 때 벨기에, 프랑스, 이탈리아, 룩셈부르크, 네덜란드, 그리고 당시 서독이 조약 서명국이었다. 브뤼셀은 유럽경제공동체European Economic Community의 수도로 선정된 이래 지금까지 수도로 남아 있다. 경제적 성과에 대한 기대감이 있었으나 벨기에는 EU 국가 중에서 성장이 더딘 국가였다. 벨기에는 국가 차원에서 이 추세를 역전시켜야 하기에 절박한 상황이었다.

영향력을 행사할 수 있는 위치에 있는 사람이 나타났다. 첫 번째 인물은 벨기에 생산성센터Belgian Productivity Centre를 설립한 듀린크Gaston Deurinck이었다. 그는 이후 1956년 산학협력재단Fondation Industrie-Universite 설립에 도움을 주었고, 1959년 유럽경영훈련센터협회European Association of Management Training Centers의 상무이사가 되었다. 이 협회는 1971년에 유럽경영개발재단European Foundation for Management Development, EFMD으로 통합되었다. 듀린크는 벨기에 교육기관들과 긴밀한 관계를 맺고 있었고, 미국에서 장학금으로 공부했기 때문에 미국에 대한 조예가 깊었다. 이 점은 산학협력재단과 유럽경영개발재단은 포드 재단Ford Foundation의 지원을 받았기 때문에 중요하였다. 듀린크는 당시 벨기에 최대 지주 회사였던 소시에테 제너럴Societe Generale의 사장인 노킨Max Nokin과 동서지간이 되었다. 그는 자신이 직접 영향력을 미치는 15개의 회사를 소유하였고, 덕분에 수많은 유수 벨기에 대기업들이 이 프로젝트에 참여하게 되었다(DeSchoolmeester, 2007).

1965년 당시 레반스는 유럽경영훈련센터협회의 연구자로 브뤼셀에서 3년간 근무하였으며 상당기간 동안 협회장직을 역임했다. 레반스는 국영석탄회사에서의 뛰어난 경력을 인정받아 임용되었던 맨체스터 대학University of Manchester 내 맨체스터 경영대학원의 산업행정학 교수직을 합의하에 떠났다. 딜워스Robert Diliworth와 레반스와의 대화를 살펴 볼 때, 어찌되었든 맨체스터 대학에서의 상황은 돌이킬 수 없었고 결국 레반스는 1965년에 교수직을 사임했다.

벨기에 실험에서 몇 가지 중요한 사항에 대해 주목할 필요가 있는데 벨기에 실험이 높이 평가되는 요소들은 다음과 같다.

1. 스스로가 위대함의 정점에 서 있다고 생각하지만 이를 스스로 증명할 필요가 있는 국가
2. 학계를 포함하여 상당한 영향력을 지니고 있고 벨기에 경제를 성장시키기 원하며 이 과정에서 명성을 얻고자 한 사업가(듀린크)
3. 듀린크와 동서지간이었으며 경제와 자신의 사업을 성장시키고자 했던 경제계 거물(노킨)
4. (맨체스터 대학에서의) 쓰라린 교직경험에서 벗어나 명성을 떨치고 자신을 증명하며 자신의 이론을 실천하는 데 의욕적이었던 경영학 및 액션러닝의 교수이자 예언자(레반스)
5. 필요한 순간순간을 '조율'하고 새로운 것을 시도할 자세가 되어 있는 벨기에 학계 사람들(예, 안드레 블레릭Andre Vlerick, 현재 블레릭 비즈니스 스쿨로 불림)

새로운 프로그램이 시작되는데 이보다 더 강력한 활력소는 없을 것이다. 듀린크와 레반스는 서로에게 이익이 되는 연합이었다. 벨기에 실험은 듀린크로 인하여 싹트게 되었고, 그는 자신의 생각에 생명을 불어 넣어 줄 매개자이고 지적 '동력'인 혁신가가 필요했다. 듀린크는 유럽경영훈련센터협회를

통해 레반스를 알게 되었다. 그는 레반스가 혁신적이고 변화를 일으킬 수 있다고 보았다. 레반스는 풍미를 더해 주는 양념이자 재료들이 잘 섞이도록 하는 핵심적 요소와 같은 존재였다.

산학협력재단은 벨기에에 있는 5개 대학과 21개 대기업으로 구성된 컨소시엄, 즉 대학 간 고위 경영 프로그램Inter-University Program for Advanced management을 만들었다(Revans, 1971, p. 3). 레반스는 이 프로그램의 핵심에 대해 다음과 같이 설명한다.

> 1968년 봄에 벨기에의 대학교 다섯 곳과 대기업들이 컨소시엄을 구성하고 일 년 동안 고위 관리자들이 상호교류하면서 상대 기업의 전략적 문제들을 다루었다. 대학들은 연구 방법, 실험 설계와 다른 기법들을 적용하도록 도왔다. 교류 프로그램에는 세 가지 그룹이 함께 했다.
>
> - 비구조화된 상황에 대처하는 방법을 학습하고자 하는 고위 관리자
> - 역동성과 직관에 대해 학습하고자 하는 비즈니스 기업체
> - 실제 문제를 직접 다룰 경영자를 지도할 교수진(Revans, 1982)

액션러닝에 대한 개념적 디자인

벨기에 실험은 가상의 샴쌍둥이와 같은 나일 프로젝트를 제외하면 여느 액션러닝 프로그램과 본질적으로 달랐다. 액션러닝 프로그램 세부사항의 바탕이 되는 프로그램 디자인의 핵심은 다음과 같다.

우선, 기업과 학계가 컨소시엄을 구성해 긴밀히 협력했다는 점이다. 잠재력이 높은 고위 경영자들은 자신의 회사로부터 참여자로 선정되었고, 이들은 패널 선정 과정을 통해 충분한 동기와 성공할만한 성향을 갖추고 있는지 점검받았다.

- ‘동료’라고 불리는 참여자가 선정되고 이들이 프로그램을 준비할 수 있도록 도와줄 튜터가 배정되었다.
- 참여자들은 다른 산업분야의 사람들과 짝을 이루고 실제로 상호 교류하였다.
- 참여자들은 액션러닝 팀을 형성하였는데 보통 다섯 명이 한 팀이 되었다.
- 팀의 각 멤버(문제 진단 팀)에게 각자 해결해야 할 문제가 주어졌고, 이 문제는 기획의도에 따라 자신들이 몸담고 있는 산업분야와는 동떨어진 것이었다(이는 새로운 질문과 혁신적 사고가 이루어지기 위해서는 익숙한 환경과 문제에서 벗어나야 한다는 레반스의 신념에 기반한 것임).
- 참여자들은 각자에게 주어진 문제에 대해 고심하면서, 다른 문제를 다루는 액션러닝 팀의 다른 구성원들과 더불어 자신들의 관심사와 학습에 대해 생각을 나누었다.

문제를 다루는 각 기업에는 고객 조직이 있었는데 이들은 결정이 되면 해결안 팀과 액션플랜을 책임지고 수행하였다. 해결안에 가까워지면서 참여자들은 진전이 이루어지고 있음을 알게 되었다. 문제의 본질이 확인되자 이를 해결하려는 의욕이 생겼고 말 그대로 실행을 다루는 액션러닝 세트가 갖추어졌다. 진단 세트의 동료는 실행단계로 넘어가도록 도우면서 1년 동안 수행된 과제의 마지막 4개월을 마무리하였다. 이것이야말로 벨기에 실험이 보여 주는 가장 두드러지고 독보적인 디자인 특징이라 할 수 있다.

수혜 기업의 부수적이고 실행 지향적 액션러닝 팀이 얼마나 중요한지에 대한 레반스의 생각은 명쾌했다. 고객조직이 해결안과 액션플랜을 받아들이기 위해서는 동의할 만하고 환영할 만한 것이어야 한다. 또한 실행 단계의 액션러닝 팀에는 세 가지 유형의 사람(관심 있는 사람, 내용을 아는 사람, 능력이 있는 사람)이 필요했다(레반스의 벨기에 실험 개요).

이 프로그램은 각각 1년 단위로 구성된 네 개의 주기로 완성되었다. 프로그램이 시작되기 전에 참여할 임원들이 선발되었는데, 이들은 대기업에서 추천한 후보군에서 뽑힌 사람들로 잠재력이 높은 고위 관리자였다. 5~6명의 선정위원단이 자격과 동기를 평가하여 최종 참여자를 선정하였다.

선정된 사람 중 한 명인 디브셔Daniel Deveusser는 2007년 12월 5일 벨론David Bellon과의 인터뷰에서 선발 면접을 회상하였다. 그는 두 가지 질문을 받았다:

- 이러한 도전에 대해 어떻게 생각하십니까?

(디브셔는 "내가 보여 줄 수 있는 것은 오로지 하고자 하는 강한 의욕입니다."라고 대답하였다.)

- 대학 학업과 같은 학문적인 것을 기대하고 있습니까?

(디브셔는 이미 세 개의 석사학위를 소지하고 있었고 "아니오"라고 말했는데, 이것이야말로 그들이 듣고 싶어 하는 대답이었다.)

선정된 사람들은 동료로 지정되었다. 이 용어는 의도를 가지고 레반스가 선정한 것이었다. 이 용어에 내포된 두 가지는 '동등equal'과 '동지comrade'이다. 레반스는 액션러닝의 평등주의에 대해 깊이 신뢰하고 있었고 모든 사람들은 액션러닝 팀에 합류할 때 자신의 권위를 내려놓았다. 액션러닝 팀은 다섯 명의 참여자로 구성되었다.

1년 주기 벨기에 프로그램이 4회 진행되는 동안 40명의 경영진이 4번 넘게 기업들과 교류하였다. 레반스는 1970년 이집트에서 벨기에 실험을 그대로 적용했고 13개의 국영 기업들은 중견 관리자들을 교환하였다. 나일 프로젝트라고 불리는 이 프로젝트에 알 아자 대학Al Azhar University 교직원이 학술 자문가로 참여하였다. 레반스는 다음과 같이 말한다.

이집트와 벨기에에서 50개 기업에서 경영자 50명이 교류하였다(Revans, 1982, p. 399). 1년 프로그램 주기는 다음과 같이 구성되어 있다(Revans, 1982, p. 330).

- 준비학습 단계
- 2개월 오리엔테이션
- 3개월 진단 단계
- 약 1개월간 미국 방문
- 4개월 실행 단계

준비학습 단계에서 프로그램과 기대사항을 검토하기 위해 각자 지정된 동료들과 상호작용하는 기회가 주어졌다. 튜터는 프로그램이 시작되기 6개월 전에 지정되었다.

튜터는 우선 독서나 글쓰기 연습을 통해 참여자에게 어떻게 진행할 것인가를 조언하면서 공식 운영계획에 필요한 학문적 기준을 마련했다(Revans, 1971, p. 6).

2개월 오리엔테이션 단계

레반스에 따르면, 이 단계에서는 "인터뷰와 응답자 표본추출, 동기부여, 위험 및 학습과 같은 실행 아이디어"를 다룬다(Revans, 1982, p. 330). 착수 준비를 위한 오리엔테이션 단계는 약 일주일을 제외하고 일련의 강의, 즉 '구조화된 지식 P Programed Knowledge'으로 마무리되었다. 레반스는 액션러닝이 시작될 때 구조화된 지식이 제공되어서는 안 된다고 하며 '질문을 통한 통찰력 Questioning Insight', 즉 Q로 시작할 것을 강조한다. 그러나 P를 포함시킨 것은 프로그램의 균형을 유지하고 브뤼셀 학계 사람들의 지지를 얻기 위한 절충안일 수 있다. 맨체스터 사건 후에 그는 또 다른 벌집을 건드리기 꺼렸을 수 있다. 디스쿨미스터Dirk Deschoolmeester는 벨론과의 인터뷰에서 오리엔테이션 단계에 진행된 강의에 대해 설명하였다.

레반스 교수는 참여 대학들이 프로그램에 자신들의 강의를 가져올 것이라고 기대했을 것입니다. 예를 들어, 드워트Philippe Dewoot에게 전략에 관한 강의가 2~3일 배정 되었습니다. 반로멀Vanlommel 교수는 예산 관리를 다루는 간단한 모듈을 맡아 줄 것을 요청받았습니다. 이는 참여자들이 단지 시스템에 대한 철학을 이야기하기보다 일련의 수업을 받기를 기대했기 때문입니다.

2007년과 2008년에 있었던 벨론의 인터뷰에서, 벨기에 실험에 참여했던 일부 사람들은 착수 준비를 위한 일련의 강의들이 그다지 인상적이지 않았다고 보았다. 참여자의 말을 들어보면 수업을 하지 말았어야 했고 수업이 진행되었을 때 역효과를 불러 일으켰다. 참여자들은 이미 알고 있는 내용에 대해 강의를 들었던 것이다. 벨론의 인터뷰 대상자였던 드보셔는 이렇게 말했다.

정말로 실패작이었습니다. 우리는 이미 우리 조직에서 성장했고 관리자입니다…… 이 훈련에서는 모두가 알아야 할 것들을 알려주지 않았습니다…… 정말 별루였어요. 심지어 [재단 대표인] 듀린크가 강의했는데 기대에 못미쳤어요.

오리엔테이션 단계의 첫 번째 주는 보다 긍정적이었다. 인터뷰 기술, 학습 스타일과 심리 진단을 포함한 유용한 도구들이 제공되었으며, 감수성 훈련도 있었다(T그룹이라고도 함). 디스쿨미스터를 포함한 참여자 몇 명은 갈등을 유발한다는 점에서 오리엔테이션의 문제라고 생각했고, 그들의 관점에서 이는 충분히 의심할 만한 것이었다. 다양한 반응을 촉발시킨 면도 있으나 이러한 훈련은 의사소통과 사고 프로세스를 개방하는 데 상당히 도움이 되었을지 모른다.

3개월 진단 단계

진단 단계는 누가 언제 수행해야 하는지에 대한 실제 로드맵과 액션플랜을 전달하는 데 중점을 두었다. 여기에는 무엇이 발생했고 어떻게 해결할 것인가에 대한 'Why' 유형의 질문이 포함된다.

레반스가 선호하는 사례는 벨기에 최대 철강회사 진단이라는 골치 아픈 문제를 받은 은행가와 관련된 것으로, 철강 산업 전문가로 구성된 내외부 컨설턴트 팀이 해결하고자 했음에도 불구하고 그 문제는 한동안 계속되었다. 이것은 합금 강철에 관한 것으로 회사는 세계적으로 가장 최신의 합금 강철 생산 기술을 보유하고 있었다. 하지만 이들은 문제를 밖으로 꺼낼 수 없었다. 매출이 감소했고 일본이 시장 점유율을 높이고 있었기 때문에 회사는 지불여력이 생기도록 자산 일부를 매각해야 했다. 명백하게 위급한 상황이었다.

철강 산업에 대해 잘 모르는 이 은행가는 최고 경영자와 몇 시간을 보낸 후 전 직원들을 인터뷰하기 시작했다. 어떤 일이 진행되고 있는지가 점차 드러나기 시작했는데 그것은 예상했던 것과는 완전히 달랐다. 철강에 무지한 비전문가가 밝혀낸 것이 무엇인지 알았을 때, 고위 경영자들은 모든 조사에서 이를 간과했었다는 사실에 깜짝 놀랐다. 그들은 오랫동안 유지해 온 기본 가정과 전문성이라는 렌즈에 의존하여 잘못된 곳을 바라보았던 것이었다. 그들은 자신들의 추측과 지식에 사로잡혀 있었다.

문제는 임금과 관련된 것이었다. 신입사원부터 임원에 이르기까지 회사의 전체 보수 체계는 '선적한 강철의 무게 톤'에 따라 측정되었는데, 이는 경량 합금강이 아니라 선철과 무거운 기타 강철로 산정하는 것이었다. 그들은 임금 체계를 재구성했고 그 과정에서 노동위원회와 협상했을 것이다(Revans, 1994a).

측정 지표에 관한 문제들이 비즈니스에서 드문 것은 아니다. GE사의 최고

법률책임자였던 커Steve Kerr는 구 소련에서 샹들리에 생산성이 어떻게 측정되었는지에 대해 이야기했다. 벨기에 철상기업처럼 이 회사의 측정방식 역시 무게와 관련 있었다. 샹들리에가 무거울수록 유리한 구조였다. 샹들리에가 천장에서 떨어져 사람들이 사망하게 이르르자 결국 문제가 수면 위로 떠올랐다. 천장은 무게를 견딜 수 없었다.

미국 방문(1개월)

레반스는 미국을 방문한 목적에 대해 정통한 유수 경영대학원과 대기업 본부로부터 액션플랜에 대한 가감없는 비평을 듣기 위해서였다고 말했다(1982, p. 330). 한편 벨론과의 인터뷰에서 디브셔는 다음과 같이 언급하였다.

> 미국 방문은 고작 일주일이었습니다. 우리는 프로젝트에 대해 발표하기 위해 미국에 갔어요. 나는 IBM사에서 발표하였고 다른 사람들은 GE사로 갔어요. 몇몇 발표는 아직 완성도가 높지 않았고 어떤 것들은 그냥 이론일 뿐이었죠. 일부는 괜찮았지만 최고는 아니었어요.

실행 단계

이 단계에서는 진단을 실행하고 액션플랜을 수립한 동료들이 참여하여 수혜 기업의 고객 조직과 협력하여 액션러닝 실행을 안내하였다. 이 덕분에 실행팀은 잘 정착하여 운영할 수 있었다.

전략적 실행이 종종 전략적 구현과 잘 들어맞지 않는다는 것이 비즈니스를 운영하면서 여러 번 확인되었기 때문에 레반스는 보다 진보된 접근방식을 구상하였다. 여기서 우리는 고안된 전략과 실제 발생하는 것 사이의 결합과 정렬을 정립하는 메커니즘을 확인할 수 있다.

벨기에 실험의 영향력

벨기에 실험에 박차를 가하는 역동성에 대해 논함에 있어 이 실험이 성공해야 할 중요한 이유가 있었다. 긍정적인 결과에 대한 갈망이 있었다. 레반스는 액션러닝 실험 동안과 최소 이후 30년 동안 벨기에 경제에 대한 수많은 통계를 분석했다. 그는 자신의 분석을 '국가 자발성National Spontaneity'이라고 명명하고 자신의 학습공식에 연결하였다: L(학습Learning) = P(구조화된 지식Programed Information) + Q(질문을 통한 통찰력Questioning Insight).

벨기에의 경제 성과는 액션러닝 실험이 시행된 시기와 그 후 10년 동안 놀라운 상승 추세를 보였다. 레반스는 벨기에 실험에서 비롯된 '국가 자발성'이 경제를 끌어올리는 데 지대한 공헌을 했다고 믿은 것 같다. 1994년 그가 제1차 액션러닝 상호협력회의Action Learning and Mutual Collaboration Congress를 위해 준비한 상당한 분량의 보고서 제목은 '액션러닝 또는 역경 속 동지애: 국가 자발성의 경제적 효과Action Learning or Partnership in Adversity: The Economic Effects of National Spontaneity'이다. 이 보고서에서는 학습공식을 연계시키고 실제로 무엇이 일어나고 있는지 파악하기 위해 'Why' 유형의 질문이 중요하다고 강조한다. 보고서의 한 부분(p. 9)에서 레반스는 자신의 철학을 이렇게 표현한다.

> 무슨 일이 일어나고 있는지 파악하지 못하는 자신의 무능력에 대한 자각만이 급변하는 세상에 대항하는 경주의 시작점이 될 수 있다. 때문에 단지 주변의 사건이 아니라 보다 심도 있는 조사가 필요하다. 누구나 자신의 내적 무기력을 반드시 인지해야 한다. 오늘날과 같이 빠르게 변화하는 세상에서 다른 사람에게 끌려 다니는 것이 아니라, 우리가 느끼는 즉각적이면서 위협적인 당황스러움을 깨달으면서 배워 나가야 한다.

또한 레반스는 다음과 같이 말한다(p. 9).

> 첫 번째로 선언해야 할 것은 주변 세상이 변화하는 것처럼 신속하게 배워야 한다는 것이다. 두 번째는 학습이란 우리가 다른 사람에게서 얻은 것, 그리고 지금 여기에서 경험하는 것을 토대로 우리 자신에 대해 알아내는 것이다.

국가 자발성에 관한 그의 논문에서 알 수 있는 것은 이후에 등장하는 두 가지 철학적 구인이다. 첫 번째는 '정서 지능Emotional Intelligence'이고 두 번째는 국가 자발성 논쟁과 관련한 행동 경제학 및 행동 금융이다. 인간의 행동, 사고방식 및 감정은 경제 활동에 영향을 미치는데(예, 소비자 신뢰 지수), 이것은 레반스가 관심을 가지는 주제인 것 같다. 요약하면 그는 우리 뇌의 양쪽, 즉 감정적이고 직관적인 측면 그리고 사실 중심의 분석적 측면 모두 작동되어야 한다고 말한다.

레반스가 사물에 대해 철학적으로 바라보는 방식에는 본질이 있다. 그러나 벨기에의 경제적 성장이 벨기에 실험 덕분이라고 말하는 것은 너무 앞서간 것처럼 보인다. 그는 이 둘 간에 상호 연결점이 있다고 보았다. 1996년 국제 액션러닝 세미나International Action Learning Seminar(Revans, 1995)를 위해 준비한 서류에서 그는 벨기에의 경제 성과와 관련하여 수년 동안 반복적으로 사용해 온 통계와 근거를 사용하였다. 그는 다음과 같이 말한다(p. 4).

> 1968년 벨기에의 대기업 대다수가 현재 액션러닝이라는 불리는 새로운 경영개발 형태에 합의하였고, 자신들이 잘 모른다고 인정한 실제적이고 위협적인 문제에 맞서기 위해 역경 속의 동지로서 관리자들이 함께 임했다. 도표 3[1953년에서 1987년까지의 경제 성과를 포함하는 도표]에서 미국 노동통계청이 모니터링 한 12개 경제국가 중 벨기에가 그 해 이후 시간당 생산성이 개선된 유일한 국가임을 보여주고 있다는 점이 흥미롭다.

그는 계속해서 말을 이어 간다.

> 11개 제조국가들과 비교할 때 벨기에의 성과가 3% 이상 차이 난다는 점은 매우 의미 있다. 1968년 한해 동안 몇 가지 이유가 제시되었지만, 제조 시장과 해외 시장의 운영을 개선하기 위해 고안된 액션러닝 프로그램이 아닌 다른 데서 그 이유를 찾기 어려웠다(p. 4).

벨기에 실험에 영향을 받은 분야에서는 경영적 사고가 어느 정도 변화되었으므로, 이 실험이 유익한 영향을 미치지 못했다고 주장하는 사람은 없을 것이다. 이는 확실히 임원 역량 개발을 다루는 새로운 방식이었다. 그러나 원인과 결과 간의 상관성을 증명하기 어렵고, 액션러닝을 토대로 한 벨기에 실험이 국가경제에 많은 영향을 미쳤다고 말하기에 조심스러운 이유들이 있다.

1. 이는 재단과 다른 사람들이 주도하는 유일한 계획은 아니었다.
2. 세계 경제의 여러 외부적 요인이 작용했다.
3. 이 시기에 세계 경제가 강력하게 급증하기 시작하였다.
4. 벨기에 실험에 참여한 경영자들은 40명 혹은 미만에 불과했고, (철강 회사의 사례와 같이) 어떤 문제해결은 매우 중요했으나 다른 시도들은 그다지 의미 있는 결과를 만들지 못했다.

벨론이 인터뷰한 사람들은 벨기에 경제에 미치는 영향에 대해 무엇이라고 할 것인가?

반시나Leopold Vansina의 말:

> 벨기에 경제가 이 실험의 결과로 향상되었다고 말하는 것은 과학적으로 옳지 않을

것입니다…… 참여자 수가 영향력을 발휘하기에 너무 제한적이었습니다…… 또한 이 시기는 가장 빛나는 경제성장 시기였습니다. 모든 것이 호황이었습니다.

디브셔의 말:

벨기에 실험이 가진 영향력을 어떻게 측정할 것인가에 대해 생각해 볼 필요가 있습니다. 이 프로그램을 거쳐 간 인원 수는 제한적이었습니다. 40명으로 변화가 이루어졌다고 말하는 것은 불가능합니다.

디스쿨미스터 교수의 말:

레반스는 벨기에가 가장 생산성 높은 국가가 되었다고 언급하였고 이에 대한 통계를 가지고 있었습니다. 그는 이것이 우리의 노력 덕분이라고 말했습니다. 그의 말은 과장된 면이 있지만 사실일 수 있습니다. 하지만 실험과 경제 성과 사이에 뚜렷한 관계가 없다고 봅니다. 벨기에는 매우 큰 국가이나 그 실험은 소규모였습니다. 하지만 노킨이 이를 활용해서 주주들에게 변화가 일어나고 있음을 보여 주었다는 것이 흥미롭습니다.

시몬스Dirk Symoens의 말:

벨기에의 생산성 증가 수치간의 관계성, 이들 수치와 격년제 액션러닝 프로그램을 연결하는 것은 감정에 치우치는 행동이었고 의아했습니다.

벨론은 인터뷰에서 자신의 경험을 다음과 같이 말하였다.

인터뷰한 많은 사람들이 이 실험을 흥미롭다고 보았습니다. 그러나 어느 것도 이 액션러닝 실험을 벨기에 경제 향상과 연결시키지 못했습니다. 이 실험은 많은 시도 중 하나였습니다. 정치적 관점에서 볼 때 벨기에 정부는 궁극적으로 경제 향상으로 이끈 다수의 시도들을 추진한 것으로 보입니다. 이 실험은 벨기에 정치를 확립하는 데 중요치 않았습니다. 벨기에 실험은 많은 계획 중 하나였습니다.

나일 프로젝트

벨기에 프로젝트에서 언급했듯이 중요한 몇몇 사람들은 노력을 이끌어 낼 수 있는 위치에 있었다. 비슷한 행운과 인적 네트워크가 나일 프로젝트를 실현하는 데 도움이 되었다. 카이로 대학University of Cairo 경영학과의 아쉬마위Saad Ashmawy 교수는 맨체스터 대학University of Manchester의 레반스의 박사과정 학생이었다.

레반스는1969년 11월 이집트 카이로에서 열린 중동 지역 생산성 문제 관련 세미나에서 연설을 요청받았다. 레반스는 발언하던 중에 자신이 가장 선호하는 주제에 대하여 강조했다.

> 아프리카인만이 아프리카를 이해하고 발전시킬 수 있고, 아프리카인은 오직 아프리카 문제에 대한 자신들의 책임 있는 연구에서 제대로 배울 수 있다. 서양 교수들의 개입이 해롭지 않을지라도 이들의 역할에 대해 신중히 생각해야 한다(Revans, 1982, p. 373).

레반스는 런던 병원들과 벨기에 기업체가 함께 수행한 작업을 예시로 꼽았다. 세미나 세션의 의장은 이집트의 옛이름인 아랍공화국의 중앙훈련기관장인 압드Abdel El Abd이었다. 그는 레반스의 철학에서 지혜를 발견하고 그의 생각을 받아들일 준비가 되어 있었다. 압드는 벨기에의 대학 간 프로그램과 밀접하게 연관되어 있었고 액션러닝을 적용한 벨기에 실험에 대해 잘 알고 있었다.

이것이 촉매가 되어 벨기에 실험의 소규모 버전이라 할 수 있는 실험을 포함한 협력이 적극적이고 신속히 이루어졌다. 벨기에 관리자들은 이 프로그램을 착수시키기 위해 이집트를 방문하기 시작했고 이집트 관리자들은 브뤼셀로 갔다. 그러나 이집트의 첫 번째 과제는 몇몇 대기업 대표들의 관심을 유발하고 잠재적 경영능력을 가진 대표들이 동료로서 참여하여 다른 기업의 경영자와 교류하도록 하는 것이었다. 다음의 13개 기업이 최종 참여하였다.

1. 이집트 국립은행
2. 자동차 수리 회사
3. 동부 담배 회사
4. 콜라 회사
5. 금속 건설 회사
6. 협력 석유 회사
7. 설탕 및 증류 회사
8. 금속산업 조직
9. 알렉산드리아 비누 및 석유 회사
10. 플라스틱 및 전기 제조 회사
11. 탄타 오일 및 비누 회사
12. 구리 공장 회사
13. 소이오브 방적 및 직조 회사(Revans, 1982, pp. 379-380)

이처럼 다양한 기업들이 참여하기로 서명했지만 몇 가지 주의사항이 있었다. 기업들은 경영자들이 익숙하지 않은 프로젝트에 참여하도록 하였다. 또한 제한된 수의 프로젝트 주제만 다루기로 결정하였다. 처음에는 훈련, 동기부여 그리고 생산 작업 흐름 간의 관련성이라는 세 가지 주제가 결정되었다.

나일 프로젝트의 프로그램은 대부분 벨기에 프로젝트 형태를 따르고 있으므로, 심층점검보다 특이한 몇 가지를 소개하면 다음과 같다. 여기서는 심층점검을 거치기보다는 특이한 몇 가지를 다룰 것이다.

이집트 프로젝트에서 실시된 동료 오리엔테이션은 "인터뷰 스킬, 자아인식과 학습의 본질, 그리고 변화에 대한 저항을 강화하는 근본 이유들을 다루었다(Revans, 1980, p. 55)." 오리엔테이션 단계에서 잠재적 저항에 대해 강조하는 것은 어떤 면에서 다가 올 것에 대한 조짐이었다. 특히 최고 경영진에게 조사 결과와 권고를 소개할 때 참여자들은 장애물과 저항에 직면하였다.

> 이 회의에서 몇몇 파트너의 지지를 받는 각 세트의 동료들이 성과물과 권고안에 대해 설명하고 방법과 근거 등에 대하여 소개하였다. 회사 방문객 일부는 실행 권고안을 강력히 촉구한다는 확신에 차 자신들이 본 바를 솔직하게 말했는데, 이는 예상치 못한 일이었고 결국 상당한 방어와 비난을 불러 일으켰다(pp. 56-7).

한 최고 경영자는 이런 식으로 전개된 상황에 대하여 다음과 같이 소회를 밝혔다.

> 처음에 나는 우리 회사에 대한 동료의 보고서를 받아들이지 않았고 의견을 수용할 수 없는 이유를 찾으려고 애썼다. 나는 생각했고 나의 생각에 얼마나 신물이 났는지 모른다! 비판은 우리, 우리 직원, 그리고 나를 향해 있었다. 하지만 오늘 밤 이 회의실에서 들었듯이 모든 동료, 즉 타사뿐 아니라 자사에 대해서도 동일한 비판이 이루어졌는데, 이는 참여자들이 두 명씩 짝을 지어 작업했기 때문이다. 바로 이 점이 전체 프로그램의

공통된 특징이라 할 수 있다. 우리는 모두 같은 배에 타고 있고 모든 참여자들이 소중하고 서로 밀접히 관련되어 있음을 알 수 있다(p. 57).

레반스는 나일 프로젝트의 실행 단계에 만족스러워 하지 않았고 불만을 토로하였다.

우리는 나일 프로젝트가 개발되는 동안 프로젝트의 실행 또는 처방 단계에서의 고객 그룹의 중요성을 인정하지 않았다. "누가 알겠습니까? 누가 신경이나 쓰겠어요? 누가 할 수 있겠어요?"라는 질문에 답할 수 있는 사람들로 팀을 구성하자는 조언을 이집트 참여자들은 귀담아 듣지 않았다(p. 58).

레반스는 계속해서 다음과 같이 말한다.

첫 번째 나일 프로젝트가 끝났을 때 이집트 경영자들이 벨기에에 와서 [벨기에] 대학간 프로그램 참여자들과 진척 상황을 비교했는데, 실행 과정에 대한 우리의 무지가 분명하게 드러났다(p. 59).

나일 프로젝트의 긍정적인 측면은 어떠한가? 13명의 동료 중 중 여섯 명이 승진되어 인정받았다(Revans, 1982, p. 423). 나일 프로젝트의 가치가 최고 경영진에게 확실하게 각인되었고 비난은 미미하였다. 참여자들은 이전보다 더 나은 자기 이해를 포함하여 많은 것을 배울 수 있었다고 보고하였다.

아쉬마위 교수는 카이로에 있는 자신의 대학에서 두 번째 액션러닝 프로그램을 만든 후 리비아에서 유사한 프로그램이 개발되도록 도움을 주었다.

새롭게 얻은 교훈

벨기에 실험과 제한된 형태로 진행된 이집트 프로젝트로부터 어떤 교훈을 얻을 수 있는가?

1. 국가 차원의 추진은 좀 더 고려할만 하다. 레반스는 분쟁을 다루기 위해 국제 규모로 액션러닝을 적용하고 전 세계 전문가들을 필요로 하는 프로그램을 개발한 사례를 생생하게 보여 주었다.
2. 벨기에 프로젝트에서는 사람들이 다른 방식으로 사고하고 안락지대comfort zone를 벗어나게 함으로써, 개방적인 의사소통과 지속적이면서 긴급한 문제의 해결책을 보여 주었다.
3. 두 프로그램이 지닌 명백한 모순과 결함에 대해 논쟁이 있을 수 있지만 이득이 손실보다 훨씬 더 크다.
4. 급격한 경제 성장 측면에서 볼 때 벨기에 프로그램에서 나온 혜택은 다소 과장된 듯 하다.

벨기에 실험 교훈을 다른 국가에 적용하기

벨기에 모델을 다른 곳에서 실행하는 것에 대해 벨론이 인터뷰한 두 명의 베테랑은 다음과 같이 말했다.

디스쿨미스터의 말:

내가 해 줄 수 있는 말은 그냥 하라는 것입니다. 레반스는 보다 부드러운 스킬로 접근했고 성찰했으며 다시 제안하였습니다. 이는 방식이 여성적인 것이지 여성이 실행한다는 것을 의미하는 것이 아닙니다. 남성적 방법은 억지로 끌어다 해결하는 것과 같습니다. 성찰하고 제안하며 다시 시도해 보세요. 이것이야말로 내가 비즈니스 프로세스 경영에서 좋아하는 내용입니다. 시간이 많이 걸릴 것입니다. 어떤 경영자들은 그런 걸 좋아하지 않지요. 그들은 "지금 상태로 합시다." 쪽입니다. 이는 퍼즐을 푸는 것과 같지만 그것은 레반스 방식이 아닙니다. 완화된 환경에서 살아가는 것, 이것이 내가 배운 것입니다. 레반스의 접근 방식은 분석적이라기보다 포용적인 방법론이었어요.

디브셔의 말:

경영자들은 전략적이고 장기적으로 사고할 자세가 되어 있어야 합니다. 고위 경영자에게 1년은 긴 시간입니다. 만약 프로그램이 집약적이고 개인이 아닌 그룹과 함께하는 것이라면 3~4개월이면 충분합니다. 젊은 대학원생에게는 시간이 더 필요해요. 프로그램 전체를 감독하는 조직이 필요하고 구조화되어야 합니다.

국가 차원으로 운영될 프로그램을 고려한다면 다음을 염두에 두어야 한다.

1. 1960년대에 사용된 벨기에 모델을 적용하고자 한다면 적절한 조정이 필요하다. 세상은 변화하고 있기 때문이다.
2. 벨기에 실험과 나일 실험을 착수하기 전에 실시된 정식교육은 업무성과가 우수하고 경험이 많은 참여자들에게 다소 적절하지 못하였다. 2007년과 2008년 벨론이 인터뷰했던 사람들이 말했듯이, 참여자들은 이미 알고 있었던 것을 배워야 했으므로 이런 유형의 프로그램에 적합하지 않은 듯하다.
3. 레반스가 지속적으로 강조한 모델이 무엇이든 간에 이는 문화와 상황적 맥락에 부합해야 한다. 어떤 국가와 상황에서도 적합해야 한다.
4. 벨기에 실험 성과의 본질은 액션러닝의 기본 교훈과 직접적으로 연계

되어 있으며, 이것이야말로 여전히 액션러닝의 핵심 디자인으로서 역할을 하고 있다.

● 참고문헌 ●

Barker, A. E. (2008) Telephone conversation with Robert L. Dilworth in July.

Blain, J. (2008) Executive Development Center, Manchester Business School. Email to Robert L. Dilworth, July 28, with announcement of new Academy for Action Learning and Research. The official dedication ceremony took place on November 26, 2008.

Botham, D. (2008) Former Director of the Revans Centre for Action Learning and Research at the University of Salford in England. Telephone conversation with Robert L. Dilworth in July.

DeSchoolmeester, D. (2007) Interviewed by David Bellon in Belgium in October.

Drieghe, L. (2008) Interviewed by David Bellon in Belgium.

Deveusser, D. (2007) Interviewed by David Bellon in Belgium on December 5.

Kerr, S. (1992) Chief Learning Officer (CLO) for GE. A conversation with Robert L. Dilworth in Miami, Florida on the use of metrics.

Revans, R. W. (1995) "Past, Present and Future of Action Learning- First Example: The Economic Miracle of 1990". Unpublished paper distributed in 1996 at the International Action Learning Seminar at the Revans Centre for Action Learning and Research (later redesignated as an Institute).

Revans, R. W. (1994a) "Detailed Overview of the Belgian Experiment", in an Address to staff and faculty of the Defense Systems Management College at Fort Belvoir, Virginia, in February 1994. Contained in an unreleased DVD by Robert L. Dilworth.

Revans, R. W. (1994b) "Action Learning or Partnership in Adversity: The Economic Effects of National Spontaneity". Unpublished report distributed by Revans in

1994 at the First Annual Action Learning and Mutual Collaboration Congress at Heathrow in England.

Revans, R. W. (1985) *Confirming Cases* (Manchester: RALI [Revans Action Learning International] Ltd).

Revans, R. W. (1983) *The ABC of Action Learning* (Bromley, U.K.: Chartwell-Bratt)

Revans, R. W. (1982) *The Origins and Growth of Action Learning* (Bromley, U.K.: Chartwell-Bratt).

Revans, R. (1971) *Developing Effective Managers* (New York: Praeger).

Symoens, D. (2007) Interviewed by David Bellon in Belgium.

Talpaert, R. (2007) Interviewed by David Bellon.

Vansina L. (2007) Interviewed by David Bellon.

제 2 부

액션러닝의 진화

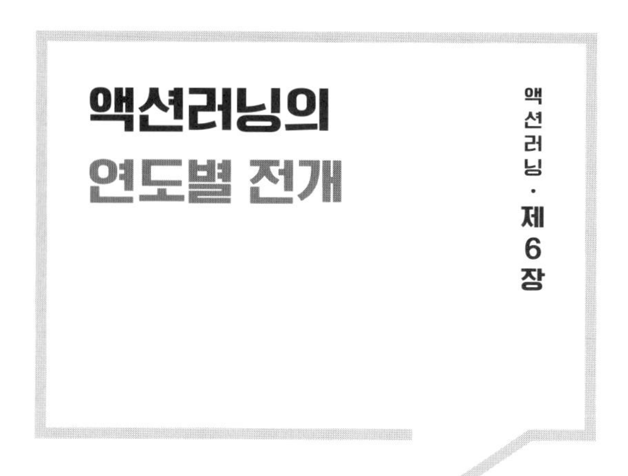

Yury Boshyk, Albert E. Barker, and Robert L. Dilworth

서론

이 장은 액션러닝의 기원과 역사를 자세히 알고자 하는 사람들을 위해 작성되었다. 액션러닝의 원칙과 발전에 관해서는 다양한 생각과 해석이 있기 때문에 연도별로 기술하였다. 액션러닝의 주요 창시자인 레반스Reg Revans의 생애와 사고, 경험이 잘 알려져 있지 않기 때문에 이 장에서 강조하고자 한다. 또한 레반스의 영향과 직접적인 관련이 없는 액션러닝 접근도 포함하였다. 여러 가지 다른 유형의 액션러닝은 근본적인 차이를 가지고 있다. 그러나 르윈Kurt Lewin이 "좋은 이론만큼 실제적인 것은 없다."고 한 것처럼, 다른 철학과 이론을 이해하는 것도 중요하다.

한편에서는 진정한 액션러닝에 대한 비판이 있고 액션러닝을 다각도로 정의하고자 하는 노력도 있다. 1990년대 레반스는 **캐번디시 연구소**Cavendish Laboratory의 분위기처럼 서로 의견이 다른 사람들이 우호적으로 논의하도록 했다. 이 장에서 우리도 이 같은 분위기를 연출하고자 한다. 레반스는 가능하면 자신에 대해 글로 남기는 것을 피했지만, 절친한 친구였던 바커Albert Baker와 보담David Botham, 딜워스Robert L. Dilworth와는 개인사와 경력에 관한 얘기를 나누었다. 따라서 이 장은 친구들의 회고와 연구 및 보관 문서를 토대로 작성되었다.

시스템 이론, 시스템 사고, 조직학습, 조직 시스템, 액션연구, 액션과학 등의 개념은 경영 분야에서 인간 중심의 세계관을 반영한다. 레반스도 액션연구, 액션과학, 시스템 사고와 학습 시스템 등에 몰두하였다. 따라서 이 장에서는 레반스의 생애와 액션러닝의 진화를 논의하면서 관련된 개념들도 언급할 것이다.

초기(1907~1925)

- 1907년 5월 14일: 레반스는 영국 포츠머스에서 무역성의 선박 조사관장인 아버지 토마스 레반스Tomas Revans와 어머니 에델 레반스Ethel Revans 사이에서 출생.
- 1910년: 레반스의 가족은 의료 서비스 분야에 관련되어 있었으며, 어머니는 병원에서 자원 봉사를 하였고, 동생은 의사로서 의료 서비스 분야에서 활약하여 작위까지 받음.
- 1911년: 과학 경영으로 불리우는 테일러Fredrick Tayler의 『과학 경영의 원칙The Principles of Scientific Management』과 길브레스Frank Gilbreth의 『동작 연구Motion Studies』가 출판됨. 이 책들은 인간보다는 효율성을 강조하여 1920년대에 이미 도전을 받기 시작하였음.

- 1912년: 가족이 런던으로 이주함. 레반스에게 깊은 인상을 준 타이타닉호 침몰 사건이 발생함. 레반스는 런던에서 초등학교를 다님.
- 1914~1918년: 레반스는 제1차 세계대전의 사회적 영향을 목격함.
- 1920년: 르윈의 『테일러 시스템의 인간화Humanization of the Taylor System』가 출간됨.

대학 시기(1925~1935)

- 1925년: 런던의 유니버시티 칼리지University College에 입학함.
- 1926년: 린드만Eduard C. Lindeman의 『성인교육의 의미The Meaning of Adult Education』(1924), 독일의 성인교육 운동을 요약한 린드만과 앤더슨Martha Anderson의 공저 『경험을 통한 교육Education Through Experience』(1927) 등 초기 교육이론서들이 출간되었음.
- 1928년: 물리학에서 우등상을 받고 학부 졸업. 케임브리지의 엠마뉴엘 컬리지Emmanuel College에서 연구 장학금을 받아 톰슨J. J. Tomson 교수의 마지막 박사과정 학생으로 연구를 시작함. 톰슨 교수는 전자 발견으로 1906년 노벨상을 받았고 트리니티 컬리지Trinity College 학장이 됨. 레반스는 캐번디시 연구소에서 연구하고 토요일마다 퀘이커 모임에 참가함. 이때 케임브리지 천문학 교수이면서 1919년 아인슈타인 이론을 증명하고 캐번디시 연구소의 일원이었던 에딩턴Edington 교수도 퀘이커 모임에 참여하였음. 레반스는 올림픽 높이뛰기에 대표 선수로 참가했고 케임브리지 학부생 높이뛰기 기록(1929~1962)을 소지함.
- 1930~1932년: 미국 미시간 대학에 커먼웰스 펀드를 받아 유학, 물리학을 공부함.
- 1932년: 미시간에서 만난 스웨덴 여성인 앤 아이다Ann-Ida Margareta와 결혼.

케임브리지 시기(1932~1935)

- 1932년: 케임브리지 대학의 엠마뉴엘 칼리지에 연구원으로 돌아와 캐번디시 연구소에서 근무함. 아인슈타인Einstein은 5월 4일 케임브리지에 강의 차 와서 캐번디시 연구소를 방문함. 레반스가 국영석탄회사에 있을 무렵 트리스트Eric Trist는 타비스톡 인간관계 연구소Tavistock Institute for Human Relations를 만들었는데, 당시 케임브리지 문과 대학원생이었던 트리스트는 독일에서 갓 망명한 르윈에게 케임브리지를 안내함. 르윈은 조직개발과 액션연구의 선구자였는데, 레반스와 만났다는 기록은 없음.
- 1933년: 인간주의 심리학의 선구자적인 메이요Elton Mayo의 『산업문명의 인간문제The Human Problems of an Industrial Civilization』가 출간됨. 험프리George Humphrey가 『생명체와 관계있는 학습의 본질The Nature of Learning in its Relation to the Living System』을 출판함. 이는 아인슈타인의 영향을 받아 초기 시스템 이론을 심리학에 적용한 것임.
- 1935년: 5년 간 케임브리지와 미국에서 연구를 수행한 결과로 박사학위를 받음. 레반스는 자신의 과학적 훈련과 연구에 대해 "원자가 무엇인지를 알 수 없고 다만 겉으로 어떻게 보이는지를 관찰할 뿐임을 실험 물리학에서 배웠다. 액션러닝도 이런 논리를 따라 무엇을 할 수 있기 때문에 존재하는 것이다."라고 말함. 이때 케임브리지를 떠났는데 그 이유를 나중에 이렇게 이야기함.

> 1925년부터 1935년까지 원자 물리학이 나의 관심분야였고 노벨상 수상자들과 캐번디시 연구소에서 톰슨 교수의 지도하에 박사과정을 했다. 이때 두 가지 비학문적인 관심사가 생겼는데, 하나는 핵에너지의 위험성이었고 다른 하나는 딸들 때문에 핵물리학보다는 생존해야 하는 문제가 있었다.

교육과 의료 서비스 부문의 업적과 제2차 세계대전 시기 (1935~1945)

- 1935~1945년: 에섹스 구위원회 교육 디렉터 산하 부교육담당 직책을 맡아서 전통적인 학교를 대신하는 교육을 개발하는 일을 수행함. 레반스는 당시 정치적·문화적 상황과 교육의 역할에 대해 다음과 같이 말함.

> 교육이 한편으로는 실질적인 기술과 다른 한편으로는 고전적인 문학적 전통을 중시하는 것으로 갈라지는 것을 본다. 1938년에 발표된 『스펜스 보고서Spens Report』는 전통 문법 학교에 대한 대안으로 기술고등학교를 세우라고 하였다. 전통 학교가 얼마나 많은 인재들을 문과 직업에 치우치게 하고 우수하지 않은 학생들을 기술 관련 직장으로 보내는가. (중략) 여기서 내가 할 일은 산업을 위한 교육을 논의하는 것이다.

- 1936년: 아버지가 12월 13일 서거함.

  시스템 사고의 가장 오래된 연구로 알려진 러브조이Arthur Lovejoy의 『위대한 존재의 체인The Great Chain of Being』이 출판됨.

- 1938년: 레반스가 에섹스 구위원회에 있을 때 의료 서비스를 책임지고 있는 동료로부터 왜 간호사가 부족하고 훈련기간에 많이 그만두는지 조사해 달라는 요청을 받았고, 이 연구 경험으로 인해 레반스는 병원과 관련된 일을 오랫동안 하게 됨. 이때 액션러닝에 관한 생각에 기초한 '에섹스 교육위원회에 보내는 메모Memorandum to the Essex Education Committee'를 제출함.

  미국의 듀이John Dewey가 『경험과 교육Experience and Education』을 출판함.

• 1939년: 레반스는 독일의 공습을 심하게 받은 런던 동부에서 비상 서비스를 관장하게 됨. 심한 압박감 속에서 실세 문세해결 작업을 함으로써 경영 능력뿐 아니라 공공 의식과 참여 의식을 공고히 하게 됨.

드러커Peter Drucker의 『경제적 인간의 종말The End of Economic Man』과 뢰스리스버거Fritz Roethlisberger와 디킨슨W. J. Dickson의 『경영과 노동자Management and the Worker』가 출판됨.

• 1940년: 8월 30일 레반스의 지도교수였던 케임브리지 대학의 톰슨 교수가 서거함. 미국 현대 노동조합의 창시자인 알린스키Saul Alinsky가 공동체 조직과 노동 조직가, 리더를 도와주는 산업부문 조직을 만듦.

영국 탄광협회와 국영석탄회사 시기(1944~1950)

• 1944년: 에섹스 구위원회에 있으면서 탄광업이 어떻게 하면 더 효율적으로 전쟁에 필요한 에너지를 공급할 수 있는지를 연구하기 위해 광부들과 지내고 직접 갱에 들어가는 등의 경험을 축적함. 르윈이 MIT에 그룹 다이나믹스 연구센터를 공동 창시함.

• 1945년: 메이요가 『산업문명의 사회적 문제The Social Problems of Industrial Civilization』를 출판함.

레반스는 전쟁 말기에 영국 탄광협회(당시 사유였던 탄광 소유자들의 모임)의 채용 및 교육 훈련 디렉터가 됨. 탄광협회의 충원, 교육훈련 위원회와 함께 『탄광업의 충원, 교육훈련 계획Plans for Recruitment, Education and Training in the Coal Mining Industry』을 출간함. 이 보고서는 액션러닝과 경영교육 및 임원 개발을 위해 나중에 활용되는 주제와 가정을 담고 있음. 예를 들면, 리더십 개발과 경영교육에 관해 다음과 같이 기술하고 있음.

관리자의 두 가지 필수적인 자격요건은 첫 번째 탄광업의 기술적인 측면에 대해 이해해야 하며, 둘째는 광부를 잘 다룰 수 있어야 한다는 것이다. 어떻게 보면 다른 이 두 가지 측면에 각각 어느 정도 시간을 투자해야 하는가에 대해 의견이 분분하다. 한편에서는 4분의 3을 사람 관리에 쏟아야 하고 나머지를 기술적인 측면에 힘써야 한다고 한다. 다른 한편에서는 한 쪽에 더 치우쳐야 한다고 얘기하고 있다. 현재의 관리자 교육 훈련은 기술적인 지식 습득에 치우쳐 있다. 이런 현상은 탄광업에만 해당하는 게 아니다. 모든 산업의 임원과 관리자들은 인간 경영에 대해 체계적인 훈련을 받아야 한다. 현재 수학과 화학에 쏟는 관심을 산업심리학이 똑같이 가지기에는 시간이 더 필요하겠지만, 인간 행동에 관한 법칙들이 잘 이해되어 교육 훈련 분야에서 쓸 수 있도록 만들어야 한다.

레반스는 고위 기술관료의 교육 훈련을 위해 개방적인 관점이 중요하다고 보고서에서 분명히 함. 이는 겸손함, 과학적 분석의 존중, 사람에 대한 배려 등을 의미함. 레반스는 전문가보다는 동료한테서 배우는 직원 대학을 제안했는데, 바로 이것이 액션러닝의 첫 번째 주제가 되었음. 그러나 직원 대학은 1955년이 되서야 만들어짐.

- 1946년: 레반스는 중부와 동부 유럽에서 온 광부들을 위해 액션러닝을 사용하여 영어를 교육함. 록펠러 재단Rockefellor Foundation의 펀드를 받아 타비스톡 인간관계 연구소가 설립됨. '액션연구action research'라는 용어가 1945년에 처음 미 연방 정부의 인도 사무관장 콜리어John Collier에 의해 사용되었고, 1946년 르윈에 의해서 사용됨. 르윈은 "연구 없이 행동은 없으며, 행동 없이 연구는 없다."고 말함.
- 1947년: 1월 1일 영국의 탄광이 국유화됨(이때 970개의 갱과 692,000명의 광부가 있었고, 석탄은 영국 에너지원의 90퍼센트 이상을 만들어 냈다. 이 무렵 탄광을 둘러싸고 갈등이 많았다. 석탄이 모자라 모든 사람들이 추워했고, 에

너지 부족으로 공장이 문을 닫아 갑자기 전기가 나가는 일이 많았다. 전보다 파업도 많아졌지만, 갱에 들어가기 전에 초심자한테 훈련이 주어지는 등 전보다 작업 조건이 훨씬 좋아졌다.) 이 당시 레반스에 대한 논평을 보면 다음과 같음.

> 레반스가 국영석탄회사에서 처한 문제는 상당한 수준이었다. 전쟁의 후유증 때문에 관리자와 광부가 턱없이 부족했다. 탄광에 돌아온 광부들이 교육 훈련을 받기 위해 갱을 떠나 있는 것은 가능하지 않았다. 따라서 레반스는 캐번디시 연구소에서 동료들이 문제와 아이디어를 공유했던 시스템을 도입했다. 관리자 광부들이 '세트*a Set'라고 불리우는 소규모 그룹 단위로 다른 사람들의 탄광을 방문하여 문제와 아이디어를 공유하도록 했다. 예를 들어, 어떤 관리자는 안전 관리에 능하니까 자신이 사용하는 방법을 다른 광부들과 공유함으로써 베스트 프랙티스를 배우게 했다.

첫번째 부인과 이혼함. 2월 12일 르윈이 미국에서 갑자기 서거함(르윈은 미국의 사회심리학과 그룹 다이나믹스, 조직개발, 액션연구, 감수성 훈련, 전국 훈련 랩의 창시자였다.) 미국 정부와 군대의 조직개발 분야 지원으로 1950년대 '변화 추진자change agents' 혹은 조직개발 담당자가 기업에 급속도로 확산됨(이런 일이 레반스에게는 일어나지 않았다.) 레반스는 그룹 다이나믹스가 액션러닝과 어떻게 다른지에 관해 다음과 같이 설명함.

---

* 역자 주: 세트의 사전적인 의미는 무려 19가지나 되는데 그중 과학자였던 레반스의 정의라고 추정되는 두 가지를 예로 들면, 첫째, 수학 용어로 숫자나 상징 기호의 집합을 의미하거나 둘째, 사람들의 비공식적인 모임 등을 의미한다(http://www.visualthesaurus.com/ 참조).

액션러닝의 필수적인 과정은 실제 경영 문제와 직접 관련 있는 세트(그룹 또는 팀)의 토론에 있고, 이는 그룹 다이나믹스와 전혀 관련이 없다. (중략) 액션러닝은 참가자들이 그룹 심리치료보다는 실제 비즈니스 상황에서 주어진 '실제 문제real problems'를 실시간에 해결하는 것이다. 감수성 훈련을 보면 본질적으로 비즈니스에서 벌어지는 '지금 여기here-and-now'라는 정신에 근거하고 있지 않다.

- 1948년: 레반스가 중요한 역할을 한 '젊은 근로자의 교육Education of the Young Worker'이라는 콘퍼런스가 처음 옥스포드에서 열림.
  시스템 사고의 초기 창시자인 위너Norbert Wiener의 『사이버네틱스, 동물과 기계의 통제와 커뮤니케이션Cybernetics, or the Control and Communication in the Animal and the Machine』이 출판됨. 르윈의 『사회갈등의 해결: 그룹 다이나믹스에 관한 논문 선집Resolving Social Conflicts: Selected Papers on Group Dynamics』이 출판됨.
- 1949년: 타비스톡 인간관계 연구소의 트리스트가 영국의 탄광을 연구함. 이에 대해 레반스는 다음과 같이 논평함.

타비스톡 연구소는 뒤르햄 탄광의 광부 41명을 모아 소규모 그룹으로 나누어 함께 일하게 함으로써 그룹의 파워에 대한 실험을 감행하였다. 이들의 연구는 액션러닝과 관련없고 소규모가 자발적 학습을 가능하게 한다는 점을 인식하지 못하였지만, 우리는 타비스톡 연구소의 공헌에 대해서 감사해야 한다.

심리학자 트리스트는 조직개발의 거두로서 런던의 타비스톡 인간관계 연구소의 창시자임. 그는 르윈의 영향을 받아 미국의 전국 훈련 랩과 긴밀하게 일함. 후기에 트리스트가 토론토 요크 대학York University에서 연구할 때 액션러닝이라는 용어를 사용했으나, 이는 레반스의 철학과는 전혀 관련이 없음.

두 번째 '젊은 근로자의 교육' 콘퍼런스에서 레반스는 의장을 맡아 직업 훈련에 초점을 맞춤. 콘퍼런스 보고서(1950)를 보면 레반스가 얼마나 관료화되고 있는 사회와 탄광업에 불만족스러워했는지 알 수 있음.

독립 연구 컨설턴트 시기(1950~1955)

- 1950년: 두 번째 '젊은 근로자의 교육' 콘퍼런스 보고서가 출판됨. 국영석탄회사를 사직하고 탄광업 경영 분야 연구원과 컨설턴트가 됨(탄광 관리자들이 스스로 경험한 운영상의 문제를 살펴보기 위해 전국탄광관리자협회와 몇 년 동안 긴밀하게 일했다. 이 당시 하울스워스 경Sir Hubert Houldsworth으로부터 많은 영향을 받았는데, 레반스 이전에 이미 액션러닝을 탄광업에 도입한 것으로 알려져 있다.)
- 1951년: 레반스는 도빈슨C. H. Dobinson이 편집한 『변화하는 세계의 교육Education in a Changing World: A Symposium』에 '산업교육Education in Industry'이라는 논문을 씀. 레반스의 주요 논점은 "경영 기술이란 사람들로 하여금 일을 하게 만드는 것"이고 따라서 경영은 사람(광부)에 관한 것이라고 함. 르윈의 『사회과학의 장 이론Field Theory in Social Science: Selected Theoretical Papers』과 트리스트와 뱀포스Bamforth의 영국 뒤르햄 탄광 연구가 출판됨. 일본에서는 품질개선 분야 데밍상Deming Prize이 도입됨.
- 1952년: 국영석탄회사의 연구 컨설턴트로 임명됨. 위너와 함께 기계적인 시스템 관점을 주도한 영국의 시스템 이론가 애쉬비W. Ross Ashby의 『두뇌를 위한 설계Design for a Brain』가 출판됨(애쉬비는 위너와 함께 피드백과 싱글 러닝과 더블 러닝single-and-double loop learning 개념을 도입하였고, 두 사람

은 현대 시스템 사고의 초기 창시자로 간주된다.)

- 1953년: 레반스의 탄광업과 대기업, 소매업의 상황에 관한 연구가 퀘이커 계열의 액튼 소사이어티 트러스트Acton Society Trust, AST에 의해 『작업장의 규모와 사기: 대규모와 소규모 단위 작업장에 관한 기초연구Size and Morale: A Preliminary Study of Attendance at Work in Large and Small Units』라는 제목으로 출판됨.
- 1954년: 레반스는 1950년에 국영석탄회사에 경제 어드바이저로 임명된 『작은 것이 아름답다: 사람을 중요하게 보는 경제학Small is Beautiful: Economics as if People Mattered』의 저자인 슈마허E. F. Schumacher와 같이 탄광의 경영 구조에 대한 연구 보고서를 작성함.
- 1954~1956년: 1954년 2월부터 1956년 11월까지 영국의 탄광 관리자들을 위한 첫 번째 액션러닝을 실시함(레반스는 이를 '광부들의 컨소시엄A Consortium of Pitmen'이라고 불렀다.) 매슬로Abraham Maslow의 『동기와 성격Motivation and Personality』이 출판됨.
- 1955년: 워싱턴 대사관의 영국 외교서비스에 근무했던 노라 매리트Norah Mary Merritt와 결혼함.

맨체스터 시기(1955~1965)

- 1955~1965년: 맨체스터 과학기술 대학Manchester College of Science and Technology에 산업경영학 교수로 임용됨. 케임브리지 시절부터 알고 지내던 친구 보담이 1953년에 학장이 되었고, 1966년에 맨체스터 과학기술연구소 대학University of Manchester Institute of Science and Technology으로 명칭이 바뀜. 이 당시 레반스는 저서 출판에 집중함.

• 1956년: 레반스의 논문 '산업적 사기와 단위의 규모Industrial Morale and Size of Unit'가 출판됨. 이 논문이 1960년에 『노동과 무역 노조Labor and Trade Unionism: An Interdisciplinary Reader』라는 책에 재수록되었을 때 편집자 가렌슨Walter Galenson과 립셋Seymour Martin Lipset은 다음과 같이 논평함.

> 레반스는 논문에서 공장 규모와 파업에 대한 경험적 연구를 통해 대규모 공장의 파업은 노동자와 관리자의 거리 때문에 생기는데, 이는 관리자들이 실제 작업 상황을 잘 모르거나 생산 과정을 도와줄 수 없기 때문이라고 하였다. 레반스는 노동자의 생산 과정이 취약한 조직과 관리, 사기 저하 등에 의해 방해받고 있다고 했다.

이 시점부터 레반스는 저서에 성경 귀절을 많이 인용하기 시작함. 브뤼셀에 산학협력재단Fondation Industrie-Université, FIU이 발족됨(이는 벨기에 회사와 대학의 협력으로 이루어졌는데, 목표는 대학에 기초한 경영교육을 회사의 네크워크에 의해 확산하는 것이었다. 레반스는 1965년 재단의 연구원이 되어 이후 10년 동안 관여하였다.)

• 1957년: 로마 협정 이후 오늘날 EU로 불리우는 유럽 통합 공동체의 기초가 마련됨. 경영교육을 비롯하여 다른 부문에서도 비슷한 현상이 일어나고 있었음. 레반스도 이러한 추세에 힘입어 1961년 유럽경영훈련센터협회European Association of Management Training Centres, EAMTC 회장이 됨. 아지리스Chris Aryris의 『성격과 조직: 시스템과 개인의 갈등Personality and Organization: The Conflict Between the System and the Individual』이 출판됨.

• 1958년: 맨체스터 과학기술대학이 관리자들을 위해 3개월짜리 실험 과정을 만들어야 한다고 기업들을 설득했으나 실패함. 핵무장해제 캠페인Compaign for Nuclear Disarmament, CND이 형성되었음. 레반스는 정치적으로 진보적이었고 철학자 러셀과 함께 CND 운동에 적극적이었음. 레반스는

"CND에 가담해서 연설을 했기 때문에 공산주의자로 간주되었고 이 때문에 액션러닝의 확산에 지장이 있었다."고 말한 바 있음.

- 1959년: 유럽경영훈련센터협회의 브뤼셀 지부가 대학과 제네바의 CEI(IMEDE와 통합하여 1990년에 IMD가 됨)와 로잔의 IMEDE, 튜린의 IPSOA 등 기업 경영 개발과 훈련 센터의 협력으로 형성됨. 레반스는 맨체스터 대학의 교수로 있을 때 EAMTC의 회장이 되었고, 동 협회의 연구원을 지내다가 대학을 떠난 후 1965년에는 브뤼셀로 옮김(EAMTC는 선택된 조직들의 모임이었기 때문에 처음부터 레반스의 리더십 하에 직원 훈련부터 경영그룹 등 다양한 프로그램을 개발하였고 경영훈련센터의 운영을 책임지고 있었다.)

  1971년에 유럽경영훈련센터협회와 경영교육 국제대학이 통합되어 유럽경영개발재단European Foundation for Management Development, EFMD이 됨. FIU, EAMTC, EFMD 조직들은 모두 포드 재단의 지원을 받아 조직된 것임. 마일즈의 『그룹 워크에 대한 학습Learning to Work in Groups』이 미국에서 그룹 워크에 대한 10년 이상의 실험과 연구와 학습에 기초하여 출판됨.
- 1959~1960년: 레반스는 병원 연구를 시작했는데, 맨체스터 대학 산업경영학과와 협력하여 맨체스터 지역 간호사의 높은 이직률 문제를 연구함.
- 1960년: 레반스의 연구 논문 '유기체로서의 병원: 커뮤니케이션과 사기에 관한 연구The Hospital as an Organism: A Study in Communication and Morale'가 출판됨. 아지리스의 『조직행동의 이해Understanding Organizational Behaviour』와 맥그리거Douglas McGregor의 『기업의 인간적 측면The Human Side of Enterprise』이 출판됨.
- 1961년: 레반스는 EAMTC의 회장을 세 번 연임함. 조직개발의 선구자인 라이커트Rensis Likert의 『경영의 새로운 원칙New Patterns of Management』이 출판됨. 이 책에서 "레반스의 연구는 기업과 작업 그룹의 규모와 사고, 파업 등 여러 가지 변수 간의 관계를 보여 준다. 즉, 탄광, 채석장, 병원, 전

화국의 규모가 클수록 사고와 파업, 병가, 결석률이 높아진다는 사실을 알아내었나."는 내용의 논평이 수록됨.

- 1962년: 레반스의 논문 '인간 시스템으로서의 병원The Hospital as a Human System'이 출판됨. 이 논문이 1990년 『행동과학Behavioral Science』 지에 재수록되었을 때 레반스의 시스템 사고에 대해 다음과 같은 논평이 나옴.

> 1938년부터 레반스 교수는 의료 서비스에 관한 시스템 접근에 관심이 있었다. 지난 50년 동안 여러 국가의 의료 서비스 시스템 개선에 관한 제안을 했다. 의료 서비스 시스템이 50년 전보다 복잡해지기는 했지만 그의 개념은 아직도 적절한 것 같다. 특히 소음과 피드백 루프와 같은 물리학 개념을 인간의 커뮤니케이션과 정보의 흐름에 연결시킨 것은 대단한 일이다. 또한 그는 병원과 같은 조직을 효과적으로 만들기 위해 컴퓨터가 필요하다고 보았다.

유럽에서 경영교육에 대한 요구가 커짐. 유럽 생산성 본부European Productivity Agency의 피셔 리포트Fischer Report는 1970년까지 500명의 경영교육자가 훈련되어야 한다고 제안함. 크로파스D. N. Chorofas의 『컴퓨터를 위한 프로그래밍 시스템Programming Systems for Electronic Computers』이 출판됨. 이 책 서론에서 레반스는 컴퓨터의 중요성에 대해 언급함.

- 1962~1968년: 레반스의 개념과 아이디어를 알리는 논문들이 영국의 좌경지인 『새로운 사회New Society』 지에 출판됨. 1962년 창간호에 다음과 같은 편집인의 글이 수록됨.

> 우리의 목표는 사회연구를 실제 현장과 연결시키는 것이다. 관리자에게 심리학에서는 뭐라고 하는지, 도시 설계자한테는 사회인류학이 뭐라고 하는지 알려줄 것

이다. 물론 반대의 경우도 있다. 담당자의 경험과 학계의 연구는 서로 보완적이고 우리는 이 두 그룹 모두한테 귀를 기울일 것이다.

- 1964년: 포드 재단의 지원을 받아 나이지리아 프로젝트를 시행함. 레반스의 『사기를 위한 기준: 병원의 원인과 결과Standards for Morale: Cause and Effect in Hospitals』가 출판됨. 1964년부터 5년간 병원에 관한 연구에 거의 20명이 참여함(이 연구 결과는 "간호사의 낮은 사기가 커뮤니케이션 문제와 연관되어 있다는 것을 보여 주었고, 레반스는 효과적인 병원 커뮤니케이션 시스템이 직원의 안정과 환자의 병원 입원 일수에 영향을 미친다."고 하였다.)

병원 커뮤니케이션 개선 프로젝트 시기(1964~1965)

- 킹즈 펀드 병원 센터의 부 디렉터인 크레이그Janet Craig는 레반스와 병원들이 어떻게 하면 아이디어를 구체화할지에 대해 논의하도록 주선함. 1964년과 1965년 사이에 이루어진 논의의 결과로, 10개의 병원을 대상으로 한 병원 커뮤니케이션 개선 프로젝트가 추진됨(이 프로젝트는 건강과 시회안전과 가이즈 병원 의과대학 내의 공동체 약품과의 지원을 받아 이루어졌으며, 레반스가 브뤼셀에 있을 당시 1968년에 완성되었다.)
- 1965년: 레반스의 『과학과 관리자Science and Managers』가 출판됨.

벨기에 시기(1965~1974(5))

벨기에 시기의 첫 번째 국면(1965~1968)

- 레반스는 1965년 새로운 비즈니스 스쿨의 비전에 대해 의견을 달리하면서 맨체스터 대학에서 사임함[레반스는 전통적인 대학 모델과 달리 비즈니스와 경영에 경험있는 사람들이 새 조직에 관여해서 비즈니스 부문과 협력할 수 있는 (1945년 탄광 소유주들한테 제안한 직원 대학의) 원칙에 기초하게 하고자 하였다. 이 시기에 비즈니스 교육의 급속한 성장이 있었다. 1970년 미국 학부 학생 중 8분의 1이 비즈니스를 전공한 반면, 1990년에는 학부 학생과 대학원생 4분의 1이 비즈니스를 전공하였다. 영국에는 1965년 런던 비즈니스 스쿨과 맨체스터 비즈니스 스쿨 두 개가 있었는데, MBA 과정은 1985년 26개에서 1994년 100개로 늘어났다.]
- 1965년: 레반스는 브뤼셀 EAMTC에서 3년 동안 선임연구원으로 재직함(레반스는 "EAMTC는 40개의 대학과 서유럽 14개국으로 구성된 연합체로서 내가 전에 회장을 했기 때문에 이 조직을 잘 알고 있었다. 1965년부터 회원들을 방문해서 유럽 경영에 관한 연구에 관심을 두게 하는 것이 내 역할이었다."라고 말했다. 동시에 그는 런던의 가이즈 병원 의과대학에 연구원으로 있으면서 영국의 의료 서비스 분야의 연구와 변화 프로그램을 계속 실행하고 있었다.)
- 1965~1975년: 레반스는 벨기에 브뤼셀의 FIU에서 연구원 생활을 시작함(이때 주요 관심은 대학 간 고위 경영 프로그램Inter-University Programme for Advanced Management을 설계 도입하고 경영학 박사과정을 만드는 일이었다. 대학 간 프로그램을 실제 도입할 때까지 3년이 걸렸다.)
- 1966년: 『경영실제의 이론The Theory of Practice in Management』이 출판됨.

1965년에 출판된 『과학과 경영자Science and the Manager』에 이어 이 책에서는 경영교육과 관리자에 초점을 두고 있음.

- 1967년: 벨기에 EAMTC에서의 작업을 토대로 『산업교육연구Studies in Institutional Learning』를 출판함. 레반스가 스페인 바르셀로나의 IESE 경영대학에서 열린 학회에 참가했을 때 하버드 경영대학 부학장 롬바드George F.F. Lombard가 레반스가 발표한 벨기에 임원교육 프로그램에 관심을 가지게 되었고, 나중에 하버드 동료들과 사례 연구 방법의 도입에 관해 논의했다고 함. 밀워키에 있는 6개 회사와 위스콘신 대학 밀워키 캠퍼스의 스피치 커뮤니케이션 센터를 엮어 '밀워키 컨소시엄Milwaukee Consortium'이라는 조직을 만드는 데 일조함. 이때 비참여 회사를 대상으로 '외부에서 들여다보는' 면담을 시행하여 이 회사들이 가지고 있는 문제에 대한 액션플랜과 프로그램을 만들었음. 드 보노Edward de Bono의 『측면 사고의 활용The Use of Lateral Thinking』이 출판됨.
- 1967~1968년: 벨기에 리에지 대학University of Liége 사회학과 클레멘스Réne Clemens 교수 세미나에 참가하여 액션러닝의 개념을 발전시킴.
- 1968년: 벨기에의 대학 간 고위 경영 프로그램을 개발하는 과정에서 후에 '경영의 알파벳The Managerial Alphabet' 논문에서 소개한 '시스템 알파, 베타, 감마Systems Alpha, Beta and Gamma'를 통해 액션러닝의 이론적 개념을 명확히 하고자 함. 경영자의 핵심이 가치와 윤리, 목적의식이고 액션러닝의 출발점이라고 보았으며, 레반스는 "액션러닝의 이론은 1970년 무렵에 완전히 발전되지 않은 상태였다."고 언급함. 레반스가 주도한 런던의 병원 커뮤니케이션 개선 프로젝트가 종료됨.

벨기에 시기의 두 번째 국면과 영국 귀국 준비(1968~1974)

- 1968년: 레반스가 개발한 대학 간 고위 경영 프로그램이 5개 대학과 21개 대기업과 협력하여 공식적으로 출범함.
- 1969년: 레반스가 개입하여 대학 간 칼리지의 경영학 박사과정이 재단과 벨기에 정부의 지원으로 만들어짐. 레반스의 참여로 '지적장애아를 위한 서비스Coordination of Services for the Mentally Handicapped'라는 프로젝트가 시작됨. 이 프로젝트에 대한 기술을 보면 다음과 같음.

> 레반스는 지적장애 아동을 위한 사회 서비스를 만드는 데 도움을 준 연구를 수행하였다. 관련자와의 심층 인터뷰 내용을 살펴볼 때, 의사나 간호사, 사회사업가들은 지적장애아들과 관계하고 있지만 전체 통합하는 기능이 없으며 언제나 '누군가 다른 사람의 일'로 미루는 경향이 있었다. 레반스는 지적장애아를 상대하는 사람들은 다른 서비스나 기관, 전문가들을 중간에서 연결시킨다는 점에서 아동의 복지에 깊은 영향을 미친다고 보았다. 이 연구는 적은 예산과 병원의 감독하에 진행되었다.

트리스트의 논문 '사회 기술 시스템On Socio-Technical systems'이 베니스W. G. Bennis의 저서 『변화의 기획The Planning of Change』에 실렸는데, 타비스톡 연구소와 미국 조직개발 리더의 긴밀한 관계를 보여 줌.

- 1970년: 레반스의 논문 '경영의 알파벳'이 힐드Gordon Heald가 편집한 『조직행동연구Approaches to the Study of Organizational Behaviour: Operational Research and the Behavioural Sciences』에 실림. 이 논문에서는 벨기에 실험과 액션러닝의 이론적 배경인 시스템 알파, 베타, 감마에 관한 논의가 포함됨. 프레이리Paulo Freire의 『핍박받는 자들의 교육학Pedagogy for the Oppressed』이 출판됨.

- 1970~1971년: FIU의 레반스가 어드바이저 역할을 하고 OECD의 개발센터와 아랍연합의 중앙훈련센터, 카이로의 알 아자 대학의 아쉬마위Saad Ashmawy 등이 지원하는 이집트 프로젝트가 추진됨.
- 1971년: 벨기에의 대학 간 고위 경영 프로그램에 관한 내용을 소개하는 레반스의 『유능한 관리자 육성Developing Effective Managers: A New Approach to Business Education』이 출판됨. 이 책은 독일 경영교육의 선구자인 헬위그Hans Hellwig에 헌정됨. 카이로의 알 아자 대학의 아쉬마위 교수와 공저한 『나일 프로젝트The Nile Project』 보고서가 출판됨. 나일 프로젝트는 벨기에 실험에 의해 개발된 액션러닝의 개념과 실제적인 접근방법을 이집트에 도입하는 것이었음.

레반스는 대학 간 고위 경영 프로그램의 디렉터로서 벨기에에 공헌한 바를 인정받아 '레오폴드 훈장Chevalier, Order of Leopold, Belgium'*을 받음. 기업 조직인 EAMTC가 교육 조직인 경영교육 국제대학International University Contact for Management Education, ICU과 통합하여 유럽경영개발재단European Foundation for Management Development, EFMD이 만들어짐. 위랜드George F. Wieland와 리Hilary Leigh가 편집한 『변화하는 병원: 병원 커뮤니케이션 프로젝트에 대한 보고Changing Hospitals: A Report on the Hospital Internal Communications Project』가 출판됨. 이 책 서론에서 레반스는 조직학습과 학습 조직인 병원에 관해 논의하고, '사회 학습social learning'과 '변화 추진자change agents'가 새로운 역할을 할 것으로 보았음. 레반스는 벨기에에서 추진했던 프로그램이 영국에서 컨설팅의 형태로 아이디어와 경험이 확산되는 것을 계획하고 있었음.

* 벨기에 국가를 위해 혁혁한 공을 세운 사람들에게 레오폴드 국왕을 기념하여 수여하는 최고 훈장 중의 하나이다(http://en.wikipedia.org/wiki/Order_of_Leopold_(Belgium) 참조).

홉스테드Geert Hofstede가 스위스 로잔에 있는 IMEDE(현재 IMD)에 임용되어 국제 직원의 가치와 문화에 관한 연구를 시작함. 알린스키의 마지막 저서인 『래디칼을 위한 규칙Rules for Radicals: A Pragmatic Primer for Realistic Radicals』이 출판됨. 알린스키는 1960년대 미국의 사회운동가들한테 많은 영향을 미쳤는데, 그중 클린턴Hillary Clinton과 오바마Barack Obama도 포함되며 조직개발 분야에도 많은 영향을 미침. '리더를 가르치는 리더'와 '스토리 텔링'은 알린스키가 공동체 운동가로 활동하면서 썼던 방법임.

• 1972년: 학습 시스템 이론의 초기 접근인 베잇슨Gregory Bateson의 『마음 생태학을 위한 단계Steps to an Ecology of Mind』가 출판됨. 미국의 남부감리대학Southern Methodist University의 방문 학자로서 레반스는 경영대학장 그레이슨C. Jackson Grayson과 함께 처음으로 대학에 액션러닝 과정을 도입함. 레반스의 저서 『병원의 커뮤니케이션, 선택과 변화: 내부에서 본 HIC 프로젝트Hospitals: Communication, Choice and Change: The Hospital Internal Communications Project Seen from Within』가 출판됨. 『인사 리뷰Personnel Review』에 실린 '액션러닝, 경영개발 프로그램Action Learning–A Management Development Program' 논문에서 처음으로 액션러닝이라는 용어가 공식 사용됨.

포이Nancy Foy는 자신의 논문 '독특한 정신의 소유자, 레반스The Maverick Mind of Reg Revans'에서 레반스 외에 액션러닝이라는 용어를 사용한 첫 번째 인물임. 포이는 논문과 저서에서 레반스의 아이디어를 알리는 데 매우 중요한 역할을 했고, 프리랜서 저널리스트와 경영 컨설턴트로서 나중에 ITT의 영국 지사인 스탠다드 텔레폰의 환경과 커뮤니케이션 부문 관리자, 옥스포드의 경영연구센터 연구원으로 일함.

• 1973년: 레반스와 동료들이 '액션러닝 프로젝트 인터내셔널Action Learning Projects International'을 조직함. 초기 멤버인 바퀘Ali Baquer에 의하면 "1970년대초 레반스는 벨기에 대학, 킹즈 펀드, 스웨덴과 인도, 호주, 나이지리

아, 이집트 등 여러 국가의 재단과 프로젝트에 관여해서 액션러닝을 여러가지 형태로 시도하고 있었는데, 누군가가 전문적이고 공식적인 조직이 있어야 한다고 인식함. 이런 이유로 ALP 인터내셔널이 설립되었고 영국의 레반스와 서튼David Sutton, 인도의 바퀘, 호주의 웨어R. S. Ware, 벨기에의 무스츄트F. Musschoot, 이탈리아의 모렐로G. Morello 등이 창립 멤버"라고 할 수 있음. 1973년 후반과 1974년 초반에 새로운 멤버들이 추가되고 새로운 동의안이 만들어짐. 바퀘의 증언은 다음과 같음.

> 여러 조직에서 액션러닝을 다양하게 운영해본 10명의 전문가가 영국의 사우스포트에서 ALP 인터내셔널을 조직하였다. 이 조직의 디렉터에 크레이그Janet Craig, 바퀘, 윌리암스David Williams, 로링Anita Loring, 코타치Diana Cortazzi, 서튼David Sutton, 라울러Alan Lawlor, 케이시David Casey, 로렌스Jean Lawrence와 물론 레반스까지 포함되었는데, 이들은 다양한 경력의 소유자들이었다. 이 조직은 여러가지 방법에 의해 조직개발과 HR의 성장에 도움을 주는 서비스를 제공하기 시작했는데, 특히 '체험에 의한 학습learning by doing'이 강조되었고, 초기에는 어느 정도 성공적이었다. GEC 회사의 웨인스톡 경Sir Arnold Weinstock은 레반스가 1973년 11월에 한 BBC TV 인터뷰에 깊은 인상을 받아 관리자의 효과성을 높이는 프로그램을 해 보라고 하였다. 1975년에는 노스 더비셔 병원의 정신장애인 프로젝트를 하기도 했다. 그러나 ALP의 디렉터 모임에서는 언제나 재정문제가 논의되었다. 1973년부터는 액션러닝의 철학과 접근방법을 알려서 프로젝트를 수주하고 운영비를 벌 수 있기 위해 저서 출판도 했다. 그러나 내가 1976년 인도에 돌아갔을 무렵까지 레반스의 지원에도 불구하고 재정문제가 해결되었다는 얘기는 듣지 못했다.

레반스가 BBC TV와 벨기에의 대학 간 고위 경영 프로그램에 관한 인터뷰를 함. ALP 인터내셔널의 초기 출판물인 액션러닝을 통한 실제적인 협력에 관한 레반스의 연구 보고서 '분명히 그것은 그 사람들의 일But Surely That is Their Job?: A study in practical cooperation through action learning'이 출판됨. 이 보고서는 영국의 여러 지역에서 정신장애인 서비스 담당자, 복지 사무관, 자발 조직 멤버 등 관련자 150명이 모여 어떻게 서로 도와 문제를 이해하고 해결하고 서비스를 개선하게 되는지를 보여 줌.

레반스가 국영석탄회사에서 컨설턴트로 일하고 있을 때 슈마허는 1950년부터 1970년까지 경제 전문가로 있었는데, 1973년에 『작은 것이 아름답다: 사람을 중요하게 보는 경제학Small Is Beautiful: Economics As If People Mattered』이라는 저서를 출판함. 레반스는 '작은 것이 충실하다Small is dutiful'고 하여 개념과 실제에 있어 슈마허와 비슷한 점이 있음. 슈마허의 책은 1973년 에너지 위기 및 환경론과 맞물려 영향력이 있는 저서가 됨. 나울스Malcolm S. Knowles의 『성인학습자The Adult Learner』가 출판됨. 에머리Fred Emery와 트리스트Eric Trist의 공저 『사회 생태학을 지향하며Toward a Sociology Ecology』가 출판됨(이 두 전문가는 버탈란피Bertalanffy의 오픈 시스템 개념에 기초하여 과학적인 테일러주의에 반대하고 조직설계의 사회기술적인 측면을 강조했다. 미 육군은 조직개발이라는 용어 대신에 조직효과성이라는 용어를 사용하여 조직 내에 조직효과성 사관을 배출하는 데 적극적이었다. 1984년 이후에 이 프로그램은 중지되었지만 사기업에 전파되었고, 특히 GE의 '변화 추진자' 개념이 미 육군의 조직개발 노력에서 비롯하였다고 한다.)

영국으로의 귀향과 액션러닝의 전 세계 확산 시기 (1974~2003)

• 1974년: 레반스는 67세에 벨기에에서 영국으로 다시 이주함. 동시에 경

영과학을 위한 대학 간 칼리지 등 벨기에의 몇 개 조직에서 활동하였고, 국제노동사무소, 인도 정부, FIU 그리고 OECD 등에서 컨설팅을 수행함. 1970년에는 리즈 대학University of Leeds의 초청 교수 등 몇 개의 대학에 출강함. 레반스는 ALP 인터내셔널 멤버로 GEC의 액션러닝 프로그램에 어드바이저로 참여함(레반스가 "1974년 GEC 프로그램이 운영되기 전까지 기존 프로그램에서는 세부적인 절차에 신경 쓰지 않았다. 그러나 GEC 내부의 비판적 시각 때문에 관련된 사람들의 역할과 문제와 상황을 분명히 해야 했다."라고 말한 점이 흥미롭다.)

아지리스Chris Argyris와 숀Donald A. Schön의 『실천을 위한 이론Theory in Practice: Increasing Professional Effectiveness』이 출판되었는데, '더블 룹 러닝double loop learning', 채택된 이론과 실제 사용 중인 이론의 구별 등이 요지임. 레반스와 같이 아지리스도 시스템 사고 이론가인 위너와 애쉬비에 의해 영향을 받음. 아지리스는 르윈의 제자였고, 나중에 아지리스의 제자가 된 생게Peter Senge도 『제5의 학습 원칙Fifth Discipline』에서 시스템 접근을 하였음. 미국의 중고등학교 교장 협회Association of Secondary School Principals, NASSP에서 『25개의 액션러닝 학교25 Action-Learning Schools』를 출판함. 이는 레반스의 액션러닝과 무관하였고 학교에서 일과 연계된 학습을 해야 한다는 논지를 가지고 있었음.

- 1975년: 정신장애인을 위한 서비스 담당자들을 위해 레반스는 '무력한 사람들을 돕기 위해 서로 돕기Helping Each Other to Help the Helpless'라는 논문을 출판함. 레반스한테 헌정하는 코타찌와 루트Susan Roote의 공저 『시각화 가능한 문제 분석Illuminative Incident Analysis』이 출간됨. 페들러Pedler는 이 책이 '액션러닝 상황과 문제를 시각화하는 독창적인 접근방법'이라고 함. 과학연구 위원회와 산업청에서 만든 '가르치는 회사The Teaching Company'라는 보고서에 대해 레반스는 '학습 시스템learning system'이라는

용어를 사용하여 논평함.

- 1976년: 영국에서 여러 가지 액션러닝이 시행됨(레반스의 동료인 개럿Bob Garratt이 『타임즈The Times』에 기고한 글에 따르면 "이 프로그램은 단지 조직의 문제를 해결하려는 관리자뿐 아니라 노조가 내부 문제를 다루거나 비영리 조직원이 조직 문제를 다룰 수도 있다. 예를 들면, GEC의 고위 관리자 양성 프로그램, 맨체스터 비즈니스 스쿨의 공동개발 활동, 경영자 관리 클리닉, 액션러닝 프로젝트 컨소시엄 등을 포함한다.")

  레반스의 저서 『병원의 액션러닝Action Learning in Hospitals: Diagnosis and Therapy』이 출판되어 책에서 처음으로 액션러닝 용어를 사용함. 레반스는 서론에서 어떻게 액션러닝이 작업 환경과 근로자의 삶을 바꿀 수 있는지를 보여 주고 있음. 클러터버크David Clutterbuck의 논문 '액션러닝에 어떤 일이 일어났는가? 전통적인 프로젝트가 지속되는 반면 미래의 방법은 긍정적이지 않다Whatever Happened to Action Learning? While the traditional massive projects continue, the future of the technique seems to lie in less ambitious undertakings'가 출판됨(이 논문은 액션러닝이 영국의 비즈니스 요구에 맞추어 단기간 프로그램과 같이 변화된 모습으로 진화할 것이라고 보았다.)

  콜브David A. Kolb의 『학습 스타일 유형Learning Style Inventory: Technical Manual』이 출판됨(조직심리학의 대가로서 콜브는 1970년대 '학습 스타일' 개발을 연구하였는데, 이는 1984년에 출간된 『경험학습: 학습과 개발의 원천으로서의 경험Experiential Learning: Experience as the Source of Learning and Development』에 잘 정리되어 있다.)

- 1977년: 케이시David Casey와 피어스David Pearce가 편집한 『경영개발과 그 너머: GEC의 액션러닝More than Management Development: Action Learning at GEC』이 출간됨. 레반스는 이 책에 '액션러닝: 비즈니스에 관한 학습의 비즈니스Action Learning: The Business of Learning about Business'라는 논문을 게재함.

포이Nancy Foy의 논문 '액션러닝이 기업에 활용되다Action Learning Comes to Industry'가 『하버드 비즈니스 리뷰Harvard Business Review』에 실렸는데, 미국의 독자들을 위해 액션러닝에 관해 쓴 첫 번째 논문임(이 논문은 회사에서 어떻게 액션러닝을 도입하는지에 관한 자세한 방법이 기술되어 있다. GEC 프로그램뿐 아니라 기존에 레반스가 다른 회사에 도입한 프로그램들도 소개되어 있다. 액션러닝을 컨설팅이나 사례 연구, T/F팀으로 보는 관점에 대해서도 논평하고 있다.)

레반스와 동료들이 액션러닝 트러스트Action Learning Trust, ALT를 만들었는데, 액션러닝을 보급하기 위해 만든 비영리조직임. 액션러닝 트러스트의 첫 의장은 GEC의 인사부문장인 배트Mike Bett가 맡았고 뉴스레터를 만들어서 배포했으며, 회사에 세미나를 보급하였고 1982년까지 지속됨. 국제 액션러닝 재단International Foundation for Action Learning, IFAL이 조직됨(ALT가 주로 회사를 대상으로 하는 데 비해 IFAL은 비영리조직을 위해 만들어졌다. 이 조직은 영국 외에 네덜란드, 스웨덴과 미국에 지부를 두고 계속 존재하고 있다.)

'스칸디나비아 관점의 경영과 리더십의 보급'을 위해 스웨덴의 린드에서 경영연구소Management in Lund(MiL) Institute, MiL가 조직됨. 1980년대 후반 MiL과 미국의 지부인 LIM은 레반스의 액션러닝과 별개인 '**액션 성찰 러닝** Action Reflection Learning'을 개발함(레반스는 첫 번째 부인이 스웨덴 사람이어서 스웨덴 말을 구사하고 지인이 많았기에 MiL 학회에 참석하였다.)

- **1978년**: 레반스의 저서 『액션러닝의 ABC: 25년 경험의 재고The ABC of Action Learning: A Review of 25 Years of Experience』가 출판됨. 38 페이지 분량의 간단한 책으로 총 여섯 가지 개정판의 첫 번째 출판물임. 같은 해 호주에 액션러닝을 보급하였고, 레반스와 동료들은 액션러닝협회Action Learning Associates를 창설함. 유럽경제공동체가 만든 보고서는 유럽경영훈련센터협회 회장인 레반스와 벨기에에서 보여 준 레반스의 공헌을 소

개하고 있음.

캐나다의 요크 대학 환경학과에 레반스와 관련 없는 액션러닝그룹이 조직됨(타비스톡 연구소 창시자이며 액션 연구로 유명한 트리스트가 요크 대학 교수로 임용되었는데, 이 액션러닝그룹의 일원이었다. 이때 액션러닝이라는 용어를 사용함으로써 원래의 개념에 혼동을 가져오게 되었다.)

- 1979년: 미국 생산성센터American Productivity Center 주최로 '제1회 국제 액션러닝 콘퍼런스International conference on action learning'가 텍사스 휴스턴에서 열려 레반스가 참석함.
- 1980년: 레반스의 『액션러닝: 경영을 위한 새로운 방법Action Learning: New Techniques for Management』이 출판되었는데, 액션러닝이 여러 가지 다양한 부문과 국가에서 활용되고 있음을 보여 줌. '세계 액션러닝연구소World Institute for Action Learning'(마커트 교수의 동명의 조직과는 무관)는 "저개발국가들이 외국 컨설턴트에 의존하지 않고 자신만의 장점을 효과적으로 활용할 수 있도록 도와줄 것이다."라고 언급함. 미국의 경영교육을 비판하는 논문 '경제적 저하를 초래하는 경영 방식Managing Our Way to Economic Decline'이 헤이즈Robert Hayes와 아버나디William Abernathy에 의해 쓰여져 『하버드 비즈니스 리뷰Harvard Business Review』지에 실림.
- 1981년: 일본 소피아 대학Sophia University 사사키Naoto Sasaki 교수의 『일본의 경영과 산업구조Management and Industrial Structure in Japan』가 출판됨. 이 책에서 사사키 교수는 브뤼셀의 유럽경영학연구소에 방문 연구원으로 있을 때 받았던 레반스의 도움에 감사하고 있음. 레반스의 『액션러닝의 ABCThe ABC of Action Learning』가 스웨덴어로 번역됨. 위랜드George F. Wieland가 편집한 『의료 서비스 제도의 경영 개선: 조직개발과 조직변화Improving Health Care Management: Organization Development and Organization Change』가 출판됨. 이 책에서 레반스의 병원 커뮤니케이션 개선 프로젝트를 비교적 긍

정적으로 평가하고 있음.

- 1982년: 동료들과 함께 레반스는 '클리브 메모Clive Memorandum'를 작성하는데, 액션러닝을 고위 관리자에게 보급하기 위해 회사를 만들고자 하는 노력을 보여 줌(이 시기에 1977년에 만들어진 액션러닝 트러스트가 문을 닫았고, 1983년에 레반스는 버킹검 국제경영센터International Management Centre from Buckingham, IMCB의 회장이 되었으며, 레반스 액션러닝 인터내셔널Revans Action Learning International Limited, RALI과 액션러닝 재단을 조직한다.)

 『액션러닝의 기원과 성장The Origins and Growth of Action Learning』이 출판되었는데, 800페이지나 되는 이 책에서 레반스는 액션러닝을 회고하면서 그의 사고와 실제에 대한 연대기적 발전을 보여 줌. 스칸디나비아 액션러닝 협회의 목적은 "액션러닝을 활용하고 있는 사람들 간에 경험을 공유하는 것이고, 주요 활동은 연례 콘퍼런스를 개최하는 것이다."

 허니Peter Honey와 멈포드Alan Mumford가 콜브의 학습 스타일을 경영 상황에 맞게 재조명한 『학습 스타일의 매뉴얼The Manual of Learning Styles』을 공저함.

 액션러닝 비즈니스 스쿨인 버킹검 국제경영센터International Management Centre from Buckingham, IMCB가 조직되어 레반스가 회장을 역임하지만, 운영상에 어떤 역할도 담당하지 않아 나중에는 이 단체와 소원해짐. 피터스Thomas J. Peters와 워터맨Robert H. Waterman Jr.이 공저한 『수월성 추구: 미국 최고 기업의 교훈In Search of Excellence: Lessons from America's bestrun companies』이 출판됨.

- 1982~1983년: 레반스가 출판업자인 브랫Bertil Bratt(Chartwell Bratt), 포스터 윌러 파워 회사Foster Who Products와 함께 레반스 액션러닝 인터내셔널 회사를 설립함(이 회사의 주요 활동은 액션러닝 프로그램의 기획과 도입, 관리에 있으며 경제적인 활성화를 위한 접근 뿐 아니라 사회적인 재생산에도 관심을

둔다.)

- 1983년: RALI를 위해 챠트웰-브랫 출판사에서 『액선러닝의 ABC』를 출판함[이 책의 맨 앞장에 유명한 "액션 없이 학습은 없으며 학습 없이 액션도 없다."가 적혀 있다. 이 책 4장에 토마스 조(조태훈)라고 하는 브뤼셀 대학 박사과정 한국 유학생이 액션러닝에 대한 고위관리자의 태도에 관해 한 연구를 요약하고 있다(역자 강조).] 페들러가 액션러닝 담당자들의 경험을 모아 편집한 『액션러닝의 실제Action Learning in Practice』 초판이 출판됨. 숀의 『성찰하는 실천가: 전문가들은 어떻게 행동하면서 사고하는가The Reflective Practitioner: How Professionals Think in Action』가 출판됨(이 책의 저자는 이 책에서 '행동하면서 성찰하기'와 '행동에 관한 성찰'의 차이에 관한 논의를 하고 있다.)
- 1984년: 레반스는 『경영 성취의 단계The Sequence of Managerial Achievement』에서 액션러닝이 호주, 바레인, 벨기에, 영국, 이집트, 핀란드, 인도, 리비아, 노르웨이, 사우디아라비아, 스웨덴 등에 도입되었다고 함. 콜브의 『경험 학습: 학습과 개발의 기원인 경험Experiential Learning: Experiences as The Source of Learning and Development』이 출판됨.
- 1985년: 레반스의 『증거있는 사례 모음Confirming Cases』이 출판됨. 이 책에서 비즈니스에 도입된 액션러닝 프로그램 사례를 소개하고 있음. 베니스Warren G. Bennis와 나누스Burt Nanus가 공저한 『리더: 책임을 지기 위한 전략Leaders: The Strategies for Taking Charge』이 출판됨(베니스는 액션러닝의 지지자였고 레반스와 서신을 교환한 바 있다.)

미시간 대학의 교수인 티키Noel Tichy가 2년 계약으로 GE의 크로톤빌 경영개발원에 임용되었으며 티키는 GE에 액션러닝을 도입하고 경영진에 어필하기 위해 액션러닝이라는 용어를 사용했지만, 레반스의 정의와는 다른 개념이었음[액션러닝에 대한 티키의 이해는 "직원들이 조직의 실제 문제를 해결하기 위해 다른 사람들과 함께 하드 스킬(예: 마케팅, 파이낸스)과 소프트 스킬(예: 비전, 리더십, 가치)을 개발하고 의사결정과 경험을 성찰하는 과정" 이었다. 그러나 GE와 같이 영향력 있는 회사에서 티키가 이해한 액션러닝을 사용함으로써 이후 본래의 액션러닝과 많은 혼동을 일으켰다는 점이 중요하다. 또한 티키는 '축약된 액션러닝'이라는 용어를 사용하여 더 혼동을 초래한 것으로 보인다. 그에게 있어 액션러닝은 일종의 조직개발이었다. 미국의 딕슨Nancy Dixon은 이 접근방법이 '액션러닝의 미국화된 버전'이라고 했다. 이 접근은 기존의 강의 중심 프로그램보다는 훨씬 진전을 본 것이지만 태스크 포스팀과 같아서 레반스가 말하는 액션러닝의 본래 정신을 결여하고 있다고 지적했다. 미국화된 버전은 팀 제안을 실시하지 않고 동시에 개인의 개발과 행동 변화를 극대화하지 않는다. 레반스 접근은 자발적인 참여에 기초하며 9개월에서 12개월에 걸쳐 이루어지는 데 반해 미국 버전은 3주에서 3개월에 그친다. 딕슨은 "미국 버전에서도 팀원들은 뭔가를 배우고 조직 문제를 해결하지만, 팀원들의 잠재성을 극대화하지는 못한다. 따라서 미국 버전은 팀이 문제를 해결한다는 액션러닝의 포맷은 따르고 있지만, 본질적인 면을 추구하지는 않는다."라고 언급한 바 있다.]

- 1986년: 레반스는 맨체스터 대학에서 액션러닝의 전문 연구원이 됨. 미국에서 국제경영리더십Leadership in International Management, LIM이라는 컨설팅 그룹이 형성됨. 이들 중에서 마식 교수와 왓킨스 교수, 오닐은 '학습조직 파트너Partners for the Learning Organization'를 새로 조직함. 이들의 공통점은 액션 성찰 러닝임.
- 1987년: 레반스의 80세 생일을 기념하여 『경영개발Journal of Management Development』 지에 멈포드가 편집한 액션러닝 특별 이슈가 출판됨. 핸디Charles Handy, 고든Colin Gordon, 고우Jan Gow, 랜들섬Collin Randlesome 등이 공저하여 『관리자 만들기Making Managers』가 출판되었는데, 이 책에 레반스의 공헌에 대한 언급이 있음.

위스보드Marvin R. Weisbord의 『생산적인 직장: 품위와 의미와 공동체Productive Workplaces: Organizing and Managing For Dignity, Meaning and Community』가 출판됨(이 책에 "르윈은 민주적 가치를 보존하고 몰입하게 하며 학습을 동기화하기 위해 문제해결 모델을 만들었다. 어떤 사람들은 이상과 같은 본질을 더 잘 나타내는 '액션러닝'이라는 이름을 붙였다."는 대목이 나온다. 이는 액션연구와 액션러닝을 혼동하는 현실을 반영하는데, 특히 레반스의 기본 개념을 잘못 이해하는 것이었다.) 숀의 『성찰하는 실천가 교육하기: 가르침과 학습을 위한 새로운 설계를 지향하며Educating the Reflective Practitioner: Toward a New Design for Teaching and Learning in the Professions』가 출판됨.

- 1988년: 영국의 경제사회연구위원회 회장인 헤이그 경Sir Douglas Hague이 "관리자들이 이론을 고집하지 않고 비즈니스 실제 경험에 기초한 액션러닝을 개발해야 하는 새로운 산업 혁명에 처해 있다."고 언급함. GE에서 처음으로 '글로벌 액션러닝' 비즈니스 경영과정이 실시됨. GE 프로그램은 존슨 앤 존슨과 한국의 몇 기업 등 다른 기업에 확산됨. 이는 '미국 버전의 액션러닝'임.

  레반스의 『액션러닝 50주년 기념: 1988년에 쓴 논문 모음집The Golden Jubilee of Action Learning: A collection of papers written during 1988』이 출판됨. 레반스의 1938년에 작성한 (액션러닝에 관한 생각에 기초한, 에섹스 교육위원회에 보내는) 메모의 50주년을 기념하는 자리가 맨체스터 경영대학과 영국 경영연구소의 주관으로 이루어졌는데, 레반스가 기조 연설을 함.
- 1989년: 버터필드 경Lord Butterfield이 상원의원에서 영국의 전국 의료 서비스 기관에 액션러닝이 필요하다고 연설함. 『스리랑카 경영개발지Sri Lanka Journal of Development Administration』에 액션러닝 특집이 수록됨. 액션러닝으로 간주되기도 하는 GE의 워크아웃이 시작됨.
- 1990년: 클러터버크와 크레이너Stuart Crainer가 공저한 『비즈니스 세계를

변화시킨 사람들Makers of Management: Men and Women Who Changed the Business World』에 레반스가 '행동과학자The Behavioural Scientists' 부문에 포함되어 "오랫동안 영국에서 인정받지 못한 경영의 대가"라고 소개됨. 아지리스의 『조직의 방어의 극복: 조직학습을 원활하게 하기Overcoming Organizational Defenses: Facilitating Organizational Learning』가 출판되었고, 셍게의 『제5의 학습원칙: 학습조직의 예술과 실제The Fifth Discipline: The Art and Practice of the Learning Organization』가 출판됨.

- 1991년: 레반스는 논문 '제3세계 액션러닝Action Learning in the Third World'을 출판하였고, 맨체스터 대학의 개발정책 경영연구소Institute for Development Policy and Management, IDPM 방문 연구원이 됨. '액션러닝 액션 연구 프로세스 경영 협회Action Learning Action Research and Process Management Association'가 창립됨. 2007년에 ALARA로 개칭한 이 협회는 여러 번의 세계 대회를 주관하고, 호주 지역 학회와 멤버를 위한 워크숍과 세미나를 개최하였음. 홉스테드의 『문화와 조직Cultures and Organizations: Software of the Mind』이 출판됨.
- 1992년: 스웨덴에서 개최된 제2회 국제 교육도시 대회에서 패링턴Farrington, 프레이리Freire, 삽Sapp과 함께 레반스는 "도시의 시민사회와 공동체 문제는 액션러닝에 의해 해결 가능하다."는 내용의 기조 연설을 함.
  아지리스의 『조직학습론On Organizational Learning』이 출판됨. 마식Victoria Marsick 교수와 시더홈Lars Cederholm, 터너Ernie Turner와 피어슨Tony Pearson 등이 공저한 논문 '액션 성찰 러닝Action Reflection Learning'이 출판되었는데, 이는 응용 심리학과 교육 이론에 기초하고 있고 레반스의 접근과는 거의 관련이 없음.
- 1993년: 아지리스의 『액션을 위한 지식: 조직변화의 장애를 극복하기 위한 가이드A Guide to Overcoming Barriers to Organizational Change』가 출판됨. 아지리스와 숀의 『조직학습 2: 이론, 방법과 실제Organizational Learning II:

Theory, Method, and Practice』가 출판됨.

미국 조지아 주립대학Georgia State University에서 인적자원개발학회 Academy of Human Resource Development, AHRD가 조직됨. 레반스는 1994년 이 학회에서 기조 연설을 하고 HRD 분야에 공헌한 서비스 상을 수여받음.

- 1994년: 레반스는 버지니아 커먼웰스 대학에서 뛰어난 방문 학자로 임용됨. 바커는 1995년 제1회 국제 액션러닝 상호협력회의International Action Learning Mutual Collaboration Congress를 위해 '액션러닝 혹은 역경 속의 동지애: 국가적 자발성의 경제적 효과Action Learning or Partnership in Adversity: The Economic Effects of National Spontaneity'라는 벨기에 실험에 관한 논문집을 출판함. 도넨버그와 동료들이 네덜란드 액션러닝협회Dutch Action Learning Society를 조직했는데, 레반스와 서신을 교환하고 있었지만 조직개발의 영향도 받음.
- 1995년: 영국에서 '제1회 국제 액션러닝 상호협력회의'가 18개국에서 모인 80명 참가자들을 대상으로 열림. 2000년에 레반스 연구소로 개칭한 '레반스 액션러닝연구센터Revans Centre for Action Learning and Research'가 살포드 대학에 설립되었고 보담 교수가 첫 번째 디렉터로 임명됨. 이때 레반스는 살포드 대학의 교수 연구원이었음. 이 연구소는 맨체스터 대학으로 이전하였음.
- 1996년: 레반스 센터Revans Centre for Action Learning and Research에서 캐나다, 호주, 미국과 영국에서 모인 액션러닝 팀을 대상으로 국제 액션러닝 세미나International Action Learning Seminar가 진행됨. 센터의 디렉터인 보담과 버지니아 커먼웰스 대학의 딜워스 교수가 주관하였고 레반스가 관여하여 지역 병원을 대상으로 하는 액션러닝이 2주간 진행되었으며 멈포드, 페들러, 웨인스테인Krystyna Weinstein, 윌리스Verna Willis 등이 참가함.

EFMD에서 출판한 『소방대 훈련: 상상할 수 없는 것을 준비하기

Management Development's, Training the Fire Brigade: Preparing for the Unimaginable』에 EFMD의 역사와 전 조직 EAMTC 회장이었던 레반스를 소개하고 스톡홀름 경제학과에 미친 영향에 대해 언급함. 프랑스 소피 앙티폴리스에서 '제1회 임원 역량개발 및 비즈니스 중심 액션러닝 글로벌 포럼Global Forum on Executive Development and Business Driven Action Learning'이 개최됨(이 글로벌 포럼은 액션러닝을 여러 부문에서 다양한 형태로 실시하는 담당자와 학자, 컨설턴트들이 초정받아 연례모임을 가지는 실천 공동체이다.)

- 1997년: IMCB의 경영개발과 교수인 멈포드의 『직장의 액션러닝Action Learning at Work』이 출간됨. 레반스 센터의 뉴스레터 『액션러닝과의 연계Link-up with Action Learning』가 처음 출판됨.
- 1998년: 레반스의 『액션러닝의 ABC』가 재출간됨. 『성과개선Performance Improvement Quarterly』지에 딜워스 편집에 의해 액션러닝 특집이 두 번 실림. 도트리치David Dotlich와 노엘Jin Noel이 『액션러닝: 세계 최고 회사들이 어떻게 리더를 재창조하는가Action Learning: How the World's Top Companies Are Re-Creating Their Leaders and Themselves』를 출간함(이 책에는 레반스의 이론이나 실제에 관한 언급이 없고 미시간 대학의 티키의 GE 크로톤빌 연수원 경험이 기술되어 있다.)
- 1999년: 1995년에 개최된 제1회 국제 액션러닝 상호협력회의에 기초하여 개스파스키Wojciech W. Gasparski와 보담이 『액션러닝Action Learning』을 출판함. 도넨버그Otmar Donnerberg의 독일판 『액션러닝Action Learning: Ein Handbuch』과 미국 마커트 교수의 『액션러닝의 실제Action Learning in Action』가 출판됨(영국 상원의원에서 버터필드 경이 "맨체스터의 레반스 교수는 런던 병원에서 액션러닝을 연구했을 때 NHS에 지대한 공헌을 하였다. 관리자가 서로 어려움을 공유하고 돕는다면 병원 성과는 개선된다는 것을 보여 주었다."고 논평하였다.)

- 2000년: 보식Yury Boshyk이 편집한 『비즈니스 중심의 액션러닝: 글로벌 베스트 프랙티스Business Driven Action Learning: Global Best Practices』가 출판됨(액션러닝이 비즈니스 부문에 활용되는 것을 강조하기 위해 '비즈니스 중심의 액션러닝'이라는 표현이 사용되었다. 다양한 회사와 조직의 담당자들이 임원과 경영 개발을 위해 액션러닝을 사용한 사례 모음집인데, 대부분 미국화된 버전이 포함되어 있다.)
- 2002년: 보식이 편집한 『세계의 액션러닝: 리더십과 조직개발 경험Action Learning Worldwide: Experiences of Leadership and Organizational Development』이 출판됨(이 책에서는 북남미와 남아공, 유럽, 중국, 홍콩, 한국, 일본 등의 공사 부문과 비영리 조직에서 활용된 액션러닝을 포함하고 있다.)
- 2003년: 딜워스와 윌리스가 공저한 『액션러닝: 이미지와 통로Action Learning: Images and Pathways』가 출간됨(레반스는 서론에서 이 책이 액션러닝 철학을 잘 반영하고 있다고 했는데, 결국 이 글이 그의 마지막 논평이 되었다.) 1월 8일 95세 나이로 레반스가 서거함.
- 2004년: 페들러에 의해 『액션러닝: 연구와 실천Action Learning: Research and Practice』 저널지가 만들어짐.
- 2005년: 한국 액션러닝협회Korean Action Association, KALA가 만들어짐.
- 2008년: 제1회 국제 액션러닝 콘퍼런스International Action Learning Conference가 영국의 헨리 경영대학에서 『액션러닝Action Learning: Research and Practice』 저널 팀에 의해 '액션러닝: 실제와 문제, 전망Action Learning: Practices, Problems, and Prospects'을 주제로 개최됨. 맨체스터 대학에 레반스 액션러닝연구아카데미Revans Academy for Action Learning and Research가 소재하게 됨.
- 2009년: 제1회 비즈니스 중심 액션러닝 노딕 지역 포럼Nordic Regional Forum on Business Driven Action Learning이 스톡홀름에서 개최됨. 9월에 액션러

닝 리더 중의 한 명인 딜워스가 서거함.

● 참고문헌 ●

Action Society Trust (1957) *Size and Morale, Part II: A further study of attendance at work in large and small units* (London: Acton Society Trust).

Alinsky, S. (1972) *Rules for Radicals: Pragmatic Primer for Realitic Radicals* (New York: Vintage Books).

Amdam, R. P. (ed.) (1996) *Management Education and Competitiveness: Europe, Japan and the United States* (London: Routledge).

Anderson, J. R. L. (1965) "Man at Work", The *Guardian*, 24 September.

[Anonymous] (1987) Revans, Prof. Reginald William, in Who's *Who, 1987: An Annual Biographical Dictionary*, 1468 (London: A. & C. Black).

Argyris, C. (1990) *Overcoming Organizational Defenses: Facilitating organizational learning* (Boston: Allyn & Bacon).

Argyris, C. (1992) *On Organizational Learning* (Oxford: Blackwell).

Argyris, C. (1993) *Knowledge for Action: A guide to overcoming barriers to organizational change* (San Francisco: Jossey-Bass).

Argyris, C. and Schön, D. A. (1993) *Organizational Learning II: Theory, method, and practice* (Reading, MA: Addison-Wesley).

Ashmawy, S. (1972) "Consortium Revans". *Journal of European Training*, 1, pp. 54-6.

Ashmawy, S. and Revans, R. W. (1972) "The Nile Project: An experiment in educational authotherapy". A monograph upon which the Fondation Industrie-Université contribution to the 1972 ATM Conference was based. Paris: The Development Centre, Organisation for Economic Cooperation and Development (OECD).

Baquer, A. Q. and Revans, R. W. (1973) *"But Surely that is Their Job": A study in practical cooperation through action learning* (Southport: A.L.P. International Publications).

Barker, A. E. and Revans, R. W. (2004) *An Introduction to Genuine Action Learning* (Oradea, Romania: Oradea University Press).

Barker, A. E. (2004) "Professor R.W. Revans: The founding father of action learning-a short bio-summary", in A. E. Barker and R. W. Revans (eds.), *An Introduction to Genuine Action Learning* (Oradea, Romania: Oradea University Press), pp. 17-44.

Barker, A. E. (2009) "Bio-Chronology: RWR milestones", 15 January. Typescript.

Barker, P. (1972) *One for Sorrow, Two for Joy: Ten years of "new society"* (London: Allen & Unwin).

Begley, S. (2007) *Train Your Mind, Change Your Brain: How a new science reveals our extraordinary potential to transform ourselves* (New York: Ballantine).

Bertrams, K. (2001) *The Diffusion of US Management Models and the Role of the University: The case of Belgium (1945-1970)*. Accessed 10 October, 2009, available at [web.bi.no/forskning/ebha2001.nsf/23e5e39594c064ee852564ae004fa010/.../$FILE/C2%20-%20Bertrams.PDF]

Bertrams, K. (2006) Universités et enterprises: Milieux académiques et industriels en Belgique (1880-1970) (Brussels: Le Cri).

Boshyk, Y. (ed.) (2000) *Business Driven Action Learning: Global best practices* (London/New York: Macmillan/St Martin's Press).

Boshyk, Y. (ed.) (2002) *Action Learning Worldwide: Experiences of leadership and organizational development* (Basingstoke, U.K./New York: Palgrave Macmillan).

Botham, D. (1998) "The Context of Action Learning: A short review of Revans' work", in W. Gasparski and D. Botham (eds.), *Action Learning* (New Brunswick, US: Transaction Books), pp. 33-61.

Brummer, A. and Cowe, R. (1998) *Weinstock: The life and times of Britain's premier industrialist* (London: HarperCollins).

Burke, W. W. (1987) *Organization Development: A normative view* (Reading, MA: Addison-Wesley).

Casey, D. and Pearce, D. (eds.) (1977) *More than Management Development: Action learning at GEC* (New York: AMACOM).

Cathcart, B. (2004) *The Fly in the Cathedral: How a small group of Cambridge scientists won the race to split the atom* (London: Viking).

Clutterbuck, D. (1974) "An Egyptian project for swapping managers". *International Management*, 29(11), November, pp. 28-34.

Clutterbuck, D. (1976) "Whatever happened to action learning? While the traditional massive projects continue, the future of the technique seems to lie in less ambitious undertakings". *International Management*, 31(11), November, pp. 47-9.

Clutterbuck, D. and Crainer, S. (1990) *Makers of Management: Men and women who changed the business world* (London: Guild Publishing).

Coghill, N. F. (1983) "A Bibliography of Action Learning", in M. Pedler (ed.), *Action Learning in Practice* (Aldershot: Gower), pp. 277-83.

Cole, R. E. (1989) *Strategies for Learning: Small-group activities in American, Japanese and Swedish industry* (Berkeley: University of California Press).

Comfort, W. W. (1968) *Just Among Friends: The Quaker way of life*, 5th and revd edn (Philadelphia: American Friends Service Committee).

Commonwealth Fund (1990) *Directory of Commonwealth Fund Fellows and Harkness Fellows, 1925-1990* (New York: Commonwealth Fund).

Crowther, J. G. (1974) *The Cavendish Laboratory, 1874-1974* (New York: Science History Publications).

Dilworth, R. L. and Willis, V. J. (2003) *Action Learning: Images and pathways* (Malabar, FL: Krieger).

Dixon, M. (1971) "David, Goliath and Dr. Revans: [European] Management

Education Conference", *Financial Times*, 8 January, D15.

Dixon, N. M. (1997) "More Than Just A Task Force", in M. Pedler (ed.) *Action Learning in Practice*, 329-37, 3rd edn (Aldershot: Gower).

Dobinson, C. H. (ed.) (1951) *Education in a Changing World: A symposium* (Oxford: Clarendon Press).

Doidge, N. (2007) *The Brain that Changes Itself* (New York: Viking).

Donnenberg, O. (ed.) (1999) *Action Learning: Ein Handbuch* (Stuttgart: Klett-Cotta).

Dotlich, D. L. and Noel, J. (1998) *Action Learning: How the world's top companies are re-creating their leaders and themselves* (San Francisco: Jossey-Bass).

"The Education of the Young Worker: Report of the second conference held at Oxford in July 1949 under the auspices of the University Department of Education" (1950) Oxford: Published for King George's Jubilee Trust by Oxford University Press.

Engwall, L. and Zamagni, V. (eds.) (1998) *Management Education in Historical Perspective* (Manchester: Manchester University Press).

European Foundation for Management Development (1996) *Training the Fire Brigade: Preparing for the unimaginable* (Brussels: European Foundation for Management Development).

Foy, N. (1972) "The maverick mind of Reg Revans", *Management Today*, November, pp. 79, 81, 163, 168.

Foy, N. (1975) *The Sun Never Sets on IBM: The culture and folklore of IBM world trade* (New York: Morrow).

Galenson, W. and Lipset, S. M. (eds.) (1960) *Labor and Trade Unionism: An interdisciplinary* (New York: Wiley).

Gasparski, W. W. and Botham, D. (eds.) (1998) *Action Learning. Praxiology: The International Annual of Practical Philosophy and Methodology* (New Brunswick, NJ: Transaction Publishers).

Gellerman, S. W. (1966) *The Management of Human Relations* (Hinsdale, IL: Dryden Press).

Gilbert, M. (2008) *The Routledge Atlas of the Second World War* (London: Routledge).

Gothenburg City Education Committee (1992) "Farrington, Freire, Revans, Sapp: Four of the main speakers at the 2nd International Conference of Educating Cities", November, 1992 in Gothenburg, Sweden (Gothenburg: Gothenburg City Education Committee), pp. 25-7.

Guillon, P., Kasprzyk, R. and Sorge, J. (2000) "Dow: Sustaining change and accelerating growth through business focused learning", in Y. Boshyk (ed.), *Business Driven Action Learning: Global best practices* (London/New York: Macmillan Business/St Martin's Press), pp. 14-28.

Handy, C., Gordon, C., Gow, I. and Randlesome, C. (1988) *Making Managers: A report on management education, training and development in the USA, West Germany, France, Japan and the UK* (London: Pitman).

Hellwig, H. and Bertsch, J. (1997) "Usprung und Werden einer Erfolgsgeschichte", in J. Bertsch and P. Zürn (eds.), *Führen und Gestalten: 100 Unternehmergespräche in Baden-Baden* (Berlin: Springer), pp. 13-24.

Keeble, S. P. (1984) "University education and business management from the 1890s to the 1950s: A reluctant relationship". Unpublished Ph.D., London School of Economics, University of London.

Keeble, S. P. (1992) *The Ability to Manage: A study of British management, 1890-1990* (Manchester: Manchester University Press).

Kegan, R. and Laskow Lahey, S. (2009) *Immunity to Change: How to overcome it and unlock the potential in yourself and your organization* (Boston: Harvard Business School).

Kensit, D. B. J. (1948) "European Voluntary Workers and their English", *Outlook*, July.

Kleiner, A. (1996) *The Age of Heretics: Heroes, outlaws, and the forerunners of corporate change* (New York: Currency).

Kynaston, D. (2007) *A World to Build: Austerity Britain, 1945-48* (London: Bloomsbury).

Lawlor, A. (1985) *Productivity Improvement Manual* (Westport, CT: Quorum Books).

Lee, T. (2002) "Action Learning in Korea", in Y. Boshyk (ed.) *Action Learning Worldwide: Experiences of leadership and organizational development* (Basingstoke, U.K./New York: Palgrave Macmillan), pp. 249-59.

Lessem, R. (1982) "A Biography of Action Learning", in R. W. Revans (ed.), *The Origins and Growth of Action Learning* (Bromley: Chartwell-Bratt), pp. 4-17.

Levy, P. (2000) "Organising the External Business Perspective: The role of the country coordinator in action learning programmes", in Yury Boshyk (ed.), *Business Driven Action Learning: Global best practices* (London/New York: Macmillan Business/St Martin's Press), pp. 206-26.

Likert, R. (1961) *New Patterns of Management* (New York: McGraw Hill).

Mailick, S. (ed.) (1974) *The Making of the Manager: A world view* (Garden City, NY: United Nations Institute for Training and Research (UNITAR) and Anchor Press/Doubleday).

Margerison, C. (2003) "Memories of Reg Revans, 1907-2003", *Organisations and People,* 10(3), August, pp. 2-7.

Marquardt, M. J. (1999) *Action Learning in Action: Transforming problems and people for world-class organizational learning* (Palo Alto: Davies-Black).

Marsick, V. J. (1990) "Action Learning and Reflection in the Workplace", in J. Mezirow et al. (eds.), *Fostering Critical Reflection in Adulthood: A guide to transformative and emancipatory learning* (San Francisco: Jossey-Bass), pp. 23-46.

Marsick, V. J., Cederholm, L., Turner, E. and Pearson, T. (1992) "Action-Reflection

Learning", *Training and Development*, August, pp. 63-6.

Marsick, V. J. (2002) "Exploring the Many Meanings of Action Learning and ARL", in L. Rohlin, K. Billing, A. Lindberg and M. Wickelgren (eds.), *Earning While Learning in Global Leadership* (Lund, Sweden: Studentlitteratur), pp. 297-314.

Mercer, S. (2000) "General Electric's Executive Action Learning Programmes", in Y. Boshyk (ed.), *Business Driven Action Learning: Global best practices* (London/New York: Macmillan Business/St Martin's Press), pp. 42-54.

Mercer, S. (2000b) "General Electric Executive Learning Programmes: Checklist and tools for action learning teams", in Y. Boshyk (ed.), *Business Driven Action Learning: Global best practices* (London/New York: Macmillan Business/St Martin's Press), pp. 179-90.

Miles, D. H. (2003) *The 30-Second Encyclopedia of Learning and Performance: A trainer's guide to theory, technology and practice* (New York: American Management Association).

Mumford, A. (ed.) (1997) *Action Learning at Work* (Aldershot: Gower).

Mumford, E. (1999) "Routinisation, Re-engineering, and Socio-technical Design. Changing ideas on the organisation of work", in W. L. Currie and B. Galliers (eds.), *Rethinking Management Information Systems* (Oxford: Oxford University Press), pp. 28-44.

National Association of Secondary School Principals. 1974. *25 Action-Learning Schools*. Reston, Virginia: The National Association of Secondary School Principals.

Noel, J. L. and Charan, R. (1992) "GE brings global thinking to light", *Training and Development*, 46(7), pp. 28-33.

Noel. J. L. and Dotlich, D. L. (2008) "Action Learning: Creating leaders through work", in J. L. Noel and D. L. Dotlich (eds.), *The 2008 Pfeiffer Annual: Leadership development* (San Francisco: Wiley), pp. 239-47.

Pedler, M. (1980) "Book review of *Action Learning: New techniques for action learning* by R.W. Revans", *Management Education and Development*, 11, pp. 219-23.

Pedler, M. (ed.) (1983) *Action Learning Practice*, 1st edn (Aldershot: Gower).

Pedler, M. (ed.) (1997) *Action Learning in Practice*. 3rd edn (Aldershot: Gower).

"The Proceedings of the 6th International Meeting of the Institute of Management Sciences, (7-11 September, 1959, Paris) (1960) Volume 2", pp. 17-24. Session 8 ("Measurements in Management"), with Revans as President of the session (Président de séance, and presenter, Prof. R. W. Revans, The Manchester College of Science and Technology) (London: Pergamon Press).

Revans, J. and McLachlan, G. (1967) *Postgraduate Medical Education: Retrospect and prospect* (London: Nuffield Provincial Hospitals Trust).

Revans, R. W. (193). "The transmission of waves through an ionized gas", *Physical Review*, 44, pp. 798-802.

Revans, R. W. (1945) "Plans for recruitment, education and training in the coal mining industry", Prepared by R. W. Revans in conjunction with The Recruitment, Education and Training Committee of the Mining Association of Great Britain, S.l.

Revans, R. W. (1951) "Education in Industry", in C. H. Dobinson (ed.), *Education in a Changing World* (Oxford: Clarendon Press), pp. 18-33.

Revans, R. W. (1953) *Size and Morale: A preliminary study of attendance at work in large and small units* (London: Acton Society Trust).

Revans, R. W. (1956) "Industrial morale and size of unit", *Political Quarterly*, 27(3), pp. 303-10.

Revans, R. W. (1957) *The Analysis of Industrial Behaviour. Automatic production-change and control* (London: Institution of Production Engineering).

Revans, R. W. (1959) "Operational Research and Personnel Management, Part 2". Institute of Personnel Management, Occasional Papers, number 14, Part 2. London: Institute of Personnel Management.

Revans, R. W. (1960) "Industrial Morale and Size of Unit", in W. Galenson and S. M. Lipset (eds.), *Labor and Trade Unionism: An interdisciplinary reader* (New York: Wiley), 295-300.

Revans, R. W. (1962) "Preface", in R. W. Rowbottom and H. A. Greenwald, *Understanding Management* (Manchester: Whitworth Press), 9-11.

Revans, R. W. (1962) "Preface", in D. N. Chorafas (ed.), *Programming Systems for Electronic Computers* (London: Butterworths), 9-11.

Revans, R.W. (1964) *Standards for Morale: Causes and effect in hospitals* (London: Oxford University Press for the Nuffield Provincial Hospitals Trust).

Revans, R. W. (1965) *Science and the Manager* (London: Macdonald).

Revans, R. W. (1966) *The Theory of Practice in Management* (London: Macdonald).

Revans, R. W. (1969) "The Structure of Disorder", in J. Rose (ed.), *A Survey of Cybernetics: A tribute to Norbert Wiener* (London: Illife), 331-45.

Revans, R. W. (1970) "The Managerial Alphabet", in G. Heald (ed.), *Approaches to the Study of Organizational Behaviour: Operational research and the behavioural sciences* (London: Tavistock Publications), 141-61.

Revans, R. W. (1971) *Developing Effective Managers: A new approach to business education* (New York: Praeger).

Revans, R. W. (1971b) "Introduction" [Background to the HIC Project], in G. Wieland and H. Leigh (eds.), *Changing Hospitals: A report on the Hospital Internal Communications Project* (London: Tavistock Publications), 3-24.

Revans, R. W. (1972) "Action learning-A management development program", *Personnel Review*, 1(4), pp. 36-44.

Revans, R.W. and Baquer, A. (1972) "'I thought they were supposed to be doing that': A comparative study of coordination of services for the mentally handicapped in seven local authorities", June 1969 to September 1972 (London: Hospital Centre).

Revans, R. W. (1974) "The Project Method: Learning by doing", in S. Mailick (ed.),

The Making of the Manager: A world view (Garden City, NY: United Nations Institute for Training and Research (UNITAR) and Anchor Press/Doubleday), pp. 132-61.

Revans, R. W. (1975) "Helping Each Other To Help the Helpless: An essay in selforganization, (Part I)", *Kybernetes*, 4, pp. 149-55. [Note: Republished in Revans (1982), *The Origins*, pp. 467-92.]

Revans, R. W. (1975) "Helping Each Other To Help the Helpless: An essay in selforganization, (Part II)", *Kybernetes*, 4, 205-11. [Note: Republished in Revans (1982), *The Origins*, pp. 467-492.]

Revans, R. W. (ed.) (1976) *Action Learning in Hospitals: Diagnosis and therapy* (London: McGraw-Hill).

Revans, R. W. (1977) "An action learning trust", *Journal of European Industrial Training*, 1(1), pp. 2-5.

Revans, R. W. (1980) *Action Learning: New techniques for management* (London: Blond & Briggs).

Revans, R. W. (1982) *The Origins and Growth of Action Learning* (Bromley: Chartwell-Bratt).

Revans, R. W. (1982b) "What is action learning?", *Journal of Management Development*, 1(3), pp. 64-75.

Revans, R. W. (1983) *The ABC of Action Learning* (Bromley: Chartwell-Bratt).

Revans, R. W. (1983b) *ABC of Action Learning* (Lund: Utbildningshuset).

Revans, R. W. (1984) *The Sequence of Managerial Achievement* (Bradford, U.K.: MCB University Press).

Revans, R. W. (1985) *Confirming Cases* (Telford: Revans Action Learning International).

Revans, R. W. (1988) "The Golden Jubilee of Action Learning: A collection of papers written during 1988". Manchester Business School and Manchester Action Learning Exchange (MALEx).

Revans, R. W. (1990) "The hospital as a human system", *Behavioural Science*, 35 (2), pp. 108-14.

Revans, R. W. (1991) "Action learning in the Third World", *International Journal of Human Resource Management*, 2, May, pp. 73-91.

Revans, R. W. (1994a) Life History Interview [and] Action Learning and The Belgian Action Learning Program, Including an Address to the Faculty of the Defense Systems Management College at Fort Belvoir, Virginia. Interviews by Robert L. Dilworth et al., during Revans' visit to Virginia Commonwealth University as a Distinguished Scholar (video).

Revans, R. W. (1994b) "Action Learning or Partnership in Adversity. The economic effects of national spontaneity", prepared by Albert E. Barker. S.l. [Typescript and spiral bound. Prepared for the First International Action Learning Mutual Collaboration Congress, pp. 17-25 April, 1995.]

Revans, R. W. (1995) "Disclosing doubts". March. S.l. [Typescript and spiral bound. Prepared for the First International Action Learning Mutual Collaboration Congress, 17-25 April, 1995, as an "Extended Paper".]

Revans, R. W. (1997) "Action Learning: Its origins and nature", in M. Pedler (ed.) *Action Learning in Practice*, 3-14. 3rd edn (Aldershot: Gower).

Revans, R. W. (1998) *The ABC of Action Learning*, M. Pedler (ed.) (London: Lemos & Crane. Mike Pedler Library).

Rimanoczy, I. and Turner, E. (2008) *Action Reflection Learning: Solving real business problems by connecting learning with earning* (Mountain View, CA: Davies-Black).

Rohlin, L., Billing, K., Lindberg, A. and Wickelgren, M. (eds.) (2002) *Earning While Learning in Global Leadership: The Volvo MiL partnership* (Lund: MiL Publishers).

Rowbottom, R. W. and Greenwald, H. A. (1962) *Understanding Management*

(Manchester: Whitworth Press).

Sasaki, N. (1981) *Management and Industrial Structure in Japan* (Oxford: Pergamon).

Seashore, S. E. (1954) Group Cohesiveness in the Industrial Work Group (Ann Arbor: Institute for Social Research).

Schein, E. H. (1967) "Introduction", in D. McGregor, *The Professional Manager*, C. McGregor and W. G. Bennis (eds.) (New York: McGraw-Hill), pp. xi-iii.

Senge, P. (2009) *The Fifth Discipline: The art and practice of the learning organization* (New York: Currency Doubleday).

Shors, T. J. (2009) "Saving new brain cells", *Scientific American*, 300(3), pp. 46-54.

Stiefel, R. Th. and Papalofzos, A. (1974) "Use of Newer Participation Teaching Methods in Western Europe", in S. Mailik (ed.), *The Making of the Manager: A world view* (Garden City, NY: United Nations Institute for Training and Research (UNITAR) and Anchor Press/Doubleday), 162-200.

Taylor, B. and Lippitt, G. (eds.) (1983) *Management Development and Training Handbook* (Maidenhead, U.K.: McGraw-Hill).

Tichy, N. M. and Sherman, S. (1993) *Control Your Destiny or Someone Else Will: How Jack Welch is making General Electric the world's most competitive company* (New York: Currency-Doubleday).

Tichy, N. M. (2001) "No ordinary boot camp", *Harvard Business Review*, 79(4), pp. 63-9.

Tichy, N. M. and DeRose, C. (2003) "The Death and Rebirth of Organizational Development", in S. Chowdhury (ed.), *Organization 21C: Someday all organizations will lead this way* (Upper Saddle River, N.J: Financial Times/ Prentice Hall), pp. 155-73. See Mercer email on factual mistakes in this article.

TimesOnline (2003) "Reginald Revans: Management guru who taught executives to value experience over theory and put their people first", *The Times*, 21 February. Accessed 11 November, 2009, available at http://www.timesonline.

co.uk/tol/comment/obituaries/article884986.ece

Tiratsoo, Nick (1998) "Management Education in Postwar Britain", in L. Engwall and V. Zamagni (eds.), *Management Education in Historical Perspective* (Manchester: Manchester University Press), pp. 111-26.

Trist, E. and Bamforth, K. (1951) Some social and psychological consequences of the longwall method of coal getting", *Human Relations*, 4, pp. 3-38.

Trist, E. (1969) "On Socio-Technical systems", in W. G. Bennis, K. D. Benne and R. Chin (eds.), *The Planning of Change* (New York: Holt, Rinehart & Winston), pp. 269-82.

Trist, E. and Murray, H. (1993) *The Social Engagement of Social Science: A Tavistock Anthology. Volume II: The Socio-Technical Perspective* (Philadelphia: University of Pennsylvannia).

Tregoe, B. T. (1983) "Questioning: The key to effective problem solving and decision making", in Taylor and Lippitt (1983).

Ulrich, D., Kerr, S. and Ashkenas, R. (2002) *The GE Workout: How to implement GE's revolutionary method for busting bureaucracy and attacking organizational problems-fast!* (New York: McGraw-Hill).

Weisbord, Marvin W. (1987) *Productive Workplaces: Organizing and managing for dignity, meaning, and community* (San Francisco: Jossey-Bass).

Wieland, G. F. and Leigh, H. (eds.) (1971) *Changing Hospitals: A report on the Hospital Internal Communications Project* (London: Tavistock Publications).

Wieland, G. F. (ed.) (1981) *Improving Health Care Management: Organization development and organization change* (Ann Arbor: Health Administration Press).

Wills, G. (1999) "The Origins and Philosophy of International Management Centres", in A. Mumford (ed.), *Action Learning at Work* (Aldershot: Gower), pp. 30-41.

Wilson, J. F. (1992) *The Manchester Experiment: A history of Manchester Business School, 1965-1990* (London: Paul Chapman Publishing).

Wilson, J. F. (1996) "Management Education in Britain: A compromise between culture and necessity", in R. P. Amdam (ed.), *Management, Education and Competitiveness: Europe, Japan and the United States* (London: Routledge), pp. 133–49.

Yorks, L., O'Neil, J. and Marsick, V. (2002) "Action Reflection Learning and Critical Reflection Approaches", in Y. Boshyk (ed.), *Action Learning Worldwide: Experiences of leadership and organizational development* (Basingstoke, U.K./New York: Palgrave Macmillan), pp. 19–29.

von Berttalanffy, L. (1950) "The theory of open systems in physics and biology", *Science*, 111, pp. 23–9.

Zuber-Skerritt, O. (2001) "Action Learning and Action Research: Paradigm, praxis and programs", in S. Sankaran et al. (eds.), *Effective Change Management Using Action Learning and Action Research: Concepts, frameworks, processes, applications* (Lismore, Australia: Southern Cross University Press), pp. 1–20.

국가 및 조직의 맥락, 문화 속 액션러닝

액션러닝 · 제7장

Robert L. Dilworth and Yury Boshyk

서론

2008년 6월, 저자들은 국가 및 조직 문화 전반에 걸쳐 액션러닝이 얼마나 용이하게 적용될 수 있는가에 대해 논의하기 시작했다. 액션러닝이 국제적으로 급속히 성장하고 있다는 점을 감안해 볼 때 이는 좋은 질문이라 할 수 있다. 액션러닝은 여러 다른 문화에서 양립가능하고 다양한 맥락에서 수월하게 적용될 수 있다. 액션러닝은 실제로 다양한 지역에서 활용되고 있으며 액션러닝이 걸어온 역사는 이에 대해 설득력 있는 근거를 제시한다. 그러나 이(異)문화 양립성crosscultural compatility 이슈는 또 다른 문제이다. 예를 들어, 아시아 지역에서 동등한 관계에 있지 않은 사람들로 팀을 구성하는 것은 쉽지 않다. 남성과 여성으로 구성된 혼성 팀은 대부분의 아랍 국가에 적절치 않고 아시아에서도 저항에 직면할 수 있다. 또한 다소 권위주의적이거나 하향식 조식 문화에서 액션러닝은 개인적, 사회적 맥락을 반영하기보다는 '프로젝트 단위project-based'의 작업으로 간주하는 경향이 있다. 따라서 국가 및 조직 문화에 따라 액션러닝이 적용되는 방식을 조정할 필요가 있다.

이 장에서는 문화 차이로 발생되는 문제를 피하고 액션러닝을 성공적으로 경험할 수 있는 실용적인 정보를 현장전문가에게 제공하고자 한다. 우리는 세계 각 지역에 있는 사람들에게 액션러닝 방식을 제공하기 때문에 서구인들만을 염두에 두지 않는다. 우리는 액션러닝의 대상을 보다 광범위하게 구상하고 있는데, 어떤 국적을 가진 실무자이든 자국의 액션러닝 방식을 다른 국가에 소개하는 것을 포함한다. 액션러닝은 역동적 · 적응적이며 우리는 국제적 · 조직적 경계를 넘어 서로 배운다. 오랫동안 액션러닝을 수행해 온 사람들은 인도, 중국, 남아프리카공화국, 독일 혹은 어디서든 우리와 다른 사회와 다양한 조직 문화에서 적용되는 액션러닝 접근방식에 담겨져 있는 혁신성과 강력한 힘에 경탄한다.

레반스Revans는 일평생 액션러닝 '선구자founding father'로서 많은 국가를 방문하여 액션러닝에 대해 논의하고 사람들이 이해할 수 있도록 도움을 주었다. 동시대의 사람들과 달리 그는 영국에서 잉태된 접근방식을 다른 사람들에게 강요하려 하지 않았다. 다른 분야와 마찬가지로 그는 이 분야에서 동시대 사람들보다 보다 훨씬 앞서 있었다. 그는 문화 차이가 존재하고 액션러닝이 실행되는 국가나 지역의 니즈에 민감하게 반응해야 한다는 것을 인지하고 있었다. 레반스는 자신의 대표 저서인 『액션러닝의 기원과 성장The Origin and Growth of Action Learning』에서 "실제로 경험하고 서로에게 배우면서 국가간 경계를 뛰어 넘을 수 있다."는 점을 밝히고 있다(1982, p. 373). 레반스는 또한 개발도상국에 대해 "자신의 문제를 스스로 해결해야 한다."고 언급하였는데, 이는 액션러닝에 대한 그의 관점을 보여 준다. 그는 액션러닝을 실천하는 사람들은 권한을 위임받고 무언가 할 수 있는 능력을 갖추어야 한다고 믿었다. 이는 이문화 관점에서 볼 때 환경과 학습자에게 적합한 형태로 경험이 구성되도록 융통성이 발휘되어야 하다는 의미로 해석할 수 있다. 그는 "문화 장벽을 뛰어넘어 행하는 것만큼 누군가의 아이디어에 대한 믿음을 테스트할 만한 것이 없으며, 액션러닝이 성공하기 위해서는 핵심이 아닌 것은 제거되어야 한다(1980, p. 53)."고 기술하였다. 그는 어느 누구도 좋은 아이디어를 독점할 수 없다고 강조했다. 예를 들어, 나오토Sasaki Naoto(1981, p. viii)는 다음과 같이 기술하고 있다.

> 내가 일본으로 되돌아갈지 말 것인지 망설이고 있을 때, 레반스 박사의 말을 결코 잊을 수 없다. 그는 "사사키, 일본 기관에는 서구 기관이 갖지 못한 것들이 참 많습니다. 일본 경영에 관한 책을 쓰고자 한다면 고국에 가서 두눈으로 현장을 보고 당신이 두손으로 직접 확인하세요."라고 조언했다.

이러한 사고방식은 레반스가 왜 여러 국가의 다양한 집단들을 따뜻한 시선으로 대했는지 보여 준다. 그는 동일한 형식을 고집하지 않고 그들의 상황과 문화적 관습에 적합한 형태로 문제를 이해하고 다룰 수 있도록 하였다. 레반스의 관점은 아프리카와 유럽에서 적용된 액션러닝 프로그램 간 차이점에 대해 논의할 때 명확하게 드러난다. 그는 다음과 같이 말한다.

> 아프리카인을 위한 교육은 자신들이 겪고 있는 현재의 빈곤을 극복해 가면서 이루어져야 한다. 이들은 유럽인이 주는 장학금이 아니라 아프리카에서 자신 앞에 놓여 있는 문제를 해결하면서 배워야 한다. 서구세계의 교육적 과제는 그것이 성공적으로 보일지라도 과거에 일군 자신의 성과를 가르치는 데 있지 않다. 더욱이 서구의 이질적인 문화 형식을 아프리카의 문화에 덮어 씌워서는 안 된다(Revans, 1982, p. 373).

이런 관점에서 우리는 적용가능한 유용한 정보를 제공하기 위해 다음을 다룰 것이다.

- 국가 차원의 문화 차이의 본질과 중요성
- 이것이 왜 중요한가? 문화적 차이를 다루는 연구를 살펴보고 문화 차이를 고려하는 것이 왜 중요한지에 대한 근거를 찾을 필요 있음
- 국가 문화 이분법에 대한 조사 및 액션러닝과의 관련성
- 액션러닝 접근방식을 적용하는 영역, 맥락, 직업 집단 및 기업문화의 차이
- 액션러닝 적용에 유용한 주요 규칙
- 일본에서 액션러닝 프로그램을 도입한다고 가정하기

이는 어느 국가에서든 액션러닝을 도입할 때 고려할 사항에 관한 것으로 미국의 액션러닝이 일본에 어떻게 도입되었는지 소개할 것이다. 이는 모든 국가에서 액션러닝을 실행하기 위해 계획하고 준비하는 과정에서 적용할 수 있는 보편타당한 지침으로 유용할 것이다.

국가 문화 차이의 본질과 중요성

왜 국가 차원의 문화 차이를 고려하야 하는가? 간단히 말해, 문화 차이를 고려하지 않는다면 우리의 노력이 훼손되고 실패할 수 있다는 것이다. 패쳐Pachter와 브로디Brody(1995, p. 277)는 에티켓에 대한 국제적 시각을 포함하여 다음과 같이 말한다.

각각의 문화들은 현실을 바라보는 서로 다른 여러 개의 안경을 가지고 있다. 미국인

은 어떠한가? 멕시코인이 볼 때 미국인은 감정적이고 진지하며 팀으로 일하지만 시간을 의식하는 성향이 있다. 대만인이 보기에 미국인은 독립적 성향이 강하지만 감정적이고 재미를 즐기며 슬렁슬렁하게 행동한다. 프랑스인에게 미국인은 친절하면서도 공격적이고 경쟁적이며 기업가적인 사람이다. 자신이 속한 사회와 비교해서 미국인을 평가하기 때문에 이들의 말은 모두 옳다. 미국인은 이 모든 성향을 지니고 있다.

이 말에는 적어도 두 가지 사항이 내포되어 있다.

- **다른 국가의 문화를 이해하기 앞서 자국 문화를 이해해야 한다.** 우리는 '문화라는 옷cultural clothes'을 입고 있지만 실제로 어떻게 입고 있는지 잘 모른다. 문화는 본능적이다. 우리는 삶의 경험과 교육을 통해 문화적 관점에서 작동하도록 프로그램화되어 있다. 우리는 한발 물러서서 자신이 누구인지, 우리를 지배하는 가치관이 무엇인지, 그리고 일상에서 우리가 개인적 · 업무적 문제를 어떻게 다루는지에 대해 생각해 볼 필요가 있다. 다른 배경을 가진 사람들을 상대할 때 의식적 또는 무의식적으로 우리 문화를 투영한다. 따라서 문화 덫이 무엇인지, 문화 덫이 우리가 상대하는 사람이나 조직과 어떻게 조화를 이루는지에 대해 명확하게 이해해야 한다.
- **다른 국가의 문화를 이해하려고 애쓰는 순간에도 우리는 자국의 문화를 잘 모를 수 있다.** 따라서 이 점을 인지하고 다른 문화권의 사람들과 관계를 맺을 때 실수하지 않도록 조심해야 한다.

실제 사례는 국가 간 문화 차이를 고려하는 것이 얼마나 중요한지를 이해하는 데 도움이 된다. 이문화간 차이가 심각하게 야기되었거나 혹은 야기했을 수 있는 이슈에 대한 사례들이 많이 있다. 애들러Nancy Adler(1997)는 미국 회사와 관계를 맺기 시작한 한 중국인이 주최한 저녁식사에 대해 이야기한 바 있다. 중국인은 환영 만찬에서 미국인들에게 건배를 청했으나 미국인들은 건배에 화답하지 못했다. 이에 중국인들은 무례하고 부주의한 이들의 접대에 불쾌감을 느꼈고 미국 회사와의 추가 협의를 즉각 중단했다.

애들러가 말하는 또 다른 사례는 문화적 실수라는 위험을 어떻게 맞딱뜨리는지 보여 준다. 스코틀랜드 출신의 한 사업가는 일본에서 2주를 보내고 있었는데, 일본 사업가가 그와 함께 출장을 다니면서 인솔자이자 회사 중개자의 역할을 담당했다. 그들은 식사를 함께 했고 매일 밤 같은 호텔에 머물렀다. 어느 날 밤 이들은 스코틀랜드 사업가의 방에서 함께 술을 마시고 있었다. 일본 사업가는 갑자기 "오늘 밤 같이 주무시는 게 어때요?"라고 말했다. 스코트랜드 사업가는 일본인 동료를 신뢰했기 때문에 부정적거나 성적인 비방이라고 여기지 않고 본능적으로 초대에 응했다. 그러자 한여성이 방으로 들어왔다. 사실, 스코트랜드 사업가는 일본 사업가로부터 수준 높은 환대를 받은 것이었다. 그것은 수백 년 전 사무라이 전사 시대로 거슬러 올라가는 일본 문화의 전통으로 스코틀랜드 동료를 신뢰한다는 의미였으나, 스코트랜드 사업가는 이를 깨닫지 못하고 일본 사업가의 호의를 거절하였던 것이다.

언어 때문에 예상치 못하게 곤란을 겪을 수 있다. 클린턴Bill Clinton은 미국의 대통령이었던 시절, 베트남 하노이 국립 대학National University in Hanoi의 다수의 대학생에게 연설을 하기로 되어 있었다. 미 국무부 통역관이 베트남어로 동시에 통역될 연설문을 준비했다. 베트남 학생들은 클린턴의 말을 이해하는 데 어려움이 컸다. 미 국무부 통역관은 베트남 남부 사이공(호치민 도시) 출신으로, 하노이 지역에서 사용되는 북방어는 상당히 다른 지방어이다. 딜워스Dilworth는 자신도 이와 유사한 함정에 빠졌던 경험이 있었기에 어떤 상황인지 파악할 수 있었다. 미 국방부 소속 어떤 통역관이 헝가리 부다페스트에서 딜워스의 연설문을 번역했으나, 그의 헝가리 동료이자 친구가 연설문을 다시 번역해야 했다. 1989년 딜워스는 헝가리에 파견된 첫 고위 장교로서 고국과 미군을 대표하고 있었기에, 헝가리 동료는 오류가 많은 원번역이 그대로 사용되면 난감한 상황에 처할 것임을 알고 있었다.

문화를 정의하는 데 여러 방법이 있다. 홉스테드Geert Hofstede(2001, p. 10)가 제시한 여러 정의 중 다음의 정의가 문화에 담긴 의미를 가장 잘 전달한다.

> 성격이 개인의 독특함을 결정하듯이 문화가 집단이 독특성을 규정한다.

홉스테드는 다음과 같이 말한다.

> 문화는 보통 국가, 민족이나 종교 집단의 형태로 운영되는 사회에서 유지된다……. 문화라는 용어는 어떤 인간 집단이나 범주, 조직, 직업, 연령대, 모든 성별, 가족이나 국가에 적용된다(p. 10).

홉스테드와 트롬페나스Trompenaars 둘 다 국가 문화 분야에서 광범위한 연구를 수행해 왔다. 홉스테드는 자신의 연구에서 50개국에서 10만 개가 넘는 설문조사를 실시했다. 설문조사에 참여한 사람들은 모두 IBM사 직원이었다. 이 흥미로운 연구에서 경험적으로 파생된 네 가지 문화 차원이 도출되었고 후속 연구를 통해 다섯 번째 차원 (장기 지향성 대 단기 지향성)을 추가하였다. 다섯 가지 차원은 다음과 같다.

1. 개인주의 vs 집단주의
2. 권력 거리(조직 상단과 하단 간 계층 수)
3. 불확실성 회피(불안감 및 위험 처리)
4. 남성성 vs 여성성(지금은 삶의 질에 대한 '성취 vs 삶의 질'이라는 용어로 사용)

5. 장기 지향성 vs 단기 지향성

이 차원에 대해 이해하는 것이 중요한데 왜냐하면 어떤 이유로 문화 간에 단절이 일어났는지 알 수 있기 때문이다. 우리는 문화 이분법을 살펴보면서 이를 설명할 것이다. 하지만 문화 차원에 담긴 중요한 요지가 무엇인지, 시사하는 바를 폭넓게 이해하지 못한다면 문화 간 의사소통이 위험에 처할 수 있다. 예를 들어, 미국은 상당히 개인주의적이다. 반면, 북미와 서유럽을 제외한 대부분의 다른 국가들은 상당히 집단주의적이다. 계층적 측면에서 힘의 거리는 말레이시아와 같은 나라에서 매우 크지만 미국과 같은 나라에서는 매우 작다. 어떤 문화가 불안과 위험을 수용하는가에 대한 불확실성 회피는 전혀 다를 수 있다. 미국은 불확실성 회피가 낮은 경향이 있는 반면 다른 나라들은 그렇지 않다. 남성성 대 여성성(성취 대 삶의 질) 측면에서 볼 때 일본인의 성취감이 강하지만 스웨덴 사람은 반대이다. 시간차원에서 중국인과 일본인은 계획을 세우는 데 가장 긴 장기 성향을 보이는 반면 미국은 훨씬 짧고 러시아 역시 짧다.

이러한 문화 차원이 다른 문화권에서 온 사람들과 비즈니스를 수행하고 성공적으로 관계를 맺는 데 어떻게 영향을 미치는지 알 수 있다. 그것은 액션러닝 프로그램의 성공 또는 실패에 큰 영향을 미칠 수 있다. 문화 간 차이는 결코 가볍게 받아 들여져서는 안 된다. 그럼에도 불구하고 문화 차이는 여전히 무시되거나 관심 받지 못하기도 한다.

문화 차이에 대한 자각이 커짐에도 불구하고 '문화적 무지cultural blindness'는 여전히 뚜렷하다. 미국 기업 경영자와 대학 교수들은 서양에서 출발된 경영이론이 보편적으로 적용 가능하고 별다른 조정 없이 다른 나라의 문화에 잘 스며들 것이라고 여긴다. 그러나 다른 문화권에서 액션러닝을 소개할 때 빠지기 쉬운 함정에 대해 경계해야 할 것이다. 홉스테드는 이에 대한 몇 가지 좋은 예를 제시한다. 그중 하나는 맥그러거Douglas McGregor의 이론적 구인인 X이론과 Y이론에 연관된다. X이론은 본질적으로 권위주의적 리더십 스타일에 관한 것이다. 즉, 성과를 만들기 위해 부하 직원을 면밀히 감독하고 자극한다. Y이론은 상시적인 관리와 감독 없이도 사람들은 성과를 내기 위해 최선을 다할 것이라는 것을 전제로 한다. 홉스테드는 X이론 / Y이론이 동남아시아와 관련이 없다고 지적한다(2001, p. 387). 그는 동남아시아 문화권에는 더 많은 차이점이 있을 것이라고 말한다.

> 조화의 규범을 평가절하하는 상호 배타적인 대안을 반대한다. 이상적인 모델은 서로 조화를 이루어 보완하는 것이다.

홉스테드는 미국의 리더십 관련 여러 이론이 '참여적 경영'을 옹호한다는 사실에 주목한다. 이것은 '상급자의 주도하에' 하급자가 상사의 결정에 참여하는 것이다. 그는 다음을 지적한다.

> 스웨덴, 노르웨이, 독일, 이스라엘과 같은 국가들은 부하 직원들이 주도권을 가진다는 가정하에 경영 모델을 개발했다(2001, p. 389).

기업조직의 관리 방식으로 참여적 경영 원칙이 오랫동안 내재화되어 온 국가에서는 미국 모델을 도입할 필요가 없다.

문화 이분법에 대한 조망 및 액션러닝과의 관련성

이(異)문화 차이와 액션러닝에 관해 저술한 조지 워싱턴 대학George Washington

University의 마커트Michael Marquardt는 중요한 인물이다. 마커트(1999)는 세계적으로 적용되고 있는 액션러닝에 대해 다음과 같이 말한다.

> 액션러닝은 서구 국가와 이전 영국 식민지(예, 싱가포르, 나이지리아, 말레이시아, 홍콩)에 있는 다수의 기업과 공공 기관을 위한 최고의 경영개발 및 문제해결 도구이다. 서구 국가와 서양 기업에서 놀라운 성과가 있음에도 불구하고 전 세계의 90%에서 액션러닝은 거의 시행되지 않고 있다(p. 149).

그는 액션러닝이 보다 광범위하게 확산되지 못하는 이유를 다음과 같이 제시한다(p. 150).

- 액션러닝에 대해 친숙하지 않다.
- 비서구 세계는 조직 및 사람을 변화시키는 액션러닝의 내재적 힘을 알지 못한다.
- 액션러닝은 주로 서구의 문화 가치와 관행을 기반으로 하고 있다.

마커트의 언급 이후 상황은 빠르게 변하고 있다. 액션러닝은 많은 분야에 빠르게 확산되고 있으며 수많은 세계 유수 기업에서 액션러닝을 쉽게 볼 수 있다. 예를 들어, 액션러닝은 한국에서 깊이 뿌리 내렸고 한국액션러닝협회의 강력한 후원을 받고 있다. 중국에서는 아직 빠르게 확산되지 않았지만 급속한 팽창곡선의 정점에 있는 것으로 보인다. 2008년 (IBM사의) 웨인트럽Robert Weintraub은 중국 최대의 통신회사와 액션러닝 프로그램을 시작하는 데 중요한 인물이었으며 결과는 매우 성공적이었다.

2008년 6월 서울에서 열린 제13차 임원 역량개발 및 비즈니스 중심 액션러닝 글로벌 포럼Annual Global Forum on Executive Development and Business Driven Action

Learning(액션러닝 실무자 커뮤니티)에 참석한 글로벌 기업들로 판단해 보건데, 액션러닝이 폭넓게 적용되고 있었다. 많은 글로벌 기업의 고위 간부를 포함한 100명의 초청자들이 15개 국가에서 참석하였다. 참여국은 독일, 캐나다, 이스라엘, 스웨덴, 남아프리카공화국, 한국, 싱가포르, 중국, 덴마크, 프랑스, 영국, 호주, 일본 및 미국이었다. 초대받은 사람들의 50%는 아시아 국적이었다. 아시아 지역에서 개최되었기 때문에 글로벌 포럼이 아시아 성향이라는 왜곡 현상이 나타날 수 있으나, 수년간 개최되었던 다른 글로벌 포럼에는 여러 국가들이 광범위하게 참여하고 있다. 2008년에는 참석자의 7%가 중국 출신이었다. 남아프리카공화국 대표들은 국가 차원에서 액션러닝을 검토하고 있었다.

마커트는 액션러닝이 서구 문화와 가치에서 출발했기에 비서구 국가에서 액션러닝을 적용하는 데 장애가 된다는 이슈에 대해 "동아시아 문화에는 액션러닝과 더 잘 부합되는 특징들이 있다."라고 언급한 햄던-터너Hampden-Turner와 트롬페나스Trompenaars(1997)의 연구를 인용하였다.

> 서양인들은 위의 연구자들이 유한 게임finite game이라고 언급한 이 게임에서 개인은 경기에서 특정 기준에 따라 이기거나 패하는 방식을 선호한다. 동양인은 모든 선수가 협력적으로 배우는 무한 게임infinite game에 임한다(Marquardt, 1999, p. 167).

무한 게임에 대한 동양권의 관점은 레반스가 자주 인용하는 말, 즉 '서로에게 배우기learn from and with each other'와 맥락을 같이한다. 레반스는 아시아 국가에서의 액션러닝의 양립 가능성에 관해서도 유사하게 믿은 것 같다. 그는 다음과 같이 기술한다(1982, p. 544).

> 불교철학과 액션러닝 이론 사이에는 놀라울 만한 양립성이 있다…… 그 가정에는 다

음과 같은 것이 있다. 그 사람들은 배우고 싶을 때 배운다. 그들은 다른 사람의 의지가 아닌 오직 자신의 의시로 행동을 바꾼다. 문제를 해결히기나 기회를 포착할 때 강력한 학습 욕구가 생긴다.

페들러Mike Pedler(1991, p. 29)에 따르면, 레반스는 자신과 만난 자리에서 "액션러닝과 불교는 하나이자 동일한 것이다."라고 말했다. 마커트(1999, p. 167)는 중국에 대해 다음과 같이 말한다.

몇 년 전 젠화Zhou Jianhua는 영국의 레반스와 만난 후, 중국의 외딴 지역에 있는 우시로 돌아와 액션러닝을 소개했다. 그녀는 경영자들이 액션러닝 프로세스에 매우 친숙하다는 것에 놀랐다. 경영자들은 액션러닝에 대한 자신들의 타고난 열정에 대해 세 가지 이유로 설명했다. 액션러닝은 마오쩌둥주의 철학과 잘 맞는다……. '독서뿐 아니라 실행하는 것 또한 배우는 것이다.' 경험과 관점을 공유하는 것은 중국에서 인기 높은 전통적 학습 방법이다. 경영자들은 서구의 경영 원칙이 자신들의 문제를 해결하지 못한다고 보았다.

아프리카의 경영 관행과 전통에 대한 액션러닝의 양립성은 '우분투Ubuntu'라는 전통과 연관되어 있다. "당신이 있기에 내가 존재하고 내가 있기에 당신이 존재하는 것이다(Christie et al.; 1994, p. 123; Mbigi and Maree, 1995)." 우분투는 지지, 협력, 연대라는 개념으로 공동체주의를 의미한다(p. 122).

액션러닝을 적용하는데 있어서 비서구와 유럽 문화 간의 양립성에 대한 견해는 액션러닝이 서양 문화보다 일부 비서구 문화에서 더 잘 어울릴 수 있음을 시사한다. 레반스는 평생 동안 액션러닝에 대한 저항에 부딪쳤고 일부 저항은 조국인 영국에서 맞딱뜨렸다. 그러므로 서양에서 탄생된 개념을 비서구 맥락에 맞추는 것이 아니라, 레반스가 고안한 액션러닝이 비서구 문화와 가치에 보다 편안하게 잘 들어맞는다는 점을 알 수 있다.

우리는 액션러닝을 이문화 상황에서 고려해야 할 차이점을 설명하는 몇 가지 문화 이분법에 대해 다룰 것이다. 문화 이분법에는 일반적인 범주이자 문화 차이에 대한 폭넓은 측정 지수가 있고 홉스테드가 개발하고 검증한 다섯 가지 문화 차원이 포함되어 있다.

개인주의 vs 집단주의

개인주의와 집단주의 간 문화 차이는 갈등을 불러일으키는 단초가 될 수 있다. 미국과 호주는 영국, 캐나다, 네덜란드와 마찬가지로 개인주의 문화가 강하다. 홉스테드의 연구에서 과테말라는 집단주의적 성향이 매우 강한 국가이고 파나마, 베네수엘라, 콜롬비아, 파키스탄, 인도네시아가 그 뒤를 잇는다. 양 차원 중앙 가까이에 있는 국가들은 이란, 일본, 인도, 터키, 포르투갈, 자메이카이다. 인도와 같은 국가를 다룰 때 기억해야 할 것은 카스트 제도, 종교 차이, 그리고 언어와 방언의 차이와 같은 인도 사회의 다양한 본질을 고려해 볼 때 계층이 반드시 모든 것을 말해 주는 것은 아니라는 점이다.

미국 문화에서 온 사람과 한국, 파키스탄, 인도네시아에서 온 사람을 비교하는 것과 같이, 홉스테드가 제시한 문화 차원의 극단성은 오해나 오차를 불러일으킬 수 있다. 미국인은 무언가를 성취하기 위해 신속하게 움직이는 반면, 파키스탄 출신의 상대방은 의사결정하고 집단 합의를 이끌어 낼 때 독자적으로 행동하지 않는다. 한 예로, 미국에 본부를 둔 액션러닝 프로그램 감독자가 한국 관리자에게 액션러닝 프로그램을 책임질 후보를 지명해 달라고 요청했을 때 저항에 부딪혔었던 적이 있다. 그 관리자는 전체 팀에서 한 명만 추천할 경우 전체 그룹의 정신과 팀 효과성이 저하되고 지명된 개인에게 문제가 될 수 있음을 우려했다.

권력 거리

홉스테드가 정의한 권력 거리는 조직 피라미드 상단과 하단 간의 거리와 관련 있다. 그의 연구에 따르면 미국의 권력 거리는 조직 계층이 거의 없고 상대적으로 거리가 짧으며 조직구조가 수평적이다. GE사는 한때 공장 라인 근로자와 최고 경영자 간의 계층이 5개를 넘지 않는 것에 자부심을 가졌다. 오스트리아, 이스라엘, 덴마크, 뉴질랜드, 노르웨이, 스웨덴, 스위스, 아일랜드, 핀란드는 미국보다 권력 거리가 훨씬 작은 국가들이다.

홉스테드가 IBM사와 수행한 조사 통계에서는 권력 거리가 큰 국가로 말레이지아가 50개 국가 목록의 맨 앞에 위치하고 아랍 국가, 인도네시아, 과테말라, 에콰도르와 멕시코가 그 뒤를 따른다.

이러한 통계 차이는 실제 상황에서 두드러지는데, 문화 차원이 상반되는 경우 더욱 그러하다. (홉스테드의 연구에서 아랍국가 범주에 포함되는) 사우디 기업과 비즈니스 하는 미국인은 자신들의 기업가적 성향이 위계적인 업무 방식과 충돌되어 좌절감을 맛볼 것이다. 말레이시아와 미국의 경영 방식 간에도 갈등이 발생할 것이다.

남성성 vs 여성성

홉스테드는 애초에 남성성 대 여성성이라고 명명했으나, 혼동을 불러올 수 있어 지금은 성취 대 삶의 질 지향으로 불리고 있다. 홉스테드는 자신이 연구한 50개 국가 중에서 일본이 가장 성취감이 높은 나라라고 보았다. 스웨덴은 삶의 질적 측면에서 반대편에 위치하는데 삶의 질 성향이 스웨덴의 성취를 가로막는 것은 아니다. 스웨덴 경제는 매우 성공적이고 반대 극에 있는 일본 역시 마찬가지이다.

성과지향이 높은 다른 국가로는 스위스, 이탈리아, 아일랜드, 멕시코, 독일, 영국이 있다. 미국도 높은 편이지만 앞서 언급된 국가들보다 낮은 수준이고, 캐나다는 두 지향의 거의 중간 즈음에 위치한다.

스웨덴과 거의 같은 수준의 삶의 질 성향을 보이는 국가는 노르웨이, 네덜란드, 핀란드, 덴마크, 칠레다. 네덜란드는 삶의 질에 대한 강한 믿음을 보이는데 이들에게 가족과 직장 밖의 활동을 위한 시간은 중요하다. 만약 북부 국가와 칠레에서 액션러닝 프로그램을 운영한다면, 가족과 보내는 주말을 포함한 개인 시간에 실시되어 사생활이 침입받아서는 안 된다는 점을 명심해야 한다.

불확실성 회피

예측되는 규칙, 규율과 통제와 달리, 불확실성 회피는 개인이 비구조적이고 모호하며 예측할 수 없는 상황을 선호하는 정도를 의미한다. 불확실성 회피가 가장 낮고 위험을 감수하는 경향이 있는 나라는 싱가포르였다. 불확실성 회피가 비교적 낮은 다른 국가로는 미국, 아일랜드, 캐나다, 인도, 영국, 홍콩(당시 중국은 홉스테드의 연구에 참여하지 않았다), 자메이카, 말레이시아, 필리핀 등이 있다.

불확실성을 피하고 위험을 덜 감수하는 나라는 벨기에, 일본, 살바도르, 스페인, 파나마, 우루과이, 한국, 아르헨티나였다. 홉스테드의 조사는 중요한 연구이나 IBM사에서만 실시되었다는 것을 기억해야 한다. 따라서 인도에 대한 조사 결과는 빈곤 지역보다 방갈로와 같은 고도로 산업화된 지역에서 도출되었을 것이다.

불확실성 회피는 타국에서 액션러닝 프로그램을 소개하는 데 유용한 척도가 될 수 있다. 높은 불확실성 회피와 큰 권력 거리가 합쳐지면, 당신의 고객 조직은 액션러닝을 실행하는 데 권한 위임이 적고 상호작용이 활발하지 않으며 고도로 구조화되고 규제된 환경에 놓여 있을 것이나. 프랑스는 홉스테드의 연구결과를 토대로 한 설명에 잘 부합되는 국가이다. 그러나 이 연구결과는 신성불가침이 아니라는 것을 명심해야 한다. 홉스테드의 연구결과는 중심적인 경향을 잘 보여 주지만, 그가 강조한 바와 같이 동일한 사회에서 다양한 범주의 결과들이 나올 수 있다.

장기 지향성 vs 단기 지향성

장기 지향성 대 단기 지향성은 홉스테드가 개발한 마지막 문화 차원이다. 이 차원은 1985년에 개발되었고 23개국에서 표본추출되었다. 동양적 가치 조사Chinese Value Survey로 불리는 이 설문 조사는 이전 IBM 설문 조사 설계와 다르며 서양 대 동양 가치 방향을 따르고 있다. 이 조사 결과로 추가된 다섯 번째 지수는 장기 지향성 대 단기 지향성이었다(Hofstede, 2001, pp. 351-72).

이분법은 홉스테드와 트롬페나스의 연구에서 중요하다. 이는 액션러닝을 추진할 때 명심해야 할 중요한 기준점이다. 미국에서 평생 살아온 사람들은 단기적으로 일하는 경향이 있다. 만약 당신이 러시아에 산다면 시간 관념은 훨씬 더 짧다. 반면, 중국과 일본은 장기 지향적인데 이들의 장기 지향성은 조사에 포함된 23개국 중에서 가장 길다. 중국의 시간관념은 모든 국가들을 훨씬 능가한다. 이러한 차이점이 이해되고 배려되지 않는다면 상당한 문화적 단절과 심지어 충돌까지 초래될 수 있다. 홉스테드는 다음과 같이 말한다.

> 장기 지향 문화권 기업들은 시장에서 확고한 입지를 구축하는 데 익숙하다. 그들은 즉각적인 성과를 기대하지 않는다. 단기 지향적 문화의 주된 관심은 '최하위선(지난 달, 지난 분기 또는 지난해 성과)'에 있다. 회사의 통제 시스템이 여기에 집중되고 관리자 역

시 이 기준에 따라 지속적으로 평가받는다(Hofstede, 2001, p. 361).

장기적 시사점이 고려되지 않는다면, 장기 지향 문화권에서는 액션러닝 디자인 혹은 다른 경영이나 교육 추진에 그다지 우호적인 입장을 보이지 않을 것이다.

장 의존적 vs 장 독립적

이 개념은 윗킨Witkin과 구든어프Goodenough(1981)의 연구에서 제시되었는데, 윗킨은 1940년경 획기적인 연구를 수행했다. 그는 어떤 사람들은 '장 독립적field independent'이고 다른 사람들은 '장 의존적field dependent'이라는 점을 발견했다. 장 독립적인 사람에게 상황은 그 어떤 특정 초점보다 중요하지 않으며 이는 미국 문화와 다른 서구 문화의 특징이다. 세계의 대부분 국가들은 장 의존적이며 상황적 맥락에 의지하는 경향이 있다. 이것은 중요한 지각적 차이이다.

일본인과 미국인을 비교한 연구도 있다. 이 연구는 어떻게 관점들이 일치되지 않는지, 그리고 어떻게 의식 차이가 정확하게 분간되지 않는지 보여 준다. 구드Goode(2000)는 니스벳Richard E. Nisbett이 동료들과 수행했던 공동 연구에 주목한다. 일본 학생과 미국 학생이 참여한 실험에서 참가자들에게 수중 장면 애니메이션을 보여 주었다. 덩치가 큰 물고기 한 마리가 다른 물고기들과 수생물 사이에서 헤엄쳤다.

무엇을 보았는지 묘사해 보라는 질문을 받은 일본 피실험자들은, 예를 들어 "물은 녹색이었다." 또는 "바닥은 바위투성이였다."라고 말하면서 그 장면을 묘사하려고 했다. 반면, 미국 학생들은 "오른쪽으로 헤엄치는 송어처럼 생긴 것이 있었다."라고 말하면서 가장 큰 물고기부터 설명하는 경향이 있었다.

귀납적 추론 vs 연역적 추론

이 차원은 액션러닝 관점에서 가장 흥미롭고 중요한 이분법이라고 할 수 있다. 레반스에 의해 개념화된 액션러닝은 전체적이고 일반적인 질문을 함으로써 연역적으로 시작하고(예, "무슨 일이 일어나고 있는가?") 점진적으로 세부사항과 솔루션 세트에 초점을 맞춘다.

미국, 독일, 영국, 그리고 대부분의 서양 국가들은 큰 그림보다는 세부적인 것부터 시작하는 귀납적 추론을 사용한다. 아시아인, 아프리카인, 그리고 다른 비서구 국가들은 연역적 추론을 지향하는 경향이 있다. 앞서 지적된 바와 같이 액션러닝은 서구 사회보다 아시아와 아프리카의 문화에 보다 더 적합할 수 있다.

국가 문화 이분법 요약

앞서 소개된 몇몇 문화 사례에서 알 수 있듯이 사람들이 세계를 인식하고 다른 국가의 문화 환경에서 액션러닝을 운영하는 방식은 상당히 다르다. 이 차이는 언어와 같이 그동안 다루지 않았던 영역으로 확장된다. 〈표 7-1〉은 저자가 다룬 이분법을 포함한 문화 이분법을 보여 주는데, 편의상 동서양이 대조되어 있다.

〈표 7-1〉 국가 문화 이분법

서양	동양
• 개인주의적	• 집단주의적
• 짧은 권력 거리	• 먼 권력 거리
• 낮은 불확실성 회피	• 높은 불확실성 회피
• 성과 지향	• 삶의 질
• 단기 지향	• 장기 지향
• 장 독립적	• 장 의존적
• 저맥락적	• 고맥락적
• 귀납적	• 연역적
• 단일형(선형적, 단계별)	• 다원형(동시다발적, 직관적)
• 핵가족	• 확장 가족
• 정보성을 촉진하는 언어	• 형식성을 촉진하는 언어
• 교실에서의 상호작용	• 교훈적, 일방향적 의사소통

액션러닝 적용에서의 영역, 맥락, 직업 그룹 및 기업문화 간 차이

국가 문화는 액션러닝 모델을 다른 문화 환경에 접목하는 데 참고해야 할 사항이다.

영역 및 섹터

〈표 7-2〉는 딜워스Dilworth와 윌리스Wilis(2003, pp. 126-151)가 규명한 액션러닝이 일어나는 다섯 가지 주요 영역과 16개의 맥락을 보여 준다.

〈표 7-2〉 액션러닝의 주요 영역과 상황적 맥락

영역	상황적 맥락
학계	• 고등교육(일반) • 성인교육 및 인적자원개발(HRD) 전문 프로그램 • 지역사회 대학 • 시민 평생교육(예, 성인 소양 교육)
민간 사업과 서비스	• 주요 민간기업 • 기업 대학 • 신 경제 비즈니스 • 소기업 및 비영리조직
정부	• 연방 • 주 • 카운티 및 도시
전 세계	• 국제 기구(예, UN, 세계은행, 세계보건기구) • 비정부기구(NGO) (예, 국경 없는 의료진, 국제 적십자)
시스템 변화 촉진자	• 조직개발(OD) • 최고 학습 책임자(CLO) • 기타 HRD 실천가

딜워스와 윌리스는 액션러닝 프로그램이 적용되는 과정에서 예상되는 원동력 및 저항력 관점에서 각 분야를 면밀히 분석했다. '원동력driving forces' 및 '저항력retraining forces'의 개념은 장력 분석을 수행한 르윈Kurt Lewin의 연구에서 가져온 것으로(Weisbord, 2004, p. 83), 자신을 돕거나 방해하는 힘에 대한 것이다. 딜워스와 윌리스의 분석은 국제상황을 포함하여 여러 환경에서 액션러닝을 적용하였던 오랜 경험을 토대로 하는데, 동료들의 경험도 다루고 있다. 여기서는 이 분석의 전체 범위를 제시하기보다는 〈표 7-3〉에서 이 분석이 어떻게 유용한지에 대한 세 가지 예를 제공할 것이다.

〈표 7-3〉 세 가지 섹터 분석 예시

맥락	원동력	저항력
주요 민간기업	• 주요 기업들은 경쟁 우위 구축에 유용하기에 액션러닝 접근법을 선호한다. • 비즈니스에서 액션러닝 적용이 점차 증가하고 있다. • 액션러닝은 자기주도적 팀의 성장에 잘 부합한다.	• 위계적 권력 구조가 있다. • 어떤 기업은 공식적인 방법론에 집착한다. • 기존 관행에 의존하는 HRD 실무자는 강의실을 중시하기 때문에 주요한 방해자이다.
소규모 사업 및 비영리 사업 조직	• 액션러닝은 적은 비용으로 효과를 높일 수 있는 방법을 제공하여 경쟁력을 높인다. • 사람들은 작은 팀에서 문제를 해결하는 데 이미 능숙하다.	• 재정이 풍족하지 않을 수 있다. • 조직 내에서 액션러닝에 대한 전문가와 지식이 제한적이거나 부재한다.
조직개발	• 액션러닝은 조직개발과 긴밀하게 연계되고 기업문화를 재구축하는 데 선호되는 처방책이다. • 실무자는 액션러닝 프로그램을 도입하고 유지하는 데 필요한 스킬 세트를 보유하고 있다.	• 액션러닝과 같은 조직개발은 기존 권력에 대한 위협으로 간주되어 엄청난 저항에 부딪칠 수 있다. • 조직 문화가 큰 변화를 받아들일 준비가 되어 있지 않다. • 조직개발(OD) 실무자의 전문가적 초점이 액션러닝에 어긋날 수 있다.

직업 그룹

동일한 국가 문화 내에서도 직업 그룹 간에 다양성이 있는데, 이 다양성은 상당히 중요하다. 홉스테드는 1998년에 있었던 헬름리치Helmreich와 머리트Merritt의 상업 항공기 조종사에 대한 연구를 설명할 때 이 점에 주목하였다. 이 연구는 1993~1997년까지 설문조사에 참여한 23개국의 15,000명 이상의 민간 항공기 조종사를 대상으로 하였다. 홉스테드는 이 결과를 IBM사에서 수행했던 50개 국가에 대한 자신의 연구와 비교하였고 다음 사항을 발견했다.

조종사의 개인주의 수준은 IBM사 직원보다 훨씬 높다(IBM사에 있는 동일 국가의 직원의 수준이 57인데 비해 조종사의 평균은 142). 조종사들은 개인주의 성향이 있으며, 개인주의 국가의 조종사에 비해 집단주의 국가의 조종사는 자국의 문화 성향과 많은 차이를 보인다(2001, p. 230).

홉스테드의 연구는 직업군 차이와 관련한 다양한 다른 예를 제시한다. 노련하고 경험이 풍부한 컨설턴트들은 직종 간에 차이가 존재한다는 점을 직관적으로 인지한다. 예를 들어, 엔지니어는 교육과 업무에서 다루어야 하는 요구 사항에 따라 선형적으로 사고하는 경향이 있다. 따라서 액션러닝 실무자에게 액션러닝 프로그램을 기획할 때 직업 간 차이를 고려할 필요가 있음을 알려야 한다.

트롬페나스(1993, p. 64)는 자신의 연구에서 여러 개의 의미 있는 결과를 제시했는데 그중 하나가 업무 환경에 관한 것이다. 직장에서 속상했던 감정과 이를 공개적으로 표현하지 않을 것이라는 응답자 비율이었다. 그 결과 일본 응답자 83%가 속상함을 말하지 않을 것이라고 말했고 이탈리아 응답자 29%만이 공개적으로 자신의 감정을 표현할 것이라고 대답했다. 미국 응답자 40%는 불쾌한 감정을 표출할 것이다. 이 결과로 볼 때 동양인은 조화를 중요시하고 이에 반하는 것을 피하는 경향이 있음을 알 수 있다.

트롬페나스가 제시한 또 다른 결과는 바람직한 관리자에 관한 것으로, 일을 마무리하기 위해 사무실에 혼자 남는 상황을 선택하는 비율에 관한 것이다. 호주인의 97%는 혼자 남겨지는 것을 선호한다. 미국인 또한 83%가 독립적으로 일하는 것을 원한다. 이집트에서는 32%만이 일을 끝내기 위해 혼자 남는 것을 선택했다. 일본 응답자의 69%가 혼자 남겨지는 것을 선호했다(Trompenaars, 1993, p. 143).

기업문화

홉스테드가 기업문화를 연구하기 위해 IBM사와 처음 접촉했을 때, 초기 반응은 IBM사에는 IBM 문화라는 단 하나의 문화가 있기에 기업문화에 대한 조사가 실제로 필요하지 않다는 것이었다. IBM사에는 기업의 성격이라 불리는 강력한 문화가 있다. 홉스테드와 IBM사와 함께 수행한 대규모 연구는 문화의 다른 측면이 많이 고려되어야 함을 입증한다.

IBM사는 창업자인 왓슨Tom Watson의 영향력 아래 있었고 은퇴 후에도 오랫동안 그의 영향력 밑에 있었다. 휴렛 패커드사 역시 마찬가지이다. 창업자인 휴렛Bill Hewlett과 패커드David Packard는 은퇴 후 오랫동안 회사에 영향을 끼친 것으로 전해지는데, 이는 'HP사의 방식'으로 알려지게 되었다. 만약 직원에게 이에 대해 이야기해 달라고 요청하면 그들은 자랑스러워하겠지만, 회사가 직원들을 잘 보살펴 준다고 말하는 것 외에는 달리 할 말이 없었을 것이다. 휴렛 패커드사는 최근 대규모 기업축소를 포함한 심도 있는 기업 구조조정을 통해 이 이미지에서 벗어나기 위해 노력해 오고 있다.

쉐인Edgar H. Schein(1992, p. 12)은 다음과 같이 조직 문화를 정의한다.

> 조직 문화에 대해 구성원간에 공유되는 기본 가정은 외부 적응과 내부 통합이라는 문제를 해결하면서 집단이 학습한다는 것이다. 또한 조직 내 가치가 타당하게 인식되도록 작동하고 문제에 대해 새로운 구성원들이 올바르게 인지하고 사고하며 느낄 수 있도록 학습할 수 있어야 한다.

풍조와 문화는 다른 개념으로, 풍조는 일시적이고 특정한 시기의 힘을 반영한다. 사람들이 따르고자 하는 사람은 카리스마 있는 리더이다. 그러나 문화라는 강은 계속 흐르고 리더가 떠나더라도 그의 영향력은 다시 발휘될 수 있다. GE사가 좋은 예다. 1981년 4월 1일 웰치Jack Welch는 GE사에 취임하였는데, 회사로서는 이 날이 단순한 '만우절April Fools Day'이 아니었다. 거센 비난에 휩쓸린 상태에서도 그는 과거 성공적이었던 회사의 방향을 돌렸고, 그것을 더욱 더 성공적으로 만들었다. 티치Noel Tichy(Tichy and Sherman, 1993, p. 8)는 다음과 같이 말한다.

> 웰치의 비전은 GE직원들에게 충격적으로 다가왔고 그의 행동은 직원들을 겁먹게 했다. 그가 '자유스럽게 일하거나 권한을 위임하는' 것에 대해 언급할 때, GE직원들은 자신들의 일자리를 잃지 않을까 염려했다. 웰치는 GE직원과의 관계와 오랜 계약에 도전했는데, 이는 바로 충성, 복종, 그리고 성과에 대한 대가로 평생 직장을 보장하는 것에 대한 도전이었다. 그는 직원들이 충격받을 만한 새로운 원칙을 제시했다: "회사는 당신의 일자리를 보장하지 않는다." "오직 고객만이 당신의 일자리를 보장할 뿐이다." 다시 말해 시장에서 성공하지 않으면 직장을 잃게 될 것이라고 강조한 것이다.

그는 회사 전체를 뒤흔들었고 20년 동안 최고 경영자로서 일했다. "GE사의 기업문화가 바뀌었을까?"라는 궁금증이 생기는데, 대답은 아마도 그렇다이다. 허리케인 같았던 풍조의 변화가 회사 내 기업문화의 변혁으로 나타났다. 그러나 GE사의 기업문화에 내재된 것은 조직 활성화와 조직 혁신에 대한 뿌리 깊은 믿음으로, 이는 GE사의 오랜 성공 역사를 통해 만들어진 것이다. 기업문화는 고정된 것이 아니며 회사가 살아남고 시대에 발맞춰 움직인다면 기업은 계속 진화한다.

몇 년 전 시카고 대학 연구원들은 럭비 시멘트Rugby Cement라는 영국 회사의 기업문화를 연구했다. 대표이자 최고경영자는 레디시 경Sir Halford Reddish이었다. 그는 주위 사람들에게 사랑받았고 영감이 뛰어난 리더였다. 그는 겨울에 직원들의 집에 석탄이 떨어졌을 것이라고 생각했다. 대공황 기간 동안

전 세계 기업들이 계약을 체결할 때, 레디시 경은 자사의 생산력을 크게 높이고 대공황이 끝나면서 비즈니스가 다시 회복세로 돌아섰을 때 시장 점유율을 높이고 자본화할 수 있었다. 레디시 경이 사망한 지 몇 년 후에 시카고 대학 University of Chicago 연구원들은 그가 강조했던 가치가 여전히 기업문화에 반영되어 있는지 살피기 위해 영국으로 돌아가 연구를 다시 수행했다. 이들은 레디시 경이 강조한 가치가 여전히 기업문화에 살아남아 있다고 결론지었다.

기업문화에 대한 가장 훌륭한 통찰력을 보여주는 것 중 하나는 MIT의 쉐인(1997)이 제시한 것이다. 딜워스와 윌리스(2003)는 자신의 관점이 중요하다고 보았다. 쉐인은 운영진 문화, 즉 조직의 내부 문화에 대하여 규명하였다. 그러나 쉐인은 다른 두 가지 문화가 중요하고 둘 다 조직 외부에서 나왔음을 알았다. 그가 운영진 문화라고 부르는 최초의 외부 영향은 광범위한 비즈니스 리더 커뮤니티(예, MBA 소지자)에서 오는 것이다. 그가 엔지니어링 문화라고 부르는 두 번째 외부 영향은 전 세계 직업 공동체(예, 학자, 과학자, 사회복지사)에서 비롯된 것이다. 이 문화들의 영향력은 분명 갈등을 야기할 수 있다. 잠재적 갈등의 좋은 예는 대학에서 찾아볼 수 있는데, 운영진 문화에서는 팀워크가 필요하지만 엔지니어링 문화에서는 '만들어 내라, 그렇지 않으면 무대에서 사라질 것이다publish or perish'라고 강조한다. 이로 인해 대학 교수들은 이력서에 넣을 수 있는 개인적 업적을 만들어 내고자 애쓴다.

문화는 복잡하므로 가려진 밑바닥에서부터 명확히 해야 한다. 조직과 지역 범주에서 문화는 투명치 않으며 문화의 진정한 가치를 학습하는 데 시간이 걸린다. 아지리스Argyris와 동료들(1985)은 옹호이론과 실천 속 이론을 지적하고 다음과 같이 설명한다.

> 행동에는 두 가지 이론이 있다. 옹호이론은 사람들이 따르는 이론이고 실천 속 이론은 행동에서 추론할 수 있는 이론이다(pp. 81-2).

이들은 "옹호이론과 실천 속 이론은 일관될 수도 일관되지 않을 수도 있고, 누구도 모순을 인지할 수도 인지하지 못할 수도 있다."고 말한다(p. 82).

만약 당신이 어떤 조직에 들어가서 들었던 옹호받는 가치가 사실이라고 자동적으로 믿는다면, 그 조직의 내부 업무를 배우게 될 때 놀랄 수 있다. 그 둘 간에는 차이가 있고 이는 행동과 말이 다른 사람과 다르지 않다. 이는 하루에 담배 두 갑을 피면서 건강한 삶을 살 필요가 있음을 옹호하는 것과 마찬가지로, 심리학에서 볼 때 완전히 다른 두 가지 관점을 취하는 소위 '인지적 부조화cognitive dissonance'이다.

유용한 원칙과 자원

〈표 7-4〉에 제시된 몇 가지 원칙은 우리와 다른 문화에서 액션러닝을 준비하는 데 유용하다. 우리는 기업문화를 포함하여 이 장에서 다루었던 모든 것이 반영된 '문화culture'라는 용어를 사용할 것이다. 그리고 문헌과 인터넷에서 다른 문화에 대해 알아볼 수 있는 자료들을 찾을 것이다. 요약하면 기본 원칙은 다른 문화와 조직에 들어가기 전에 우리가 해야 할 일을 하는 것이다.

〈표 7-4〉 경험에 근거한 규칙들

1. 자신이 일하게 될 국가와 지역에 대해 탐독하라. 당신을 초대한 주최자는 당신의 노력에 대해 고마워할 것이다. 방문할 국가 및 지역 역사에 대해 알아보는 것을 포함하여 표준 지침서가 유용하게 활용될 수 있다. 미슐랭 가이드북에서는 다른 정보원보다 역사적 세부사항에 대해 깊이 다룬다.
2. 함께 일하게 될 조직에서 당신과 함께 일할 누군가 혹은 조직 외부에서 미묘한 문화 차이를 통역해 줄 수 있는 협력자를 찾아보라. 이상적인 사람이 그 조직으로부터 올 것이다(즉, 그 기업문화에서 생활하기). 더 완벽한 사람은 당신의 문화와 그들의 문화를 모두 이해하는 사람이다. 그들은 두 사람 사이를 쉽게 오가고 주최기관에 대한 신뢰를 쌓기 위해 해야 할 일과 하지 말아야 할 일을 알려 줄 것이다. 함께 작업할 올바른 협력자를 선택하라. 가능하다면 그들의 입장에서 의견을 구하라.
3. 국가, 지역 및 관련 조직에서 액션러닝이 어떻게 실행되고 있는지 점검해 보라. 어떤 경우에는 액션러닝에 대한 경험이 거의 없거나 전혀 없을 수 있다.
4. 이문화적 유머 사용을 피하라. 당신의 문화에서 재미있는 것이 다른 문화권에서는 오해 받거나 엄청난 모욕으로 받아들여질 수 있다.
5. 조직에서 출간되는 정책 및 간행물에 실려 있는 바와 같이 함께 작업하게 될 조직의 가치를 확인하라.
6. 당신이 응해야 하는 사람들을 포함하여 조직에서 함께 일하게 될 사람들에 대한 배경 정보를 최대한 많이 모으라. 액션러닝에 참여하고 경험했던 사람들에 대해 가능한 한 많이 알아보라.
7. 당신이 관여하게 될 비즈니스에 대한 연구를 착수하라. '그들의 입장에서 바라보라.' 그들의 주된 관심사는 무엇인가? 기업의 전략적 목표는 무엇인가? 그들은 얼마나 성공적이었나? 그들의 경쟁자는 누구인가?
8. 비판적인 발언을 다른 나라 언어로 번역할 경우, '역번역back translation'하여 정확하게 번역되었는지 점검하라. 다른 언어로 번역된 것을 당신의 언어로 다시 번역하면 첫 번째 번역한 것이 두 번째 번역된다. 역번역으로 처음에 작성했던 당신의 발언을 비교해 볼 수 있다. 이 작업으로 첫 번째 번역의 질을 가늠해 볼 수 있다.

일본에서 액션러닝을 도입한다고 가정하기

여기서는 일본을 이해하는 데 도움이 되는 배경에 대해 간략하게 언급하고 일본에 적용가능한 가상 모델에 대해 논의할 것이다. 어떠한 액션러닝 모델을 이문화적으로 적용하는 게 좋은지를 선별하는 데 동일한 접근법이 사용될 수 있다.

일본의 문화적 배경

일본은 단일민족 중 하나로서 매우 보수적인 이민 정책을 펼치고 있다. 추Chin-Ning Chu(1991, p. 12)는 다음과 같이 언급한다.

> 일본인들은 중국 지혜의 가장 위대한 제자였다. 이 원리를 완전하게 실천한다는 점에서 학생인 일본이 주인인 중국을 능가했다.

일본은 전통을 버리지 않았기 때문에 오늘날의 일본을 이해하기 위해서는 다른 어떤 사회보다도 일본의 과거와 전통을 이해해야 할 것이다. 그 예로 무샤시Mushashi(1982)가 있다. 저자는 1584년에 태어난 사무라이 전사로 1390년으로 거슬러 올라가는 학파인 '검도'를 연습했다. 사무라이 도덕은 AD792년부터 기원되었다고 알려져 왔는데, 이 책은 오늘날에도 인기가 있어 인쇄물로 남아 있으며 이 책에 담긴 철학은 다음 세대로 전해진다.

> 서양인이 '펜이 칼보다 강하다.'고 하는 반면, 일본인은 '문무일치文武一致' 혹은 '펜과 칼의 일치'라고 말할 것이다. 오늘날 저명한 일본 기업인과 정치가는 수백 년 전의 형태

를 유지하면서 옛 검도의 정신을 실천하고 있다(p. 3).

일본에게 경제적 경쟁은 다른 표현으로 전쟁이라 할 수 있다. "가장 큰 승리는 전투 없이 전쟁에서 이기는 것"이다(Chin-Ning Chu, 1991, p. 21).

> 중국 명언인 '상창 루 잔창(商场如战场)'은 말 그대로 '시장은 전쟁터와 같다.'라는 의미이다. 이는 동양인이 비즈니스 성공을 어떻게 보는지를 보여 준다. 국가의 경제적 성공은 국가의 생존과 행복에도 영향을 미친다.

중국 손자병법 관행은 기원전 12세기까지 거슬러 올라간다. 추(1991)가 지적했듯이 손자병법 전략은 오늘날에도 유효하고 중국 문화의 고유한 영역이다. 학생들은 학교에서 삼십육계를 배운다. 4세기에 손무孫武가 저술한 손자병법 전략은 '현대에도 살아 있는 최고의 병법서'로 알려져 있다. 전략을 보면 이 책에 어떠한 내용이 담겨져 있는지 알 수 있다. "동쪽에서 소리치고 서쪽을 공격하다(제6계 성동격서 聲東擊西, p. 50)." "원숭이 보는 앞에서 산 닭의 목을 비틀어 바닥에 내동댕이 쳐서 원숭이들을 공포에 질려 조용하게 만든다(중국 속담, 살계급후간 殺鷄給猴看, p. 64)." "어리석은 척하되 미친 척하지 말라(제27계 가치부전 假痴不癲, p. 69)." "먼 나라와 친교를 맺고 가까운 나라를 공격하다(제23계 원교근공 遠交近攻, p. 66)." "돌을 던져서 구슬을 얻다(제 17계 포전인옥 抛磚引玉, p. 59)." "웃음 속에 칼날을 품다(제10계 소리장도 笑裏藏刀, p. 34)."

> 동양 문화에 심취해 있는 사람은 무의식적으로 전략적 사고를 흡수하고 인간적인 상호작용으로 정신적 논쟁을 기꺼이 즐길 것이다(p. 16).

일본 문화는 투명치 않으며 다른 사람과의 상호작용에서 경험한 것이 의

도하는 바를 제대로 표현하지 못할 수 있다. 이것은 추의 저서에서 다루고 있는 주제로, 서양인들은 자국 문화를 기본 삼아 일본인도 자신과 유사한 가치관을 가지고 있을 것이라고 추측하면서 일본인과 토론하고 협상할 것이다. 빙산의 일각이라는 표현은 때때로 소수의 문화적 유물만이 눈에 보인다는 점을 지적하는 데 사용된다. 미국 문화를 일본 문화와 비교하면 빙산의 표면 위에 미국 문화가 더 많이 드러난다. 일본 문화의 경우 눈에 보이는 것이 훨씬 적다. 일본인은 또한 자신의 의도를 설명하는 데 있어서 감정적이지 않다. 자신의 의도를 드러내지 않는다는 것이 문제이기도 하지만, 이는 백여 가지 인사법 간의 미묘한 차이를 알아차리는 일본의 단일 문화에서는 있음직한 일이다. 크리스토퍼Robert C. Christopher(1983, p. 21)는 미국인들이 귀 기울여야 한다는 경고한다.

> 미국인은 일본인이 어떻게 생각하고 느끼는지 전혀 모른다. 우리는 일본인이 우리와 다를 수 있다고 여기지 않기에 일본인의 사고와 논리를 따라 하거나 일본인의 행동 이면에 있는 가치 체계를 파악하지 못한다.

〈표 7-5〉에서는 복잡한 일본 문화에 대해 알아야 할 사항들을 제시한다.

홉스테드의 다섯 가지 차원과 대표적인 연구 성과는 일본과 미국을 상호비교하면서 확인할 수 있다(표 7-6 참조). 이 비교가 보여 주는 것은 두 분야에서 문화 충돌의 가능성이 있다는 것이다. 첫 번째는 불안과 위험(즉, 불확실성 회피)을 다루는 것이고, 두 번째는 미국은 단기 지향적인 반면 일본은 지극히 장기 지향적이라는 것이다. 이는 '밤에 지나가는 배처럼 서로 만나지 못하는' 것과 같은 최악의 시나리오이다.

〈표 7-5〉 일본 문화의 복잡성

1. 의사결정은 항상 합의로 이루어진다. 서구인들은 이것이 시사하는 바를 오해할 수 있다. 절대 합의를 의미하는 것이 아니라 결정되기 전에 모든 의견에 귀 기울이고 경청한다는 것을 의미한다.
2. 서열과 명칭이 매우 중요하다. 일본인은 명함에 적힌 당신에 대한 소개를 자세히 들여다볼 것이다.
3. 적절한 에티켓이 매우 중요하다.
4. 일본인들은 자신이 성취한 성과에 대해 매우 겸손하고 남보다 두드러져 칭찬받는 것을 부담스러워 한다. 인정받는 대상은 개인이 아니라 그룹이다.
5. 남성 중심 사회이나, 미국 여성이 일본에서 비스니즈 할 때 그들은 그녀가 그럴 자격이 있는 존재로서 존경심을 가지고 대우할 것이다.
6. 집단 내 화합이 개개인의 사적 자유보다 더 중요하다.
7. 일본인은 협상 중에 '아니오'보다 '예'라고 대답하겠지만 그렇다고 동의를 뜻하는 것은 아니다. 이는 조화를 유지하는 하나의 예시이고, 실제로는 동의하지 않았음을 나중에 알게 되면 미국인은 당황스러워 할 수 있다.
8. 관계형성과 유지는 의사소통의 열쇠이다.
9. 일본인에게 있어 체면을 잃는 것 보다는 돈을 잃는 편이 낫다.
10. 침묵은 무언가 매우 중요한 것을 표현하고 있음을 보여 준다.
11. 평화와 화합은 가치가 있다.
12. 상호 간 신뢰가 중요하고 이는 바로 만들어지지 않는다.
13. 일본인은 오랫동안 숙고하는 사상가이며 전체론적 관점을 추구한다.
14. 보통 정장 의복을 입는다.
15. 고개를 숙이는 행위가 전통적 인사이고 다양한 형태로 고개를 숙일 수 있으며, 각각에 담긴 의미는 명확하다. 악수는 받아들이지만 포옹은 용납되지 않는다.
16. 가족은 일본 사회의 토대이다.
17. 모든 것에는 정해진 길이 있으며 질서정연하다.
18. 일은 꽃꽂이와 다도와 같이 예술성으로 이루어진다.
19. 일본인들은 불교와 일본 종교인 신도Shinto를 따르나, 그렇다고 특별히 종교적 신념을 지니는 것은 아니다.

〈표 7-6〉 일본과 미국 문화 간 비교

문화 차원	미국	일본
권력 거리	상대적으로 낮은	조금 더 중간 범위
개인주의	매우 개인적인	조금 더 개인적인
집단주의	개인적인	집단주의적인
불확실성 회피	낮은	높은
남성성(성취 vs 삶의 질)	성취척도가 상대적으로 높은	성취척도가 매우 높은
장기 지향성 vs 단기 지향성	단기적	매우 장기적

액션러닝 도입에 대한 가정과 분석-미국 문화에서 일본 문화로

〈표 7-7〉은 미국과 일본 문화 간에 액션러닝을 가상적으로 도입하는 상황을 분석한 것이다.

〈표 7-7〉 미국 문화에서 일본 문화로 액션러닝을 도입한다고 가정하기

미국 문화	일본 문화
1. 기업에 영향을 미칠 수 있는 고유의 문제/프로젝트를 가진 액션러닝 팀 구성원	이 접근은 일본 문화와 직접적으로 충돌한다. 일본인은 개인이 아니라 팀이나 그룹 단위로 일한다. 모든 팀원이 해결해야 할 공통된 문제를 해결할 수 있도록 해야 한다.
2. 고객 조직이 명시한 바와 같이, 경영진이 선정하여 참여하도록 한 팀 구성원	고객 조직이 원하는 방식이 있으면 수용하라. 이는 더 높은 권위에 순종하는 일본 문화의 특성에 부합된다. 그러나 동시에 여러 액션러닝 팀들과 일하고 있다면 고객 조직이 참여자 풀을 검토하여 스킬과 배경이 균형 잡힌 팀을 구성할 수 있도록 한다. 문화 민감성이 상하게 하지 않도록 유의하고 저항 징후가 보이면 물러서야 한다.
3. 팀 코치/퍼실리테이터(미국의 실천가)는 액션러닝이 진행되면 간섭과 개입을 최소화하고 침범하지 않음	당신이 당연히 퍼실리테이터가 될 것이라고 가정하지 말라. 일본 문화는 상호작용인 반면(예, 조립 라인의 품질 분임조), 가르침에 관한 한 교훈적이고 다소 수동적이다. 그들은 퍼실리테이터가 구조를 제시하고 권위 있게 행동하기를 기대할 것이다. 따라서 더 많은 개입과 지침을 필요로 할 것이다.

4. 고객 조직이 명시한 바와 같이, 부서 책임자는 스폰서 역할을 수행함	당신은 스폰서가 팀 구성 권고에 대해 의사결정을 할 수 있을 것이라 기대하고 이 상황을 받아들인다. 당신은 일본 경영 팀이 이 이슈를 잘 처리할 것으로 확신한다.
5. 액션러닝 팀은 문제해결책을 모색하는 데 권한 위임받으며 팀이 필요하다고 할 경우 이를 실행할 수 있음	이것은 일본 문화와 관련하여 그다지 좋지 않은 가정이다. 팀은 권고안이 경청되고 고려될 것으로 기대하지만 팀의 권고안은 합의 프로세스와 관리 계층 구조를 통해 실행되어야 한다. 권고 사항들은 수정되거나 폐기될 가능성이 크다. 따라서 액션러닝 팀은 괜찮은 권고안이라도 있는 그대로 실행될 것이라고 믿어서는 안 된다. 이들은 일본의 문화적 산물이고 그 방식이 아니라고 생각하기 때문에 그들에게 말할지라도 그들은 믿지 않을 것이다.
6. 고객 조직에서 밝힌 바와 같이, 팀 구성원 개개인은 관련 문제 영역의 전문가임	당신이 이상적이라고 여기는 것과 다를지라도, 고객이 원하는 것을 하라. 당신이 제안하는 것이 일본 문화에 거슬린다면 거절당할 것이다. 그들이 바라는 것은 일하고 가치 있는 학습을 만드는 것이다.

요약정리

당신은 일본 문화에서 이방인이지만 자격이 있음을 증명해야 한다. 중요한 것은 당신이 일본 문화를 기본적으로 이해하고 이들의 가치에 대해 민감하게 인식하고 있음을 보여 주는 것이다. 그것을 대화의 물꼬를 트는 쐐기로 활용하고 상호 간의 신뢰 관계를 구축하여 당신의 능력을 증명한다면, 당신의 생각을 전하고 추진하는 일에 영향을 미칠 수 있는 기회가 주어질 것이다. 만약 당신이 모든 답을 가지고 있다는 인상을 심어 주고 일들이 신속하게 진행될 것이라고 여긴다면, 당신은 일본인들에게 거절당할 수 있다.

일본 문화를 이해하는 것은 일본에서 액션러닝을 실천하는 데 있어 '있으면 좋을 만한' 준비 단계가 아니다. 일본인의 문화를 배우기 위해 진정으로 노력해야 한다. 일본 문화는 강하고 복잡한 문화이며 미국에서 해 오던 방식대로 일을 추진할 수 없다. 선의를 가지고 타협한다면 일본인들은 당신을 따뜻하게 초대하는 우아한 주인이 될 것이다.

결론

문화 차이를 구분하는 확실하고 절대적인 방법은 없다. 하지만 사례에서 강조했듯이 문화 차이를 이해하는 것이 중요하다는 믿음을 가지고 시작해야 한다. 당신을 도와줄 도구와 자원들이 있고 이 저서와 액션러닝 자원들과 네트워크에서 많은 도움을 받을 수 있다.

문화는 많은 영역들을 다룬다. 단순히 일본과 같은 국가에 대한 도서를 읽고 해야 할 일을 마쳤다고 여기면 안 된다. 우리가 접근할 조직과 기업문화에 대해 최대한 많은 것을 알아야 하고 그 이상의 것을 알아야 한다. 염두에 둘 기본 원칙은 그 문화에 속한 사람들에 대한 인터뷰를 포함하여 가능한 한 그들의 문화에 가까이 다가가야 한다는 것이다.

● 참고문헌 ●

Adler, N. (1997) *International Dimensions of Organizational Behavior* (Cincinnati: South-Western College Publishing).

Argyris, C., Putnam, R., and McLain Smith, D. (1985) *Action Science: Concepts, methods, and skills for research and intervention* (San Francisco: Jossey-Bass).

Axwell, E. (ed.) (1993) *Do's and Taboos Around the World* (New York: Wiley).

Boshyk, Y. (ed.) (2002) *Action Learning Worldwide: Experiences of leadership and organizational development* (Basingstoke, U.K./New York: Palgrave Macmillan).

Boshyk, Y. (ed.) (2000) *Business Driven Action Learning: Global best practices* (Basingstoke, U.K./New York: Palgrave Macmillan).

Christie, P., Lessem, R. and Lovemore, B. (eds) (1994) *African Management: Philosophies, concepts, and applications* (Pretoria, South Africa: Knowledge Resources).

Christopher, R. C. (1983) *The Japanese Mind: Goliath explained* (New York: Linden Press/Simon & Schuster).

Chu, C. (1991) *The Asian Mind Game: Unlocking the hidden agenda of the business culture-A Westerner's survival manual* (New York: Rawson Associates).

Dilworth, R. and Willis, V. (2003) *Action Learning: Images and pathways* (Malabar, FL: Krieger).

Goode, E. *How Culture Molds Habits of Thought New York Times*, August 6, 2000 in electronic form, accessed 11 November, 2009, http://www.nytimes.com/2000/08/08/science/how-culture-molds-habits-of-thought. html?scp=l&sq=how%20culture%20molds%20habits%20of%20 thoguht&st=cse

Hampden-Turner, C. and Trompenaars, F. (1997) *Mastering the Infinite Game: How Asian values are transforming business* (London: Capstone).

Helmreich, R. L. and Merritt, A. C. (1998) *Culture at Work in Aviation and Medicine: National and professional influences* (Aldershot, England: Ashgate).

Hofstede, G. (2001) *Cultures Consequences: Comparing values, behaviors, institutions and organizations across nations* (Thousand Oaks, CA: Sage Publications).

Inglehardt, R., Basanez, M., and Moreno, A. (1998). *Human Values and Beliefs: A cross-cultural sourcebook* (Ann Arbor, MI: University of Michigan Press).

Marquardt, M. (1999). *Action Learning in Action* (Palo Alto, CA: Davies-Black Publishing).

Mbigi, L. and Maree, J. (1995) *Ubuntu: The spirit of African transformational management* (Pretoria, South Africa: Knowledge Resources).

Morrison, T. and Conaway, W. A. (2006) *Kiss, Bow or Shake Hands: The bestselling guide to how to do business in sixty countries* (Avon, MA: Adams Media Corporation).

Musashi, M. (1982) *A Book of Five Rings: The classic guide to strategy* (Woodstock, NY: Overlook Press).

Pachter, B. and Brody, M. (1995) *Complete Business Etiquette Handbook* (Englewood Cliffs, NJ: Prentice-Hall).

Pedler, M. (ed.) (1991). *Action Learning in Practice,* 2nd edn (Aldershot: Gower).

Revans, R. (1982) *The Origins and Growth of Action Learning* (Bromley: Chartwell-Bratt).

Revans, R. (1980) *Action Learning: New techniques for management* (London: Blond & Briggs).

Sasaki, N. (1981) *Management and Industrial Structure in Japan* (London: Pergamon).

Schein, E. (1997) *Three Cultures of Management: The key to organizational learning in the 21st century* (Cambridge, MA: MIT Sloan School of Management).

Schein, E. (1992). *Organizational Culture and Leadership,* 2nd edn (San Francisco: Jossey-Bass).

Tichy, N. and Sherman, S. (1993) *Control Your Own Destiny or Someone Else Will* (New York: Currency).

Trompenaars, F. (1993) *Riding the Waves of Culture: Understanding cultural diversity in business* (London: *Economist).*

Weisbord, R. M. (2004). *Productive Workplaces Revisited* (San Francisco: Jossey-Bass).

Witkin, H. and Goodenough, D. R. (1981) *Cognitive Styles: Essence and origins-field dependence and field independence, Psychological Issues* Monograph 51 (New York: International Universities Press).

현대의 액션러닝: 관련 자원, 네트워크와 실천 공동체

Compiled by Yury Boshyk and Robert L. Dilworth

레그 레반스의 저서

우리는 레반스Revans의 최근 출판물을 목록화하고자 노력했다. 이는 깁슨-마이어스Lucinda Gibson-Myers와 윌리스Verna J. Willis가 애쓴 덕분에 만들어진 것으로, 이들은 레반스 소장품을 온라인으로 분류하고 정확성을 기하기 위해 상당한 노력을 기울였다. 우리 또한 레반스 기록보관소Revans Archive와 국제액션러닝재단International Foundation for Action Learning이 소장하고 있는 다른 자료들을 모으기 위해 애썼다.

국제액션러닝재단 역시 레반스의 출판물을 광범위하게 목록화하고 있으나 연구자 입장에서 목록이 정확하거나 상세하지는 않다. 이 참고문헌은 시간 순으로 정리되어 있으며 특정 출판물에 대해 보다 자세한 정보가 담긴 이 책의 6장과 함께 사용할 수 있다.

Revans, R. W. (1933) "The Transmission of Waves through an Ionized Gas", *Physical Review*, 44: pp. 798-802.

Revans, R. W. (1938) "The Entry of Girls into the Nursing Profession: A memorandum to the Essex Education Committee, 1938". Reprinted in R. W. Revans (1982), *The Origins and Growth of Action Learning* (Bromley, U.K.: Chartwell-Bratt), pp. 23-9.

Revans, R. W. (1945) "Elegy to the Second World War" (Poem), in A. E. Barker and R. W. Revans (eds.) (2004), *An Introduction to Genuine Action Learning* (Oradea, Romania: Oradea University Press), pp. 40-3.

Revans, R. W. (1945) "Plans for Recruitment, Education and Training in the Coal Mining Industry". Prepared by R. W. Revans in conjunction with The Recruitment, Education and Training Committee of the Mining Association of Great Britain. s.l.

Revans, R. W. (1947) "The Training of Under Officials", Abstract of a paper read before the Manchester Geological and Mining Society in Manchester on 20 February, 1947. Printed in *The Colliery Guardian,* 174(4497): pp. 330-4.

Revans, R. W. (1949) "The First 'W. M. Thornton Lecture': The status of the professional association, past and present". Speech given at the Association of Mining Electrical and Mechanical Engineers Annual Convention, London, 29 June, 1949, *The Mining Electrical and Mechanical Engineer: Journal of the Association of Mining Electrical and Mechanical Engineers,* 30 (347), pp. 41-3.

Revans, R. W. (1950) "Why We Held Our Conference", in *The Education Of The Young Worker*. Report of the Second Conference held at Oxford in July 1949 under the auspices of the University Department of Education, 9-13 (Oxford: Oxford University).

Revans, R. W. (1951) "Education in Industry", in C. H. Dobinson (ed.), *Education in a Changing World* (Oxford: Clarendon Press), pp. 18-33.

Revans, R. W. (1953) *Size and Morale: A preliminary study of attendance at work in large and small units* (London: Acton Society Trust).

Revans, R. W. (1956) "Industrial Morale and Size of Unit", *Political Quarterly*, 27(3), pp. 303-10.

Revans, R. W. (1957) "Staff Turnover-Its causes and remedies?", in "Programme and papers for the conference on hospital authorities and staff management", Royal Empire Society, 20-2 May, 1957.

Revans, R. W. (1957) "How Much Can -Or Should -A Man Sell?", *Agenda*, 5(3), pp. 33-40.

Revans, R. W. (1957) "The Contribution of the University to Management Education", *British Management Review*, 15(1), January, pp. 31-7.

Revans, R. W. (1958) "The Sister and The Hospital System: Proposed study of her work and opinions", *Nursing Mirror*, 25 April, pp. 261-2.

Revans, R. W. (1958) "Theory and Practice: A study of technical knowledge", *Researches and Studies*, University of Leeds Institute of Education, 18, July.

Revans, R. W. (1958) "Is Work Worthwhile?, *Personnel Management*, 40(343), March, pp. 12-21.

Revans, R. W. (1958) "Hospital Work Study Course at Manchester College of Science and Technology", *The Hospital*, 54(9), September, pp. 659-63.

Revans, R. W. (1958) "Human Relations, Management and Size", in E. M. Hugh-Jones (ed.), *Human Relations and Modern Management* (Amsterdam: North Holland Publishing Company), pp. 177-220.

Revans, R. W. (1959) "Operational Research and Personnel Management, Part 2", Institute of Personnel Management, Occasional Papers, 14, Part 2 (London: Institute of Personnel Management), (25 pages).

Revans, R. W. (1960) "The Hospital as an Organism: *A study in communications and morale*", in C. W. Churchman and M. Verhulst (eds.), *Management Sciences:*

Models and techniques, Volume 2, Proceedings of the Sixth International Meeting of The Institute of Management Sciences, Conservatoire National [sic] des Arts [sic] and Metiers. Paris, 7-1 September, 1959. Pergamon Press: 17-24.

Revans, R. W. (1960) "Can Management be Scientific?", *British Chemical Engineering*, 5(4), April, pp. 260-3.

Revans, R. W. (1960) "How Should a Hospital Be Judged?". Speech given at the Tenth Annual Conference of Chief Financial Officers in the Hospital Service in England and Wales on 10-1 November, 1960, and printed in *Hospital Service Finance*, 9(3), November-ecember, pp. 34-63.

Revans, R. W. (1961) "How Should Hospitals Be Judged?", in Association of Hospital Management Committees Report of Annual General Meeting and Conference held at Southsea on 15 and 16 June, 1961, pp. 54-68.

Revans, R. W. (1961) *The Measurement of Supervisory Attitudes* (Manchester: Manchester Statistical Society).

Revans, R. W. (1961) "What Management Expects of The Internal Auditor", *Internal Auditor*, 18(4), Winter, pp. 38-54.

Revans, R. W. (1962) "The Hospital as a Human System", *Physics in Medicine and Biology*, 7, October.

Revans, R. W. (1962) "Hospital Attitudes and Communications", in Paul Halmos (ed.), *The Sociological Review Monograph, 5, July, Sociology and Medicine-Studies Within the Framework of the British National Health Service*. (Keele: University of Keele), pp. 117-44.

Revans, R. W. (1962) "Industry and Technical Education", in A. M. Kean (ed.), *Researches and Studies*, 24, (Leeds, England: University of Leeds, Institute of Education), October, pp. 7-18.

Revans, R. W. (1962) "Myths of Decentralization", *New Society,* 1(10), 6 December, pp. 17-19.

Revans, R. W. (1962) "The Theory of Practice", *Universities Quarterly*, September.

Revans, R. W. (1962) "Preface", in R. W. Rowbottom and H. A. Greenwood, *Understanding Management* (Manchester: Whitworth Press), pp. 9-11.

Revans, R. W. (1962) "Preface", in D. N. Chorafas (ed.), *Programming Systems for Electronic Computers* (London: Butterworths), pp. vii-ix.

Revans, R. W. (1963) "Communications as an Aid to Accident Prevention", Speech given at the Fifth National Safety Conference, Great Western Royal Hotel, London, 5- November, 1963, and published in Proceedings. *National Joint Industrial Council (N.J.I.C.) for the Rubber Manufacturing Industry*, pp. 81-100.

Revans, R. W. (1963) "Management, Morale and Productivity", in *Proceedings of the National Industrial Safety Conference*, The Spa, Scarborough, 2-5 May, 1963. Conference organized by the Industrial Safety Division of RoSPA (The Royal Society for the Prevention of Accidents), pp. 84-99.

Revans, R. W. (1963) "Where Professional Minds Meet", *Times Review of Industry and Technology*, 1(6), August, pp. 19-20.

Revans, R. W. (1964) *Standards for Morale: Causes and effect in hospitals* (London: Oxford University Press for the Nuffield Provincial Hospitals Trust).

Revans, R. W. (1964) "The Morale and Effectiveness of General Hospitals", in Gordon McLachlan (ed.), *Problems and Progress in Medical Care: Essays on current research* (Published for the Nuffield Provincial Hospitals Trust by Oxford University Press).

Revans, R. W. (1964) "The Pathology of Automation", *Advanced Management Journal*, Special Issue on Automation and Management, 29(2), April, pp. 12-21.

Revans, R. W. (1964) "Spotting a Company's Weak Points - I", *Accountants' Magazine*, 68(701), November, pp. 851-65.

Revans, R. W. (1964) "Spotting a Company's Weak Points -II", *Accountants' Magazine*, 68(702), December, pp. 968-76.

Revans, R. W. (1964) "Morale and Effectiveness of Hospitals", *New Society*, 68, 16 January, pp. 6-8.

Revans, R. W. (1964) "Hospital Cadet Schemes - A study in the Manchester region", *International Journal of Nursing Studies*, 1(2), May, pp. 65-74.

Revans, R. W. (1964) "The Design of Management Courses", *Management International*.

Revans, R. W. (1965) *The Development of Research into Management and Its Problems* (London: British Institute of Management).

Revans, R. W. (1965) *Science and the Manager* (London: Macdonald & Co).

Revans, R. W. (1965) *Measurement for Management* (London: Industrial and Commercial Techniques).

Revans, R. W. (1965) "Our Educational System and the Development of Qualified Personnel", *Management International*, 2(3), pp. 41-50.

Revans, R. W. (1965) "Involvement in School", *New Society*, 26 August, 6.

Revans, R. W. (1965) "Bureaucracy in the Hospital Service", *Scientific Business*, 2(8), pp. 386-92.

Revans, R. W. (1965) "Managers, Men and the Art of Listening", *New Society*, 5(123), pp. 13-15.

Revans, R. W. (1966) *The Theory of Practice in Management* (London: Macdonald).

Revans, R. W. (1966) *What Makes You A Good Boss?: The effect of personality and leadership upon morale and efficiency* (London: Industrial and Commercial Techniques).

Revans, R. W. (1966) "Research into Hospital Management and Organization", *Milibank Memorial Fund Quarterly*, 44(3), part 2, pp. 207-45.

Revans, R. W. (1967) "Some Thoughts on Training in Managerial Action", CORSI Bulletin (Calcutta Branch of Operational Research Society of India) Annual, pp. 107-10.

Revans, R. W. (1967) "Recognizing and Solving Management Problems", *Journal of the Malaysian Institute of Management*, 2(1), July, pp. 8-18.

Revans, R. W. (1967, October 5) "Big Firms: The managerial gap", *New Society*, 10

(262), pp. 468-9.

Revans, R. W. (1967) "The Management Apprentice", *Management Decision*, 1(4), Winter, pp. 52-7.

Revans, R. W. (1967) "Europe's Academic Supermarkets", *Management Today*, pp. 84-8.

Revans, R. W. (1967) *Studies in Institutional Learning* (Brussels: European Association of Management Training Centres).

Revans, R. W. (1968) "Management in an Automated Industry", *Journal of Dyers and Colourists*, 84, February.

Revans, R. W. (1968) "The Management Apprentice", *Management International Review*, 6, pp. 29-42.

Revans, R. W. (1968) "The Bible as Appointed to be read by Industry", *New Society*, 11(276), 11 January, pp. 43-6.

Revans, R. W. (1969) "Managers, Men, and the Art of Listening", in S. H. Foulkes and G. S. Prince (eds.), *Psychiatry in a Changing Society* (London: Tavistock), pp. 93-8.

Revans, R. W. (1969) "Alienation and Resistance to Change", *Management Decision*, 3(1), Spring, pp. 10-14.

Revans, R. W. (1969) "The Structure of Disorder", in J. Rose (ed.), *A Survey of Cybernetics: A tribute to Norbert Wiener* (London: Illife), pp. 331-45.

Revans, R. W. (1970) "Managers as Catalysts", *Personnel Management*, 2(10), pp. 28-32.

Revans, R. W. (1970) "The Managerial Alphabet", in G. Heald (ed.), *Approaches to the Study of Organizational Behaviour: Operational research and the behavioural sciences* (London: Tavistock Publications), pp. 141-61.

Revans, R. W. (1970) "Values and Enterprise as a Subject for Research", in M. Ivens (ed.), *Industry and Values: The objectives and responsibilities of business* (London: George G. Harrap), pp. 191-200.

Revans, R. W. (1971) *Developing Effective Managers: A new approach to business education* (New York: Praeger).

Revans, R. W. (1971) "Introduction [Background to the HIC Project]", in George Wieland (ed.), *Changing Hospitals: A Report on the Hospital Internal Communications Project*. (London: Tavistock Publications), pp. 3-24.

Revans, R. W. (1971) "Anatomy of Achievement: Opening address to the 1971 Annual Conference of the Operational Research Society" (University of Lancaster. London: Operational Research Society).

Revans, R. W. (ed.) (1972) *Hospitals: Communication, choice and change. The Hospital Internal Communications Project Seen from Within*, Foreword by W. J. H. Butterfield (London: Tavistock).

Revans, R. W. and Ashmawy, S. (1972) "The Nile Project: An experiment in educational authotherapy". A monograph upon which the Fondation Industrie-Universite contribution to the 1972 ATM [Association of Teachers of Management] Conference was based. Paris: The Development Centre, Organisation for Economic Co-operation and Development (OECD).

Revans, R. W. (1972) (ed.) "The Emerging Attitudes and Motivations of Workers", Report on a management experts' meeting, Paris, 24-26 May, 1971. Labor/Management Program, Organization for Economic Cooperation and Development (OECD), Manpower and Social Affairs Directorate, Paris, France.

Revans, R. W. (1972) Action Learning -A management development program. *Personnel Review*, 1, Autumn, 4, pp. 36-44.

Revans, R. W. and Baquer, A. (1972, gestetnered) "I thought they were supposed to be doing that": A comparative study of co-ordination of services for the mentally handicapped in seven local authorities, June 1969 to September 1972. London: The Hospital Centre.

Revans, R. W. (1973) *Studies in Factory Communications* (Southport: Action Learning Projects International).

Revans, R. W. (1973) "The Response of the Manager to Change", *Management Education and Development*, 4(Part 2), pp. 61-76.

Revans, R. W. and Cortazzi, D. (1973) "Psychosocial Factors in Hospitals and Nurse Staffing", *International Journal of Nursing Studies*, 10(3), August, pp. 149-60.

Revans, R. W. and Baquer, A. Q. (1973) *"But Surely, That Is Their Job?": A study in practical cooperation through action learning* (Southport: Action Learning Projects International).

Revans, R. W. (1974) *Participation in What?* (Southport: Action Learning Projects International).

Revans, R. W. (1974) "The Project Method: Learning by doing," in S. Mailick (ed.), *The Making of the Manager: A world view* (Garden City, NY: The United Nations Institute for Training and Research (UNITAR) and Anchor Press/Doubleday), pp. 132-61.

Revans, R. W. (1975) *General Principles of Action Learning* (Southport: Action Learning Projects International).

Revans, R. W. (1975) "Helping Each Other to Help the Helpless: An essay in self-organization, (Part I)", *Kybernetes*, 4, pp. 149-55.

Revans, R. W. (1975) "Helping Each Other To Help the Helpless: An essay in self-organization, (Part II)", *Kybernetes*, 4, pp. 205-11.

Revans, R. W. (1975) "Preface", in D. Cortazzi and S. Roote, *Illuminative Incident Analysis*. (London: McGraw-Hill), pp. xi-xii.

Revans, R. W. (ed.) (1976) *Action Learning in Hospitals: Diagnosis and therapy* (London: McGraw-Hill).

Revans, R. W. (1976) "Progenitors and Progenies-Before and since the HIC project", in R. W. Revans, (ed.), *Action Learning in Hospitals: Diagnosis and therapy* (London: McGraw-Hill), pp. 169-80.

Revans, R. W. (1976) "Action Learning in a Developing Country", *Journal of the Malaysian Institute of Management*, 11(3), December, pp. 8-16.

Revans, R. W. (1976) "Management Education: Time for a rethink", *Personnel Management*, 8(7), July, pp. 20-4.

Revans, R. W. (1977) "An Action Learning Trust", *Journal of European Industrial Training*, 1(1), pp. 2-5.

Revans, R. W. (1977) "Action Learning and the Nature of Knowledge", *Education and Training*, 19(10), November-ecember, pp. 318-22.

Revans, R. W. (1977) "Action Learning: Its silver jubilee, 1952-977: Inaugural Lecture", s.l. Yorkshire and Humberside Regional Management Centre.

Revans, R. W. (1977) "Action Learning: The business of learning about business", in D. Casey and D. Pearce, (eds.), *More than Management Mevelopment: Action learning at GEC* (Westmead, U.K.: Amacom), pp. 3-6.

Revans, R. W. (1977) "Hospital Performance and Length of Patient Stay", s.l.. Action Learning Trust.

Revans, R. W. (1978) "Action Learning and the Nature of Learning", *Education and Training*, January, pp. 8-11.

Revans, R. W. (1978) "Action Learning -Or antiquity reborn", *Education and Training*, 20(4), April, pp. 121-4.

Revans, R. W. (1978) "Fondation Industrie-Université: On the establishment of a Master's Programme in management studies", Paper from Irish Management Institute, Action Learning Workshop, May, 1978.

Revans, R. W. (1978) "A Quest for Realism", *Education & Training*, 20(6), June, pp. 167-8.

Revans, R. W. (1978) "Action Learning Takes a Health Cure", *Education and Training*, November-ecember, pp. 295-9.

Revans, R. W. (1978) *The ABC of Action Learning: A Review of 25 Years of Experience*. Altrincham (8 Higher Downs, Greater Manchester): R. W. Revans.

Revans, R. W. (1978) *ABC of Action Learning* (London: Action Learning Trust).

Revans, R. W. (1979) "The Nature of Action Learning", *Management Education and*

Development, 10(Part 1), Spring, pp. 3-23.

Revans, R. W. (1980) *Action Learning: New techniques for management* (London: Blond & Briggs).

Revans, R. W. (1980) "Productivity and Action Learning", Newsletter, 6. The Action Learning Trust, p. 3.

Revans, R. W. (1981) *Action Learning-att lära under risktagande och med ansvar i anslutning till handlingar* (Lund: Studentlitteratur).

Revans, R. W. (1981) "The Nature of Action Learning", *OMEGA: The International Journal of Management Science*, 9(1), pp. 9-24.

Revans, R. W. (1981) "Management, Productivity and Risk-The way ahead", OMEGA, 9(2), pp. 127-41.

Revans, R. W. (1981) "Worker Participation as Action Learning: A note", *Economic and Industrial Democracy*, 2(4), pp. 521-41.

Revans, R. W. (1981) "The Quest for Economic Leadership", *Management Education and Development*, 12(2), pp.102-12.

Revans. R. W. (1981) *Education for Change and Survival*. s.l.: IFAL.

Revans, R. W. (1982) *The Origins and Growth of Action Learning* (Bromley: Chartwell-Bratt).

Revans, R. W. (1982) "Action Learning and the Inner City: The lessons of Moss Side", *The Link 1982, Froebel Bicentenary edn* (London: Froebel Educational institute), pp. 40-4.

Revans, R. W. (1982) "What is Action Learning?", *Journal of Management Development*, 1(3), pp. 64-75.

Revans, R. W. (1982) "Action Learning: Its origins and nature", *Higher Education Review*, 15(1), Autumn, pp. 20-8.

Revans, R. W. (1982) "Insufficient Education", Letter to the editor, *Management Today*, Book Review section: The Last Word on Action Learning, November.

Revans, R. W. (1982) "Management Skills and Abilities", in R. Wild (editor and compiler), *How to Manage: 123 world experts analyse the art of management* (London: Heinemann), pp. 39–43.

Revans, R. W. (1983) *The ABC of Action Learning* (Bromley: Chartwell-Bratt).

Revans, R. W. (1983) ABC om Action Learning. Att lära under risktagande och med ansvar i anslutning till sina handlingar. Introduktion och efterord av Lennart Strandler (Översättning: Stig Andersson. Lund: Utbildningshuset).

Revans, R. W. (1983) *L'ABC dell' "imparare facendo": non ci può essere apprendimento senza azione e neppure azione senza apprendimento* (Torino: Isper Edizioni).

Revans, R. W. (1983) *Studies in Action Learning* (Altrincham, 18 Higher Downs, Greater Manchester).

Revans, R. W. (1983) "Action Learning: Its terms and character", *Management Decision*, 21(1), pp. 39–50.

Revans, R. W. (1983) "Action Learning: The skills of diagnosis", *Management Decision*, 21(2), pp. 47–52.

Revans, R. W. (1983) "Action Learning: The forces of achievement, or getting it done", *Management Decision*, 21(3), pp. 44–54.

Revans, R. W. (1983) "Action Learning: The cure is started (at West Middlesex Hospital, Britain)", *Management Decision*, 21(4), pp. 11–16.

Revans, R. W. (1983) "Action Learning: Kindling the touch paper", *Management Decision*, 21(6), pp. 3–10.

Revans, R. W. (1983) "'Ex Cathedra': The validation of action learning programmes", *Management Education and Development*, 14(3), pp. 208–11.

Revans, R. W. (1983) "On the Paradox of Genuine Learning", in International Cerebral Palsy Society (ICPS) Bulletin, 29 September. Paper given at ICPS meeting entitled "What Happens Next?-Secondary Education and the Handicapped" (held at Sidney Sussex College, Cambridge, April, 1983. London: ICPS).

Revans, R. W. (1983) "The Validation of Action Learning Programs: Excerpts from a note by professor R. W. Revans", *Management Action*, 3, Autumn, pp. 3-4.

Revans, R. W. (1983) "What Mr. Butler Said", *Management Action*, 3, Autumn, pp. 4-5.

Revans, R. W. (1983) "Productivity is Not Enough", *Management Action*, 3, Autumn, p. 1.

Revans, R. W. (1983) "Action Learning at Work and in School-Part 1", *Education and Training*, 25(9), October, pp. 285-8.

Revans, R. W. (1983) "Action Learning at Work and in School-Part 2", *Education and Training*, 25(10), November-December, pp. 291-5.

Revans, R. W. (1983) "Action Learning Projects", in B. Taylor and G. Lippitt (eds.), *Management Development and Training Handbook* (London: McGraw-Hill Book Company (UK) Limited), pp. 266-79.

Revans, R. W. (1983) "What is Action Learning?", *Journal of Management Development*, 1, pp. 64-75.

Revans, R. W. (1984) *The Universality of Action Learning*. s.l.: IFAL.

Revans, R. W. (1984) "Action Learning: Are we getting there?", *Management Decision*, 22(1), pp. 45-52.

Revans, R. W. (1984) *The Sequence of Managerial Achievement* (Bradford, England: MCB University Press).

Revans, R. W. (1984) "On the Learning Equation in 1984", *Management Education and Development*, 15(3), pp. 209-20.

Revans, R. W. (1984) *Action Learning Past and Present*. s.l.: IFAL.

Revans, R. W. (1984) *Aksjons-Laeringens ABC* (Oslo: Bedriftsokonomens Forlag).

Revans, R. W. (1984) *Revans on Video* (Bradford: MCB University Press).

Revans, R. W. (1985) "Action Learning: An international contrast", *Business Education*, 6(3).

Revans, R. W. (1985) "Any More Unmeeting Twains?: Or Action Learning and its practitioners in the 1980s", *Industrial and Commercial Training*, 17(5), September-October, pp. 8-11.

Revans, R. W. (1985) "Action Learning and Its 'Practitioners' in the 1980s", IMD 85. *International Management Development*. Brussels: European Foundation for Management Development (EFMD), Winter, pp. 2-6.

Revans, R. W. (1985) *Confirming Cases* (Telford: Revans Action Learning International).

Revans, R. W. (1986) *Action Learning, Past and Future* (Bekkestua: Bedriftsokonomisk Institut).

Revans, R. W. (1986) *Action Learning, Past and Future* (Bekkestua: Bedriftsokonomisk Institut), Report 2.

Revans, R. W. (1986) *Action Learning, Past and Future: Belgium and the Scandinavians* (Bekkestua: Bedriftsokonomisk Institut), Report 3.

Revans, R. W. (1986) "Action Learning Returns Home", University of Manchester, Institute for Development Policy and Management, Discussion paper series, 1 (Manchester: IDPM).

Revans, R. W. (1986) "Action Learning in Briefest Form", University of Manchester, Institute for Development Policy and Management, Discussion paper series, 2 (Manchester: IDPM).

Revans, R. W. (1986) "Action Learning in a Developing Country", *Management Decision*, 24(6), pp. 3-7.

Revans, R. W. (1986) "Action Learning, Past and Future", Institute of Management, Norwegian School of Management (Bedriftsøkonomisk Institutt, Bekkestua, Norway).

Revans, R. W. (1986) "Education for Change and Survival, Part I", *Education and Training*, 28(2), February, pp. 62-4.

Revans, R. W. (1986) "Education for Change and Survival, Part II", *Education and Training*, 28(3), March, pp. 95-6.

Revans, R. W. (1986) "Action Learning and the Cowboys", *Organization Development Journal*, 4(3), Fall, pp. 71-80.

Revans, R. W. (1986) "Letter to the Editor", *Organization Development Journal*, 4(3), Fall, pp. 2-3.

Revans, R. W. (1986) "Letter to the Editor", *Organization Development Journal*, 4(1), Spring, p. 4.

Revans, R. W. (1986) "Action Learning Past and Present", *Bulletin of Educational Development and Research*, 31, Spring, pp. 4-19.

Revans, R. W. (1986/7) "Our Search for Identity", *Bulletin of Educational Development and Research*, 33, Winter, pp. 3-18.

Revans, R. W. (1987) "The Learning Equation: An introduction", in A. Mumford (ed.), (1987) *Action Learning, Journal of Management Development*, Special issue in honor of Reg Revans, 6(2), pp. 5-7.

Revans, R. W. (1987) "Action Learning and the Freshmen", An address to a Conference on Freshman Year Experience organised by Newcastle Polytechnic and the University of South Carolina held at the University of Southampton, July, 1987, Printed in *Meeting the Challenge of the 90s: Proceedings of the 1987 International Seminar on Staff/Faculty Development*, C. De Winter Hebron and A. B. Smith (eds.), International Seminar on Staff/Faculty Development (1987) [s.l.] : [s.n.], 1987.

Revans, R. W. (1987) "The Learning Equation: An introduction", *Journal of Management Development*, 6(2).

Revans, R. W. (1987) *International Perspectives on Action Learning*. University of Manchester, Institute for Development Policy and Management, Manchester Training Handbooks, 9 (Manchester: IDPM Publications, University of Manchester).

Revans, R. W. (1987) "The Making of Managers: A comment by Prof. R. W. Revans", Newsletter, 6(3), The International Foundation for Action Learning,

November, pp. 4-8.

Revans, R. W. (1987) "The Making of Managers", Newsletter 22, 12 September, IMCB Buckingham, pp. 13-19.

Revans, R. W. (1987) "Letter to the Editor", *Organization Development Journal*, 5(1), Spring, p. 1.

Revans, R. W. (1987) "Letter to the Editor", *Organization Development Journal*, 5(2), Summer, p. 1.

Revans, R. W. (1987) "Preface", in Nelson Coghill and Portia Holman (eds.), *Disruptive Behaviour in Schools!: Causes, treatment and prevention* (Bromley, U.K.: Chartwell-Bratt), p. iv.

Revans, R. W. (1988) *The Golden Jubilee of Action Learning: A collection of papers written during 1988* (Manchester Business School and Manchester Action Learning Exchange [MALEx]).

Revans, R. W. (1988) "Action Learning - Its range and variety", in *The Golden Jubilee of Action Learning: A collection of papers written during 1988* (Manchester, England: Action Learning Exchange [MALEx], University of Manchester), pp. 37-79.

Revans, R. W. (1988) "Fifty years On", in *The Golden Jubilee of Action Learning: A collection of papers written during 1988* (Manchester, England: Action Learning Exchange [MALEx], University of Manchester), pp. 15-36.

Revans, R. W. (1988) "Action Learning and the Freshmen", *The Golden Jubilee of Action Learning: A collection of papers written during 1988* (Manchester, England: Action Learning Exchange [MALEx], University of Manchester), pp. 99-136.

Revans, R. W. (1988) "Action Learning in the Third World", *The Golden Jubilee of Action Learning: A collection of papers written during 1988* (Manchester, England: Action Learning Exchange [MALEx], University of Manchester), pp. 80-98.

Revans, R. W. (1988) "From Cleverness to Wisdom", *The Golden Jubilee of Action Learning: A collection of papers written during 1988* (Manchester, England: Action Learning Exchange [MALEx], University of Manchester), pp. 137-62.

Revans, R. W. (1988) "The Learning Equation: An introduction", in John Peters (ed.), *Customer First - The Independent Answer*, [Business Education Serial], 9(3/4) (Bradford, West Yorkshire, England: MCB University Press Limited), pp. 119-20.

Revans, R. W. (1988) "Management, Management Talent, and Society", Invited address, Manchester Business School, MALEx (Manchester Action Learning Exchange) delivered 13 January, 1988. Complete address printed, delivered under sponsorship of Prudential and BIM.

Revans, R. W. (1988) "Letter to the Editor", *Organization Development Journal*, 6(2), Summer, p. 2.

Revans, R. W. (1988) "The Last Days of October", *Organization Development Journal*, 6(4), Winter, pp. 33-40.

Revans, R. W. (1988) "Evidence of Learning: A study of manufacturing industry in Belgium where action learning was tried in 1968", Occasional paper, Manchester School of Management, 8807. Manchester: Manchester School of Management, University of Manchester Institute of Science and Technology.

Revans, R. W. and Mann, P. (1989) "Nepal Administrative Staff College: Promotion of Action Learning", University of Manchester Institute for Development Policy and Management, 18 March-8 April (Manchester: University of Manchester. Institute for Development Policy).

Revans, R. W. (1989) "Letter to the Editor", *OR Insight*, 2(2), April-June, p. 27.

Revans, R. W. (1989) "Letter to the Editor", *Organization Development Journal*, 7(3), Fall, p. 96.

Revans, R. W. (1989) "Letter to the Editor", *Organization Development Journal*, 7(3), Fall, p. 97.

Revans, R. W. (1989) "Letter to the Editor", *OR Insight*, 2(1), January -March, pp.

22-3.

Revans, R. W. (1989) "Integrity in the College Curriculum", *Higher Education Review*, 21(2), Spring, pp. 26-62.

Revans, R. W. (1990) "The Hospital as a Human System", *Behavioural Science*, 35(2), pp. 108-14.

Revans, R. W. (1991) Reg Revans speaks about action learning, Interviewed by O. Zuber-Skerritt (Brisbane: TV Centre, University of Queensland).

Revans, R. W. (1991) "Action Learning in the Third World", *International Journal of Human Resource Management*, 2, May, pp. 73-91.

Revans, R. W. (1991) "Letter to the Editor entitled 'Keep away from gurus' ", *Organization Development Journal*, 9(2), Summer, pp. 91-3

Revans, R. W. (1992) "Improving Health Care: A social challenge?", *East European Medical Journal*, 1(1), pp. 5-8.

Revans, R. W. (1993) "Letter to the Editor", *Organization Development Journal*, 11(4), Winter, pp. 89.

Revans, R. W. (1993) "Address to the 2nd International Congress of Educating Cities", in *Farrington, Freire, Revans, Sapp: Four of the main speakers at the 2nd International Congress of Educating Cities*, 25-27 November, 1992, in Gothenburg, Sweden, edited by Torbjorn Stockfelt (Gothenburg: Gotheburg City Education Committee).

Revans, R. W. (1994) "Life History Interview [and] Action Learning and The Belgian Action Learning Program, Including an Address to the Faculty of the Defense Systems Management College at Fort Belvoir, Virginia", Interviews by Robert L. Dilworth et al., during Revans' visit to Virginia Commonwealth University as a Distinguished Scholar.

Revans, R. W. (1994) "Action Learning or Partnership in Adversity. The Economic Effects of National Spontaneity", prepared by Albert E. Barker. s.l.

Revans, R. W. (1996) "Past, Present and Future: Evidence of action learning", in *International Action Learning Seminar: Additional Papers*, Summer (Manchester: Revans Centre for Action Learning and Research, University of Salford).

Revans, R. W. (1997) "A Conversation with Reg Revans, 17 December, 1996", in M. Pedler (ed.), *Action Learning in Practice*, 3rd edn (Aldershot: Gower), pp. xi-xix.

Revans, R. W. (1997) "Action Learning: Its origins and nature", in M. Pedler (ed.), *Action Learning in Practice*, 3rd edn (Aldershot: Gower), pp. 3-14.

Revans, R. W. (1998) *The ABC of Action Learning* (London: Lemos & Crane. Mike Pedler Library).

Revans, R. W. (1998) "Sketches of Action Learning", *Performance Improvement Quarterly*, 11(11), pp. 23-7.

Revans, R. W. (1999) "Action Learning: Wesen und Voraussetzungen", in *Action Learning: Ein Handbuch*, Otmar Donnenberg (ed.) (Stuttgart: Klett-Cotta), pp. 28-43.

Revans, R. W. (1999) "Foreword", in M. J. Marquardt, *Action Learning in Action: Transforming Problems and People for World-Class Organizational Learning* (Palo Alto: Davies-Black), p. ix-x.

Revans, R. W. (2001) *Essentials of Action Learning*, 1978, edited and revised by David Botham, 1998, in John Raven and John Stephenson (eds.), *Competence in the Learning Society* (New York: Peter Lang Publishing), pp. 333-7.

Revans, R. W. (2003) "Foreword", in Robert L. Dilworth and Verna J. Willis, *Action Learning: Images and pathways* (Malabar, Florida: Krieger), pp. vii-x.

Revans, R. W. (2004) "The ABC of Action Learning", in A. E. Barker and R. W. Revans, *An Introduction to Genuine Action Learning* (Oradea, Romania: Oradea University Press), pp. 212-64

Revans (2004) "Confirming Cases", in A. E. Barker and R. W. Revans, *An Introduction to Genuine Action Learning* (Oradea, Romania: Oradea University Press), pp. 265-318.

기록보관물 및 기타 1차 자료

기록보관물과 인터뷰와 같은 1차 출처를 토대로 액션러닝의 역사와 발전에 대한 연구가 많이 이루어질 것이다. 다음에 제시한 목록은 접근 가능한 중요 자료이다.

(A) 기관 소장품

(1) 영국

맨체스터 대학교 University of Manchester

레그 레반스 기록보관물과 저서들

레그 레반스 기록보관물 자료(맨체스터):

이 자료들은 살포드 대학 내 레반스 연구소Revans Institute가 소장해 왔으나, 2009년부터 맨체스터 경영대학원의 레반스 아카데미Revance Academy로 옮겨지는 과정에 있다. 레반스 연구소는 더 이상 존재하지 않는다.

http://www.mbs.ac.uk/research/revans_academy/revans-academy.aspx

레반스 아카데미 웹사이트

http://www.revanscenter.com/

나중에 레반스 연구소로 변경된 레반스 센터Revance Centre는 1994년~2006년 영국 살포드 대학에서 설립되었다. 새로운 레반스 아카데미는 현재 영국 맨체스터 경영대학원에서 설립 중에 있다(편집자 주: 작성된 시기를 기준으로 함)

레반스 소장품 관련 유용한 링크:

http://www.ils.salford.ac.uk/library/resources/special/

랭카스터 대학 Lancaster University

국제액션러닝재단 International Foundation for Action Learning(IFAL)

www.ifal.org.uk/

1977년에 만들어진 국제액션러닝재단의 논문, 출판물 및 도서는 광범위하여 재보관 작업 중이다.

(2) 벨기에

산학협력재단 Archives of the Fondation Industrie-Université의 기록물

이 자료들은 벨기에 왕립 도서관Royal Library of Belgium에 소장되어 있다. www.kbr.be

재단과 함께 일했던 레반스의 업적은 『유능한 관리자 육성Developing Effective Managers』(1971년)에 기술되어 있다. 그는 산업계 및 일부 대학들과 대학 간 고위 경영 프로그램에 관여하며 약 10년 동안 재단과 함께 일 해 왔다.

공식 기록보관물 목록에는(주 저널의 계정과 출판물, 위원회 구성 등 법적 구속력이 있는 활동과 관련된) 법령 출판물이 목록화되어 있다. 여기에는 활동 보고서와 같은 공식 출판물도 있지만, 편지, 서신, 재단이 운영한 경영교육과 레반스 시기에 진행된 콜로퀴움 자료집의 실제 파일 목록 등도 있다. 노케에서 개최되었던 워크숍/콜로퀴움은 벨기에 최고 대학들의 노련한 시니어 스태프와 최고의 산업전문가들이 공을 들여 준비했을 것이다.

이것들은 주기록원에 보관되어 있어 기록물에 대해 협의하고자 하는 사람은 장시간 걸리는 요청과 승인 과정을 거쳐야 한다. 이 기록보관물의 일부(액션러닝 평가, 인터뷰, 적용 등에 관한 개인 자료)는 법에 의해 2011년에만 공개된다.

유럽경영훈련센터(European Association of Management Training Centres, EAMTC) 및 유럽경영개발재단(European Foundation for Management Development, EFMD)의 기록보관물

레반스는 1960년대와 1970년대 초에 EAMTC의 대표이자 연구원이었다. 그러나 EAMTC의 대부분의 자료가 보존되지 않은 것으로 알려져 있다.

(3) 미국

하버드 대학 Harvard University

레반스의 경영교육 및 액션러닝 방식을 지지하는 롬버드George Lombard의 논문들이 있다. 롬버드는 1942년부터 1977년까지 하버드 경영대학원의 교수였다. 두 사람이 주고받았던 서신을 포함하여 레반스와 관련된 자료들이 남아 있다.

레반스 소장품에 대한 온라인 가이드:

http://oasis.lib.harvard.edu/oasis/deliver/~bak00036

(B) 개인 소장품

원본 자료, 우편물, 출판물, 비디오 및 사운드 녹음은 아래에 열거된 사람들의 동의 하에 자격 있는 연구자들이 이용할 수 있다.

바커 교수 Professor Albert E. Barker

Email: prof.albertbarker@tiscali.co.uk

보식 박사 Dr. Yury Boshyk

Email: yury@gel-net.com

빅 박사 Dr. Donna Vick
Email: donnakvick@yahoo.com

윌리스 교수 Professor Verna J. Willis
Email: PADVJW@langate.gsu.edu

액션러닝 역사와 발전 관련 출판물

레반스가 제1저자로 등재된 액션러닝 출판물은 여기에 포함되어 있지 않고 본 저서의 섹션 (i)에서 찾을 수 있다. 보다 자세한 내용은 이 책의 6장을 참조하라.

Action Society Trust (1957) *Size and Morale, Part II: A Further Study of Attendance at Work in Large and Small Units* (London: The Acton Society Trust).

Amdam, R. P. (ed.) (1996) *Management Education and Competitiveness: Europe, Japan and the United States* (London: Routledge).

Anderson, J. R. L. (1965) "Man at Work", *The Guardian*, 24 September.

[Anonymous] (1987) Revans, Prof. Reginald William, in *Who's Who 1987: An Annual Biographical Dictionary*, 1468 (London: A & C Black).

[Anonymous] (1997) "A Prophet Is Not Without Honour, Save in His Own Country: The Story of Professor Reg Revans", *The Antidote*, 10.

Argyris, M. and Schön, D. (1974) *Theory in Practice. Increasing professional effectiveness* (San Francisco: Jossey-Bass).

Argyris, C. and Schön D. (1978) *Organizational Learning: A Theory of Action Perspective* (Reading, MA: Addison-Wesley).

Argyris, C., Putnam R., and Smith, D. M. (1985) *Action Science: Concepts, methods, and skills for research and intervention* (San Francisco: Jossey-Bass).

Ashmawy, S. and Revans, R. W. (1972) "The Nile Project: An experiment in educational authotherapy", A monograph upon which the Fondation Industrie- Universite contribution to the 1972 ATM Conference was based. Paris: The Development Centre, Organisation for Economic Co-operation and Development (OECD).

Ashmawy, S. (1972) "Consortium Revans", *Journal of European Training*, 1, Summer, pp. 54-6.

Ashton, D. (1974) "Project-based Management Development", *Personnel Management*, 6(7), pp. 26-8, 36.

Attwood, M., Pedler, M., Pritchard, S., and Wilkinson, D. (2003) *Leading Change: A guide to whole systems working* (Bristol: Policy Press).

Aubusson, P., Ewing, R., and Hoban, G. (2009) *Action Learning in Schools: Reframing school teachers' professional learning and development* (London: Routledge).

Bacon, C. J. (2005) "Winning against Difficult Issues: The power of action learning with systems thinking", in S. Reddy and A. E. Barker (eds.), (2005), *Genuine Action Learning: Following the spirit of Revans* (Hyderabad: ICFAI University Press), pp. 114-54.

Bailey, J. (1980) "Action Learning for Small Firms", *Training Officer*, 16(7), pp. 174-6.

Bakhshi, B. K. (1979) "Action Learning: An Indian experience", *Indian Journal of Training and Development*, July-August.

Baldassarre, S. (1995) "Action Learning for Italian Managers in a Changing Context", *Action Learning News: The Newsletter of IFAL*, 14(3), September, pp. 14-5.

Baquer, A. and Craig, J. (1973) "Action Learning: Staff training based on evaluation of the services by the providers", *Journal of European Training*, 2(1), pp. 43-55.

Baquer, A. Q. and Revans, R. W. (1973) *"But surely that is their job": A study in practical cooperation through action learning* (Southport: A.L.P. International Publications).

Baquer, A. [Memoir] *Linkup 2 [2]. 2002-2003* (Manchester, Revans Institute for Action Learning and Research, University of Salford).

Barker, A. E. (1998) "Profile of Action Learning's Principal Pioneer -Reginald W. Revans", *Perfomance Improvement Quarterly*, 11(1), pp. 9-22.

Barker, A. E. (1998) "Fundamental Aspects of Action Learning", in W. Gasparksi and D. Botham (eds.), *Action Learning* (New Brunswick, U.S.: Transaction Publishers), pp. 13-32.

Barker, A. E. and Revans, R. W. (2004) *An Introduction to Genuine Action Learning* (Oradea, Romania: Oradea University Press).

Barker, A. E. (2004) "Elements of Action Learning", in A. E. Barker and R. W. Revans (eds.), *An Introduction to Genuine Action Learning* (Oradea, Romania: Oradea University Press), pp. 9-207.

Barker, A. E. (2005) "Action Learning -SETS -and Other Sensitivities, in S. Reddy, and A. E. Barker (eds.), *Genuine action learning: Following the spirit of Revans* (Hyderabad: The ICFAI University Press), pp. 29-87.

Barker, A. E. and Revans. R. W. (2004) An Introduction to Genuine Action Learning (Oradea, Romania: Oradea University Press).

Barker, A. E. (2004) "Professor R.W. Revans: The Founding Father of Action Learning -A short bio-summary", in A. E. Barker and R. W. Revans (eds.), *An Introduction to Genuine Action Learning* (Oradea, Romania: Oradea University Press), pp. 17-44.

Barrett, N. (2000) " 'Learning the Hard 'Way': Creating an executive development opportunity for learning and reflection", in Boshyk (2000), pp. 227-37.

Beckhard, R. (1969) *Organization Development: Strategies and models* (Reading, MA: Addison-Wesley).

Beckhard, R. (2006) "What is Organization Development?", in J. V. Gallos (ed.), *Organization Development: A Jossey-Bass reader* (San Francisco: Jossey-Bass), pp. 3–12.

Beer, S. and Revans, R. W. (1959) *Operational Research and Personnel Management. Part 1 by S. Beer, Part 2 by R.W. Revans* (London: Institute of Personnel Management. Occasional Papers), p. 14.

Begley, S. (2007) *Train Your Mind, Change Your Brain: How a new science reveals our extraordinary potential to transform ourselves* (New York: Ballantine Books).

Bellah, R. N., Madsen, R., Sullivan, W. M., and Tipton, S. M. (1985) *Habits of the Heart: Individualism and Commitment in American Life* (New York: Harper & Row).

Bellmann, M. (2000) "Siemens Management Learning: A highly integrated model to align learning processes with business needs", in Y. Boshyk, (ed.), *Business Driven Action Learning: Global best practices* (London/New York: Macmillan Business and St Martin's Press), pp. 140–51.

Bennis, W. G. (1969) *Organization Development: Its nature, origins, and prospects* (Reading, MA: Addison-Wesley).

Bertrams, K. (2001) "The Diffusion of US Management Models and the Role of the University: The Case of Belgium (1945–1970)", Article on the internet available at web.bi.no/forskning/ebha2001.nsf/23e5e39594c064ee852564ae004fa010/... /$FILE/C2%20-%20Bertrams.PDF

Bertrams, K. (2006) *Universites et enterprises: Milieux academiques et industriels en Belgique (1880-1970)* (Brussels: Le Cri).

Bertsch, J. and Zürn P. (1997) *Führen und Gestalten: 100 Unternehmergesprache in Baden-Baden* (Berlin: Springer).

Bhandarker, Asha (2008) *Shaping Business Leaders: What B-schools don't do* (New Delhi: Sage).

Boddy, D. (1979) "Some Lessons Learned from an Action Learning Programme", *Journal of European Industrial Training*, 3(3), pp. 17-21.

Boddy, D. (1980) "An Action Learning Programme for Supervisors", *Journal of European Industrial Training*, 4(3), pp. 10-13.

Boddy, D. (1981) "Putting Action Learning into Action", *Journal of European Industrial Training*, 5(5), pp. 39-52.

Boddy, D. (1983) "Supervisory Development", in M. Pedler (ed.), *Action Learning in Practice*, 1st edn (Aldershot: Gower), pp. 83-92.

Boisot, M. and Fiol, M. (1987) "Chinese Boxes and Learning Cubes: Action learning in a cross-cultural context", in A. Mumford (ed.), "Action Learning", *Journal of Management Development*, Special issue in honor of Reg Revans, 6(2), pp. 8-18.

Bolt, J. and Boshyk, Y. (2005) "Using Action Learning for Executive Development", in J. Bolt (ed.), *The Future of Executive Development*. s.l.: Executive Development Associates, pp. 86-99.

Boshyk, Y. (2000) "Beyond Knowledge Management: How companies mobilize experience", in D. Marchand, T. H. Davenport, and T. Dickson (eds.), *Mastering Information Management* (London: *Financial Times*/Prentice Hall), pp. 51-8.

Boshyk, Y. (ed.) (2000) *Business Driven Action Learning: Global best practices* (London/New York: Macmillan/St Martin's Press).

Boshyk, Y. (2000) "Business Driven Action Learning: The key elements", in Y. Boshyk, (ed.), *Business Driven Action Learning: Global best practices* (London/ New York: Macmillan Business/St Martin's Press), pp. xi-xvii.

Boshyk, Y. (ed.) (2002) *Action Learning Worldwide: Experiences of leadership and organizational development* (Basingstoke, U.K./New York: Palgrave Macmillan).

Boshyk, Y. (2002) "Why Business Driven Action Learning?", in Y. Boshyk (ed.),

Action Learning Worldwide: Experiences of leadership and organizational development (Basingstoke, U.K. and New York: Palgrave Macmillan), pp. 30–52.

Boshyk, Y. (2009) "The Development of Global Executives: Today and tomorrow", in D. Dotlich, P. Cairo, S. Rhinesmith and R. Meeks (eds.), (2009), *The 2009 Pfeiffer Annual: Leadership development* (San Francisco: Wiley), pp. 108–26.

Bossert, R. (2000) "Johnson & Johnson: Executive development and strategic business solutions through action learning", in Y. Boshyk (ed.), *Business Driven Action Learning: Global best practices* (London/New York: Macmillan Business/St Martin's Press), pp. 91–103.

Botham, D. (1995) "Is Action Learning a Cult?", *Action Learning News: The Newsletter of IFAL*, 14(3), September, pp. 2–5.

Botham, D. (1998) "The Context of Action Learning: A short review of Revans' work", in W. Gasparski and D. Botham (eds.), *Action Learning* (New Brunswick: Transaction Books), pp. 33–61.

Botham, D. and Vick, D. (1998) "Action Learning and the Program at the Revans Centre", *Performance Improvement Quarterly*, 11(2), pp. 5–16.

Botham, D. (2001) *The Process of Action Learning and the Procedures of Research*. Salford: University of Salford, Revans Institute for Action Learning and Research (Seminar series: paper 3).

Botham, D. (2005) "The Revans Approach to Action learning: Learning to learn by doing", in S. Reddy, and A. E. Barker (eds.), *Genuine Action Learning: Following the spirit of Revans* (Hyderabad: ICFAI University Press), pp. 21–8.

Boulden, G. P. and Lowe, J. (1980) *Inplant Action Learning*. s.l.: Action Learning Associates.

Boulden, G. (1981) "How Action Learning Can Teach Firms", *Management Today*, February, pp. 33–6.

Boulden, G. and Lawlor, A. (eds.) (1987) *The Application of Action Learning*.

(Geneva: ILO).

Boulden, G. P. and Safarikova, V. (1997) "Industrial Restructuring in the Czech Republic", in M. Pedler, (ed.), *Action Learning in Practice*, 3rd edn (Aldershot: Gower), pp. 107-16.

Bourner, T. (2000) *New Directions in Action Learning* (Salford: University of Salford, Revans Institute for Action Learning and Research, Seminar series).

Bowden, B. V. (1955) *Faster Than Thought: A symposium on digital computing machines* (London: Pitman and Sons).

Bowden, Lord Vivien (1980) "Action Learning in the Lords", Newsletter 6 (The Action Learning Trust), pp. 6-7.

Boydell, T. (1976) "Experiential Learning", Manchester monograph 5 (Manchester: Department of Adult Education, University of Manchester).

Brassard, C. (2002) "Learning in Action: Accelerating the development of highpotential executives in the Canadian Public Service", in Y. Boshyk (ed.), *Action Learning Worldwide: Experiences of leadership and organizational development* (Basingstoke, U.K. and New York: Palgrave Macmillan), pp. 133-51.

Braun, W. (2000) "DaimlerChrysler: Global leadership development using action-oriented and distance-learning techniques", in Y. Boshyk (ed.), *Business Driven Action Learning: Global best practices* (London/New York: Macmillan Business/St Martin's Press), pp. 3-13.

Brooks, A. K. (1988) "Educating Human Resource Development Leaders at the University of Texas at Austin: The use of action learning to facilitate university- workplace collaboration", *Performance Improvement Quarterly*, 11(2), pp. 48-58.

Brown, B. F. (1963) *The Non-Graded High School* (New York: Prentice-Hall).

Brown, N. (1983) "Improving Management Morale and Efficiency", in M. Pedler (ed.), *Action Learning in Practice*, 1st edn (Aldershot: Gower), pp. 93-104.

Brummer, A. and Cowe, R. (1998) *Weinstock: The life and times of Britain's premier industrialist* (London: HarperCollins).

Burgoyne, J. G. (2001) "The Nature of Action Learning: What is learned about in action learning" (Salford: University of Salford, Revans Institute for Action Learning and Research, Seminar series).

Burke, W. W. (1978) *The Cutting Edge: Current theory and practice in organization development* (La Jolla, CA: University Associates).

Burke, W. W. (1987) *Organization Development: A normative view* (Reading, MA: Addison-Wesley).

Burke, W. W. (2006) "Where Did OD Come From?", in J. V. Gallos (ed.), *Organization Development: A Jossey-Bass Reader* (San Francisco: Jossey-Bass), pp. 13-38.

Burke, W. W. (2008) "A Contemporary View of Organization Development", in T. G. Cummings (ed.), *Handbook of Organization Development* (Los Angeles: Sage Publications), pp. 13-38.

Byrd, S. and Dorsey, L. (2002) "Getting to the Future First and the E-Business Leadership Challenge: Business driven action learning at Lilly", in Y. Boshyk (ed.), *Action Learning Worldwide: Experiences of leadership and organizational development* (Basingstoke, U.K./New York: Palgrave Macmillan), pp. 110-22.

Casey, D. (1975) "A Diagnostic Model for the OD Consultant", *Journal of European Training*, 4(1), pp. 33-41.

Casey, D. (1976) "The Emerging Role of Set Adviser in Action Learning Programmes", *Journal of European Training*, 5(3), pp. 3-14.

Casey, D. (1977) "Reflections of a Set Adviser", *ALT Newsletter*, 1.

Casey, D. (1978) "Project Training for Managers -The underlying paradox", *Journal of European Industrial Training*, 2(5).

Casey, D. (1980) "Transfer of Learning -There are two separate problems", in J.

Beck and C. Cox (eds.), *Advances in Management Education* (Chichester: Wiley).

Casey, D. (1983) "Day Release for Chief Executives", *Personnel Management*, 15(6), July, pp. 30-3.

Casey, D. (1987) "Breaking the Shell that encloses Your Understanding", in A. Mumford (ed.), "Action Learning", *Journal of Management Development*, Special issue in honor of Reg Revans, 6(2), pp. 30-7.

Casey, D. (1993) *Managing Learning in Organisations* (Milton Keynes: Open University Press).

Casey, D. (1997) "The Role of the Set Advisor", in M. Pedler (ed.), *Action Learning in Practice, 3rd edn*, pp. 209-20.

Casey, D. (1997) "The Shell of Your Understanding", in M. Pedler (ed.), *Action Learning in Practice*, 3rd edn (Aldershot: Gower), pp. 221-8.

Casey, D. and Pearce, D. (eds.) (1977) *More than Management Development: Action learning at GEC* (New York: AMACOM).

Caulkin, S. (1995) "A Past Master Passes Muster: Lord Weinstock and Sir Peter are fans of unsung UK management guru Reg Revans", *The Observer*, 30 April, p. 12.

Caulkin, S. (2003) "Reg Revans: Inspired management thinker of 'action learning'", *The Guardian*, 8 March.

[Obituary, accessed 11 November, 2009, available at http://www.guardian.co.uk/news/2003/mar/08/guardianobituaries.simoncaulkin]

Cell, E. (1984) *Learning to Learn from Experience* (Albany, NY: State University of New York Press).

Cederholm, L. (2002) "Tibetan Buddhism and the Action reflection Learning Philosophy", in Y. Boshyk (ed.), *Action Learning Worldwide: Experiences of leadership and organizational development* (Basingstoke, U.K./New York: Palgrave Macmillan), pp. 268-81.

Checkland, P. and Poulter, J. (2007) *Learning for Action: A short definitive account of soft systems methodology, and its use for practitioners, teachers and students* (Reading, MA: Wiley).

Chorafas, D. N. (1962) *Programming Systems for Electronic Computers* (London: Butterworths).

Clutterbuck, D. (1974) "An Egyptian Project for Swapping Managers", *International Management*, 29(11), November, pp. 28-34.

Clutterbuck, D. (1976) "Whatever Happened to Action Learning? While the traditional massive projects continue, the future of the technique seems to lie in less ambitious undertakings", *International Management*, 31(11), November, pp. 47-9.

Clutterbuck, D. and Crainer, S. (1990) *Makers of Management: Men and women who changed the business world* (London: Guild Publishing).

Coghill, N. F. (1983) "A Bibliography of Action Learning", in M. Pedler (ed.), *Action Learning in Practice* (Aldershot: Gower), pp. 277-83.

Coghill, N. F. and Stewart, J. S. (1998) *The NHS: Myth, Monster or Service? Action learning in hospital* (Salford, U.K.: Revans Centre for Action Learning and Research).

Cole, R. E. (1989) *Strategies for Learning: Small-group activities in American, Japanese and Swedish Industry* (Berkeley: University of California Press).

Comfort, W. W. (1968) *Just Among Friends: The Quaker way of life*, 5th and revised edn (Philadelphia: American Friends Service Committee).

Commemoration of the life of Lord Bowden of Chesterfield 1910-1989 (1989) (Manchester: University of Manchester, Institute of Science and Technology).

Commonwealth Fund (1990) *Directory of Commonwealth Fund Fellows and Harkness Fellows, 1925-1990* (New York: Commonwealth Fund).

Conference on the Education of the Young Worker (1949) *The Education of the Young Worker: Report of a Conference held at Oxford in 1948 under the auspices of the University Department of Education* (Oxford University Press for King George's Jubilee Trust).

Conference on the Education of the Young Worker (1950) *The Education of the Young Worker: Report of the Second Conference held at Oxford in July 1949 under the auspices of the University Department of Education* (Oxford University Press for King George's Jubilee Trust).

Corfield, K. and Penney, M. (1983) "Action Learning in the Community", in M. Pedler, (ed.), *Action Learning in Practice*, 1st edn (Aldershot: Gower), pp. 119-26.

Cortazzi, D. and Baquer, A. (1972) *Action Learning: A guide to its use for hospital staff based on a pilot study in co-ordination in hospitals for the mentally handicapped*. S.l.[London]: King's Fund Hospital Centre.

Crainer, S. (1996) Interview with Reg Revans, *Financial Times*, 12 April.

Cranwell, B. (1983) "Action Learning in the Community", in M. Pedler (ed.), *Action Learning in Practice*, 1st edn (Aldershot: Gower), pp. 127-40.

Cumming, J. and Hall, I. (2001) *Achieving Results through Action Learning: A Practitioner's Toolkit for Developing People* (Maidenhead, U.K.: Peter Honey Publications).

Cunningham, I. (1987) "When Is It Action Learning?", Newsletter 6(3), November, *International Foundation for Action Learning*, p. 18.

Cunningham, I., Dawes, G., and Bennett, B. (2004) *The Handbook of Work Based Learning* (Aldershot: Gower).

Davey, C. L., Powell, J. A. C., and Powell, J. E. (2004) "Innovation, Construction SMEs and Action Learning", *Engineering, Construction and Architectural* Management, 11(4), pp. 230-7.

Davids, B. N., Aspler, C., and McIvor, B. (2002) "General Electric's Action Learning Change Initiatives: Work-out and the change acceleration process", in Y. Boshyk (ed.), *Action Learning Worldwide: Experiences of leadership and organizational development* (Basingstoke, U.K. and New York: Palgrave

Macmillan), pp. 76-89.

De Loo, I. and Verstegen, B (2001) "New Thoughts on Action Learning", *Journal of European Industrial Training*, 25(2,3,4), pp. 229-34.

Dennis, C., Cederholm, L., and Yorks, L. (1996) "Learning Your Way to a Global Organization: Grace Cocoa", in: Victoria J. Marsick and Karen E. Watkins (eds.), in G. Deurinck, (1987), "University and Enterprise: Facing a new era", *IMD Journal*, 3, pp. 1-3.

Deutsche Vereiniging zur Forderung der Weiterbildung von Fuhrungskraften (Wuppertaler Kreis) and the European Foundation for Management Development (EFMD) (1978) *Management Education in Europe: Towards a new deal, internal and external training* (Cologne: Hanstein).

Dierk, U. and Saslow, S. (2005) "Action Learning in Management Development Programs", *Chief Learning Officer*, May, pp. 20-5.

Dilworth, R. L. (1996) "Action Learning: Bridging academic and workplace domains", *Employee Counselling Today*, 8(6), pp. 48-56.

Dilworth, R. L. (1998) "Action Learning in a Nutshell", *Performace Improvement Quarterly*, 11(1), pp. 28-43.

Dilworth, R. L. (1998) "Action Learning at Virginia Commonwealth University: Blending action, reflection, critical incident methodologies, and portfolio assessment", *Performance Improvement Quarterly*, 11(2), pp. 17-33.

Dilworth, R. L. (ed.) (1998) Performance Improvement Quarterly, 11(1) and 11(2), Special issues on Action Learning.

Dilworth, R. L. (2005) "Creating Opportunities for Reflection in Action Learning: Nine important avenues", in S. Reddy and A. E. Barker (eds.), *Genuine Action Learning: Following the spirit of Revans*. Hyderabad: ICFAI University Press, pp. 88-113.

Dilworth, R. L. and Willis, V. J. (2003) *Action Learning: Images and pathways* (Malabar, FL: Krieger).

Dingle, H. (1954) *The Sources of Eddington's Philosophy* (Cambridge: Cambridge University Press).

Dixon, M. (1971) "David, Goliath and Dr. Revans: [European] Management Education Conference", *Financial Times*, 8 January, D15.

Dixon, N. M. (1997) "More Than Just a Task Force", in M. Pedler (ed.), *Action Learning in Practice*, 3rd edn (Aldershot: Gower), pp. 329-37.

Dixon, N. M. (1999) *Organization Learning Cycle* (Aldershot: Gower).

Dixon, N. M. (2000) "Talk, Authenticity and Action Learning in the Learning Organization: Dialogue at work", *The Learning Organization: An international journal*, 7(1), pp. 42-7.

Dobinson, C. H., (ed.) (1951) Education in a Changing World: A symposium (Oxford: Clarendon Press).

Donnenberg, O. (ed.) (1999) *Action Learning: Ein Handbuch* (Stuttgart: Klett-Cotta).

Dotlich, D. L. and Noel, J. (1998) *Action Learning: How the world's top companies are re-creating their leaders and themselves* (San Francisco: Jossey-Bass).

Drieghe, L. (1990) *Action Learning: een biografie van Reginald William Revans: een overzicht van theorie en experimenten*. [s.l.] : [s.n.]. Licentiate Exordium.

Driehuis, M. (1997) *De lerende adviseur: een onderzoek naar intercollegiaal consult in organisatieadvisering* (Delft: Eburon).

Edmonstone, J. (2003) *The Action Learner's Toolkit* (Aldershot: Gower).

Eglin, R. (1977) "Reg Revans: Business schools come under fire from action man", *Industrial Management*, May, pp. 25-7.

Engwall, L. and Zamagni, V. (eds.) (1998) *Management Education in Historical Perspective* (Manchester: Manchester University Press).

European Foundation for Management Development (1996) *Training the Fire Brigade: Preparing for the Unimaginable* (Brussels: European Foundation for Management Development).

"Executive Swapping in Europe" (1971) *DUNS Review, International Business*, 97, March, p. 77.

Foy, N. (1972) "The Maverick Mind of Reg Revans", *Management Today*, November, pp. 79, 81, 163, 168.

Foy, N. (1975) *The Sun Never Sets on IBM: The culture and folklore of IBM world trade* (New York: Morrow).

Foy, N. (1977) "Action Learning Comes to Industry", *Harvard Business Review*, 55(5), September-october, pp. 158-68.

Foy, N. (1977) "The Union Man Learns Action", *Management Today*, October, pp. 25-38.

Foy, N. (1979) "Management Education - Current Action and Future Needs: A summary of research into the requirements of british management education in the eighties", *Journal of European Industrial Training*, 3(2), pp. 1-28.

Foy, N. (1980) *The Yin and Yang of Organizations* (New York: William Morrow).

Foy, N. (1994) *Empowering People at Work* (Aldershot: Gower).

Freedman, N. J. (2000) "Philips and Action Learning Programs: From training to transformation", in Y. Boshyk (ed.), *Business Driven Action Learning: Global best practices* (London/New York: Macmillan Business/St Martin's Press), pp. 123-33.

Freire, P. (1970) *Pedagogy for the Oppressed* (New York: Continuum).

Garratt, R. (1976) *The Developing Use of Action Learning in Urban and Rural Development*. s.l.: ALP [Action Learning Projects] International.

Garratt, R. (1980) *Management Behavior: Individuals and groups. A primer on action learning sets, a basic guide for set advisers* (Rugby, England: Action Learning Associates).

Garratt, R. (1983) "The Role of the Learning Group Adviser: A process of phased redundancy?", *Management Education and Development*, 14(3), pp. 201-7.

Garratt, R. (1983) "The Power of Action Learning", in M. Pedler (ed.), *Action*

Learning in Practice, 1st edn (Aldershot: Gower), pp. 23-38.

Garratt, R. (1987) "Learning is the Core of Organisational Survival: Action learning is the key integrating process", in A. Mumford (ed.), "Action Learning", *Journal of Management Development*, Special issue in honor of Reg Revans, 6(2), pp. 38-44.

Garratt, R. (1987) *The Learning Organization: And the need for directors who think* (London: Fontana).

Gasparski, W. W. and Botham, D. (eds.) (1998) *Action Learning. Praxiology: The International Annual of Practical Philosophy and Methodology* (New Brunswick, NJ: Transaction Publishers).

Gay, P. (1983) "Action Learning and Organizational Change", in M. Pedler (ed.), *Action Learning in Practice*, 1st edn (Aldershot: Gower), pp. 153-64.

Gellerman, S. W. (1966) *The Management of Human Relations* (Hinsdale, IL: Dryden Press).

Gilbert, R. V. (1979) "Action Learning Down Under Comes Out On Top", *Education and Training*, 21(10), pp. 315-16.

Gilbert, R. V. (1991) *Reglomania: The curse of organisational reform and how to cure it*. London: Prentice Hall.

Gothenburg City Education Committee (1992) *Farrington, Freire, Revans, Sapp: Four of the main speakers at the 2nd International Conference of Educating Cities*, 25-27 November, 1992 in Gothenburg, Sweden (Gothenburg: Gothenburg City Education Committee).

Gourvish, T. R. and Tiratsoo, N. (eds.) (1998) *Missionaries and Managers: American influences on European management education, 1945-60* (Manchester: Manchester University Press).

Grayson, C. J. (1973) "Management Science and Business Practice", *Harvard Business Review*, July-August, pp. 41-9.

Gregg-Logan, A. (2002) "Business Driven Action Learning Catches on All Over the World". Accessed 11 November, 2009, [available at http://www.distanceeducator.com/Article6809.phtml]

Greiner, L. E. (1977) "Reflections on OD American Style", in C. L. Cooper (ed.), *Organizational Development in the UK and USA* (London: Macmillan), pp. 65-82.

Greville, M. R. (2000) "Facilitating Leadership Development through High Performance Teamwork", in Yury Boshyk (ed.), *Business Driven Action Learning: Global best practices* (London/New York: Macmillan Business/St Martin's Press), pp. 191-9.

Guillon, P., Kasprzyk, R., and Sorge, J. (2000) "Dow: Sustaining Change and Accelerating Growth through Business Focused Learning", in Y. Boshyk (ed.), *Business Driven Action Learning: Global best practices* (London/New York: Macmillan Business/St Martin's Press), pp. 14-28.

Handy, C., Gordon, C., Gow, I., and Randlesome, C. (1988) *Making Managers: A report on management education, training and development in the USA, West Germany, France, Japan and the UK* (London: Pitman).

Hanika, F. de P. (1960) "The Role of Management Sciences in Training and Education for Management", Paper presented at Management Sciences. Models and Techniques, Proceedings of the Sixth International Meeting of the Institute of Management Sciences, at London.

Hanson, K. H. (2000) "Motorola: Combining business projects with learning projects", in Y. Boshyk (ed.), *Business Driven Action Learning: Global best practices* (London/New York: Macmillan Business/St Martin's Press), pp. 104-22.

Harman, P. and Mitton S. (2002) *Cambridge Scientific Minds* (Cambridge: Cambridge University Press).

Harries, J. M. (1983) "Developing a Set Adviser", in M. Pedler (ed.), *Action Learning in Practice*, 1st edn (Aldershot: Gower), pp. 217-26.

Hauser, B. (2008) *Action Learning im Management Development: Eine vergleichende Analyse von Action-Learning Programmen zur Entwicklung von Fuhrungskraften in drei verschiedenen Unternehmen* (Munich: Rainer Hampp Verlag).

Heald, G. (ed.) (1970) *Approaches to the Study of Organizational Behavior: Operational research and the behavioral sciences* (London: Tavistock).

Hellwig, H. and Bertsch, J. (1997) "Usprung und Werden einer Erfolgsgeschichte", in J. Bertsch and P. Zurn (eds.), *Führen und Gestalten: 100 Unternehmergespräche in Baden-Baden* (Berlin: Springer), pp. 13-24.

Heron, J. (1999) *The Complete Facilitator's Handbook* (London: Kogan Page).

Hicks, S. (2002) "How Companies Plan and Design Action Learning Management Development Programmes in the United States: Lessons from practice", in Y. Boshyk (ed.), *Action Learning Worldwide: Experiences of leadership and organizational development* (Basingstoke, U.K./New York: Palgrave Macmillan), pp. 55-75.

Honjo Nakano M. (2002) "Business Driven Action Learning in Japan", in Y. Boshyk (ed.), *Action Learning Worldwide: Experiences of leadership and organizational development* (Basingstoke, U.K./New York: Palgrave Macmillan), pp. 260-7.

Horan, J. (2007) "Business Driven Action Learning: A powerful tool for building world-class entrepreneurial business leaders", *Organization Development Journal*, 25(3), pp. 75-80.

Holman, P. G. and Coghill, N. F. (1987) *Disruptive Behaviour in Schools! Causes, treatment and prevention* (Bromley, U.K.: Chartwell-Bratt).

Honey, P. and Mumford, A. (1982) *Manual of Learning Styles*, 1st edn (Maidenhead: Peter Honey).

Honey, P and Mumford, A. (1986) *Using Your Learning Styles* (Maidenhead: Honey).

Hosta, R. (2000) "IBM: Using business driven action learning in a turnaround", in Y.

Boshyk (ed.), *Business Driven Action Learning: Global best practices* (London/ New York: Macmillan Business/St Martin's Press), pp. 76-90.

Hughes, M. J. (1983) "The Mixed Set", in M. Pedler (ed.), *Action Learning in Practice*, 1st edn (Aldershot: Gower), pp. 73-82.

Inglis, Scott (1994) *Making the Most of Action Learning* (London: Gower).

Isaacson, B. (2002) "Action Learning Beyond Survival: A South African journey", in Y. Boshyk (ed.), *Action Learning Worldwide: Experiences of leadership and organizational development* (Basingstoke, U.K./New York: Palgrave Macmillan), pp. 229-45.

Isaacson, W. (2007) *Einstein: His Life and Universe* (New York: Simon & Schuster).

Keeble, S. P. (1992) *The Ability to Manage: A study of British management, 1890-1990* (Manchester: Manchester University Press).

Kensit, D. B. J. (1948) "European Voluntary Workers and their English", Outlook, July.

Kepner, C. H. and Tregoe, B. B. (1975) *The Rational Manager: A systematic approach to problem solving and decision making* (Princeton: Kepner-Tregoe, Inc).

Khurana, Rakesh (2007) *From Higher Aims to Hired Hands. The social transformation of American business schools and the unfulfilled promise of management as a profession* (Princeton: Princeton University Press).

Kim, P. S., and Jin, J. (2008) "Action Learning and Its Applications in Government: The case of South Korea", *Public Administration Quarterly*, 1, July.

Kipping, Matthias, (1998) "The Hidden Business Schools: Management training in Germany since 1945", in Engwall and Zamagni, pp. 95-110.

Kissel, W. (2000) "Hoffman La Roche and Boehringer Mannheim: Mission Impossible? - Executive development during a takeover", in Yury Boshyk (ed.), *Business Driven Action Learning: Global best practices* (London/New York: Macmillan Business/St Martin's Press), pp. 65-75.

Kleiner, A. (1996) *The Age of Heretics: Heroes, Outlaws, and the Forerunners of Corporate Change* (New York: Currency).

Knowles, Malcolm S. (1998) *The Adult Learner* (Houston: Gulf Publishing).

Kolb, David A. (1984) *Experiential Learning: Experience as the source of learning and development* (Englewood Cliffs, NJ: Prentice-Hall).

Kynaston, D. (2007) *A World to Build: Austerity Britain, 1945-48* (London: Bloomsbury).

Lackie, G. L. (2000) "Heineken, Shell *et al.*: Twenty years of consortium action learning", in Yury Boshyk (ed.), *Business Driven Action Learning: Global best practices* (London/New York: Macmillan Business/St Martin's Press), pp. 55-64.

LaRue, B., Childs, P., and Larson, K. (2006) *Leading Organizations from the Inside-Out: Unleashing the collaborative genius of action-learning teams* (New York: Wiley).

Larsson, Peter (1985) *Chefer lär chefer: action learning fran ord till handling i chefs utbildningen* (Stockholm: Liber Forlag).

Lawlor, A. (1973) *Works Organisation* (London: Macmillan [for] the Institution of Works Managers [Macmillan handbooks in industrial management]).

Lawlor, A. (1983) The Components of Action Learning, in M. Pedler (ed.), *Action Learning in Practice*, 1st edn (Aldershot: Gower), pp. 191-204.

Lawlor, A. (1985) *Productivity Improvement Manual* (Westport, CT: Quorum Books).

Lawrence, J. (1977) "ALP is Learning Too", in D. Casey and D. Pierce (eds.), *More Than Management Development: Action Learning at GEC* (NY: AMACOM), pp. 91-101.

Lawrence, J. (1994) "Action Learning - A Questioning Approach", in A. Mumford (ed.), *Handbook of Management Development*, 4th edn (Aldershot: Gower), pp. 209-35.

Lee, Taebok. (2002) "Action Learning in Korea", in Y. Boshyk (ed.), *Action Learning Worldwide: Experiences of leadership and organizational development* (Basingstoke, U.K. and New York: Palgrave Macmillan), pp. 249-59.

LeGros, V. M. and Topolosky, P. S. (2000) "DuPont: Business driven action learning to shift company direction", in Y. Boshyk (ed.), *Business Driven Action Learning: Global best practices* (London/New York: Macmillan Business/St Martin's Press), pp. 29-41.

Lennick, Doug and Kiel, Fred (2005) *Moral Intelligence: Enhancing business performance and leadership success* (Philadelphia: Wharton School Publishing).

Lessem, R. (1982) "A Biography of Action Learning", in R. W. Revans, (1982), *The Origins and Growth of Action Learning* (Bromley: Chartwell-Bratt), pp. 4-17.

Lessem, R. (1983) "Building a Community of Action Learners", in M. Pedler (ed.), (1983), *Action Learning in Practice*, 1st edn (Aldershot: Gower), pp. 165-72.

Lessem, R. (1994) "The Emerging Businessphere", in R. Boot., J. Lawrence and J. Morris, *Managing the Unknown By Creating New Futures* (London: McGraw Hill), pp. 109-23.

Levy, M. (2000) "Sage of Reason", *People Management*, pp. 24-6.

Levy, P. (2000) "Organising the External Business Perspective: The role of the country coordinator in action learning programmes", in Yury Boshyk (ed.), *Business Driven Action Learning: Global best practices* (London/New York: Macmillan Business/St Martin's Press), pp. 206-26.

Lewis, A. (1983) "An In-Company Programme", in M. Pedler (ed.), *Action Learning in Practice*, 1st edn (Aldershot: Gower), pp. 105-18.

Lewis, A. and Marsh, W. (1987) Action Learning: The development of field managers in the Prudential Assurance Company, in A. Mumford (ed.), "Action Learning", *Journal of Management Development*, Special issue in honor of Reg Revans, 6(2), pp. 45-56.

Likert, R. (1961) *New Patterns of Management* (New York: McGraw Hill).

Link-up 2 [2]. (2002-003) Manchester, Revans Institute for Action Learning and Research, Salford University.

Lindeman, E. C. (1926) *The Meaning of Adult Education* (New York: New Republic).

McGill, I. and Beaty, L. (2001) *Action Learning: A guide for professional, management and educational development*, rev. 2nd edn (London: Kogan Page).

McGill, I. and Brockbank, A. (2004) *The Action Learning Handbook: Powerful techniques for education, professional development and training* (London: Routledge).

McGregor, D. (1961) *The Human Side of Enterprise* (New York: McGraw-Hill).

McNulty, N. G. (1983) "Action Learning around the World", in M. Pedler (ed.), *Action Learning in Practice*, 1st edn (Aldershot: Gower), pp. 173-87.

Mailick, S., (ed.) (1974) *The Making of the Manager: A world view* (Garden City, New York: United Nations Institute for Training and Research (UNITAR) and Anchor Press/Doubleday).

Maital, S., Cizin, S., Gilan, G., and Ramon, T. (2002) "Action Learning and National Competitive Strategy: A case study on the Technion Institute of Management in Israel", in Y. Boshyk (ed.), *Action Learning Worldwide: Experiences of leadership and organizational development* (Basingstoke, U.K. and New York: Palgrave Macmillan), pp. 208-28.

Malinen, A. (2000) *Towards the Essence of Adult Experiential Learning: A reading of the theories of Knowles, Kolb, Mezirow, Revans and Schön* (Jyväskyla, Finland: SoPhi, University of Jyväskylä).

Mansell, C. (1975) "How GEC Learns Action, *Management Today*, May, pp. 62, 134, 136, 138.

Mant, A. (1969) *The Experienced Manager: A major resource* (London: British

Institute of Management).

Mant, A. (1977) *The Rise and Gall of the British Manager* (London: Macmillan).

Margerison, C. (1978) "Action Research and Action Learning in Management Education", *Journal of European Industrial Training*, 2(6), pp. 22-5.

Margerison, C. (2003) "Memories of Reg Revans, 1907-003", *Organisations and People*, 10(3), August, pp. 2-7.

Marquardt, M. J. (1999) *Action Learning in Action: Transforming problems and people for world-class organizational learning* (Palo Alto: Davies-Black).

Marquardt, M. J. (2004) *Optimizing the Power of Action Learning* (Palo Alto: Davies- Black).

Marquardt, M. J. (2004) "The Power of Learning in Action Learning: A conceptual analysis of how the five schools of adult learning theories are incorporated within the practice of action learning", *Action Learning: Research and Practice*, 1(2), pp. 185-202.

Marquardt, M. J., Skipton L. H., Freedman, A. M. and Hill, C. C. (2009) *Action Learning for Developing Leaders and Organizations: Principles, strategies, and cases* (Washington: American Psychological Association).

Marrow, A. J. (1969) *The Practical Theorist: The life and work of Kurt Lewin* (New York: Basic Books).

Marsick, V. J. and Cederholm L. (1988. Developing Leadership in International Managers: An Urgent Challenge! *The Columbia Journal of World Business*, 23(4), pp. 3-11.

Marsick, V. J. (1990) "Action Learning and Reflection in the Workplace", in J. Mezirow *et al*. (eds.), *Fostering Critical Reflection in Adulthood: A guide to transformative and emancipatory learning* (San Francisco: Jossey-Bass, pp. 23-46).

Marsick, V. J., Cederholm, L., Turner, E., and Pearson, T. (1992) "Action-Reflection Learning", *Training and Development*, August, pp. 63-6.

Marsick, V. J. and Sauquet A. (2000) Learning Through Reflection, in M. Deutsch and P. Coleman (eds.), *Handbook of Conflict Resolution: Theory and practice*. San Francisco: Jossey-Bass: 382-99.

Marsick, V. J. and Watkins, Karen E. (1999) *Facilitating Learning Organizations: Making learning count* (Aldershot: Gower).

Marsick, V. J. (2002) "Exploring the Many Meanings of Action Learning and ARL", in L. Rohlin, K. Billing, A. Lindberg and M. Wickelgren (eds.), *Earning While Learning in Global Leadership* (Lund, Sweden: Studentlitteratur), pp. 297-314.

Maslow, A. H. (1970) *Motivation and Personality* (New York: Harper & Row).

Memorandum and Articles of Association of Action Learning Projects International Ltd. (Manchester: Hutton, Hartley & Co. Ltd, [c. 1974]).

Mercer, S. (2000) "General Electric's Executive Action Learning Programmes", in Y. Boshyk (ed.), *Business Driven Action Learning: Global best practices* (London/New York: Macmillan Business/St Martin's Press), pp. 42-54.

Mercer, S. (2000) "General Electric Executive Learning Programmes: Checklist and tools for action learning teams", in Y. Boshyk (ed.), *Business Driven Action Learning: Global best practices* (London/New York: Macmillan Business/St Martin's Press), pp. 179-90.

Mezirow, J. (1991) *Transformative Dimensions of Adult Learning* (San Francisco: Jossey-Bass).

Miles, D. H. (2003) *The 30-Second Encyclopedia of Learning and Performance: A trainer's guide to theory, technology and practice* (New York: American Management Association).

Miles, M. B. (1981) *Learning to Work in Groups: A practical guide for members and trainers*, 2nd edn (New York: Teacher's College, Columbia University).

Mintzberg, H. (2004) *Managers Not MBAs: A hard look at the soft practice of managing and management development* (San Francisco: Berrett-Koehler).

Mollet, G. (2000) "Volkswagen: Action Learning and the Development of High

Potentials", in Yury Boshyk (ed.), *Business Driven Action Learning: Global best practices* (London/New York: Macmillan Business/St Martin's Press), pp. 152-65.

Morris, J. (1974) "Experiences of the Newer Management Training Techniques in Britain", in S. Mailick, *The Making of the Manager: A world view* (New York: Anchor), pp. 93-18.

Morris, J. (1977) "Tacking down the Middle: Ten years of organizational development by a British business school", in Cary L. Cooper (ed.), *Organizational Development in the UK and the USA* (London: Macmillan), pp. 5-30.

Morris, J. (1975) "Reflections on Management Education in Britain", *Quarterly Journal of Administration*, Institute of Administration, University of Ife, Ile-Ife, Nigeria, October, pp. 13-23.

Morris, J. (1986) "The Learning Spiral", in A. Mumford (ed.), *Handbook of Management Development*, 2nd edn (Aldershot:Gower), pp. 183-96.

Morris, J. (1987) "Action Learning: Reflections on a process", in A. Mumford (ed.), "Action Learning", *Journal of Management Development*, Special issue in honor of Reg Revans, 6(2), pp. 57-70.

Morris, J. (1994) "Development Work and the Learning Spiral", in A. Mumford (ed.), *The Gower Handbook of Management Development*, 4th edn (Aldershot: Gower), pp. 127-38.

Muggeridge, M. (1940) *The Thirties, 1930-940, in Great Britain* (London: Hamish Hamilton).

Mumford, A. (1979) "Self-development -Flavour of the month?", *Journal of European Industrial Training*, 3(3), pp. 13-15.

Mumford, A. (1980) *Making Experience Pay: Management success through effective learning* (London: McGraw-Hill).

Mumford, A. (1983) "Emphasis on the Learner: A new approach", *Industrial and*

Commercial Training, 15(11), pp. 342-4.

Mumford, A. (ed.) (1984) *Insights into Action Learning* (Bradford: MCB University Press).

Mumford, A. (1989) *Management Development: Strategies for action* (London: Institute of Personnel Management).

Mumford, A. (1991) "Learning in Action", *Personnel Management*, 23(7), July, pp. 34-7.

Mumford, A. (ed.) (1987) "Action Learning", *Journal of Management Development*, Special issue in honor of Reg Revans, 6(2).

Mumford, A. (1992) "New Ideas on Action Learning", in *Approaches to Action Learning: Papers delivered at a private seminar on Thursday 14th November 1991 at the King's Fund Centre* (London. Keele: Mercia Publications).

Mumford, A. (1994) *Gower Handbook of Management Development*, 4th edn (Aldershot: Gower).

Mumford, A. (1995) "Making the Most of Action Learning", *Journal of European Industrial Training*, 19(5), p. v.

Mumford, A. (1995) "Managers Developing Others Through Action Learning", *Industrial and Commercial Training*, 27(2), pp. 19-27.

Mumford, A. and Honey, P. (1986) *Manual of Learning Styles* (Maidenhead: Peter Honey Publications).

Mumford, A., (ed.) (1997) *Action Learning at Work* (Aldershot: Gower).

Mumford, A. (1997) "A Review of the Literature", in M. Pedler (ED.), *Action Learning in Practice*, 3rd edn (Aldershot: Gower), pp. 373-92.

Mumford, E. (1999) "Routinisation, Re-engineering, and Socio-technical Design. Changing ideas on the organisation of work", in W. L. Currie and B. Galliers (eds.), *Rethinking Management Information Systems* (Oxford: Oxford University Press), pp. 28-44.

Musschoot, F. (1973) *Action Learning in Small Enterprises: A consideration of action learning and the development of managers in small enterprises* (Ghent: for the University of Ghent by ALP [Action Learning Projects] International Publications).

Noel, J. L. and Charan, R. (1988) "Leadership Development at GE's Crotonville", *Human Resource Management*, 27(4), pp. 433-49.

Noel, J. L. and Charan, R. (1992) "GE brings Global Thinking to Light", *Training and Development*, 46(7), pp. 28-33.

Noel, J. L. and Dotlich, D. L. (2008) "Action Learning: Creating leaders through work", in J. L. Noel and D. L. Dotlich (eds.), *The 2008 Pfeiffer Annual: Leadership development* (San Francisco: Wiley), pp. 239-47.

O'Neil, J., Arnell, E., and Turner, E. (1996) "Earning While Learning", in K. E. Watkins and V. J. Marsick (eds.), *In Action: Creating the learning organization* (Alexandria, VA: American Society for Training and Development), pp. 153-64.

O'Neil, J. and Lamm, S. L. (2000) "Working as a Learning Coach Team in Action Learning", *New Directions for Adult and Continuing Education*, Fall; 87, pp. 43-52.

O'Neil, J. and Marsick, V. J. (2007) *Understanding Action Learning: Theory into practice* (New York: AMACOM).

O'Neil, K. (1996) "Action Learning in Northern Ireland", in *Training the Fire Brigade*, edited by the EFMD, pp. 170-7.

Odebrecht, Norberto (1985) *Survival, Growth, and Perpetuity* (Salvador, Brazil: Emilio Odebrecht Foundation).

Parker, P. (1989) *For Starters: The business of life* (London: Jonathan Cape).

Pearce, D. (1983) "The Role of the Personnel Specialist", in M. Pedler, (ed.), *Action Learning in Practice*, 1st edn (Aldershot: Gower), pp. 239-50.

Pearce, D. (1997) "Getting Started", in M. Pedler, (ed.), *Action Learning in Practice*, 3rd edn (Aldershot: Gower), pp. 355-71.

Pearce, D. and Williams, E. (2009) *Action Learning for Innovation and Change:*

Welsh farming families (Aberystwyth: Menter a Busnes).

Pearson, R. (2002) "Strategic Change Management at Merck Hong Kong: Building a high performing executive team using action reflection learning", in Y. Boshyk (ed.), *Action Learning Worldwide: Experiences of leadership and organizational development* (Basingstoke, U.K./New York: Palgrave Macmillan), pp. 282-91.

Pedler, M. J. (1973) "Industrial Relations Training on the Shop Floor", *Journal of European Training*, 2(3), pp. 214-27.

Pedler, M. (1974) "An Action Research Approach to Training Interventions", *Management Learning*, 5, pp. 54-67.

Pedler, M. (1974) "Learning in Management Education", *Journal of European Training*, 3(3), pp. 182-94.

Pedler, M., Lawlor, A. et al. (1977) "Report of the Sheffield Action Learning Clinic". s.l.: Yorkshire and Humberside Regional Management Centre, in association with the Institution of Works Managers.

Pedler, M. (1980) "Group Learning Set - Midlands textile training group", Newsletter 6. The Action Learning Trust, pp. 8-13.

Pedler, M. (1980) "Book review of Action Learning: New Techniques for Action Learning by R.W. Revans", *Management Education and Development*, 11, pp. 219-23.

Pedler, M. (1981) "The Diffusion of Action Learning", Occasional Paper. 2, A joint project by the Departments of Management Studies of Sheffield City Polytechnic and Teeside Polytechnic funded by the Training Services Division of the Manpower Services Commission.

Pedler, M. (1983) "Transatlantic Virus threatens British Ethical Standards", *Management Education and Development*, 14(3), pp. 197-200.

Pedler, M. (ed.) (1983) *Action Learning Practice*, 1st edn (Aldershot: Gower).

Pedler, M. (1983) "On the Difference between P and Q", in M. Pedler (ed.), *Action*

Learning in Practice, 1st edn (Aldershot: Gower), pp. 55-61.

Pedler, M. (1983) "Another View at Set Advising", in M. Pedler (ed.), *Action Learning in Practice*, 1st edn (Aldershot: Gower), pp. 227-38.

Pedler, M. (1984) "Management Self-development", in B. Taylor and G. Lippitt (eds.), *Management Development and Training Handbook*, 2nd edn (London: McGraw-Hill), pp. 336-49.

Pedler, M. and Boutall, J. (1992) *Action Learning for Change: A resource book for managers and other professionals*. National Health Service Training Directorate (NHSTD) (Bristol: NHSTD), pp. 36.

Pedler, M., Burgoyne, J., and Boydell, T. (1997) *The Learning Company: A Strategy for Sustainable Development* (London: McGraw-Hill).

Pedler, M. (ed.) (1997) *Action Learning in Practice*. 3rd and revised edn (Aldershot: Gower).

Pedler, M. (1997) "Managing as Moral Art", in M. Pedler (ed.), *Action Learning in Practice*. 3rd edn (Aldershot: Gower), pp. 31-40.

Pedler, Mike. (1999) "Eine Begegnung mit Reginald Revans", in O. Donnenberg (ed.), *Action Learning: Ein Hanbuch* (Stuttgart: Klett-Cotta), pp. 16-27.

Pedler, Mike. (2003) "A Tribute to Reg Revans", Linkup, 2(2), p. 5.

Pedler, M., Burgoyne, J., and Bodell, T. (1978) *A Manager's Guide to Self-Development* (London: McGraw-Hill).

Pedler, M., Burgoyne, J., and Brook C. (2005) "What Has Action Learning Learned to Become?", *Action Learning: Research and Practice*, 2(1), pp. 49-68.

Pedler, M. (2008) *Action Learning for Managers*, 2nd edn (Aldershot: Gower).

"People and Organisations in Action Learning" (1983), in M. Pedler (ed.), *Action Learning in Practice*, 1st edn (Aldershot: Gower), pp. 283-7.

Pettigrew, A. (1975) "Strategic Aspects of the Management Specialists Activity", *Personnel Review*, 4(1), pp. 160-75.

Piaget, J. (1977) *Psychology and Epistemology: Towards a theory of knowledge*.

(London: Penguin).

Piaget, Je. (1977) *Science and Education and the Psychology of the Child* (London: Penguin).

Pike, J. (1983) "Action Learning on an Academic Course", in M. Pedler (ed.), *Action Learning in Practice*, 1st edn (Aldershot: Gower), pp. 141-52.

Platt, Robert (1972) *Private and Controversial* (London: Cassell).

Prestoungrange, G., [Willis, G.,] and Margerison, C. (1999) *Multinational Action Learning at Work* (Buckingham: Action Learning Institute for the Association of International Management Centres).

Raelin, Joseph A. (2008) *Work-Based Learning: Bridging knowledge and action in the workplace* (San Francisco: Jossey-Bass).

Raiser, K. and Gould, R. M. (2002) "Changing the Rules of the World Council of Churches: Action learning as large-scale system change", in Y. Boshyk (ed.), *Action Learning Worldwide: Experiences of leadership and organizational development* (Basingstoke, U.K./New York: Palgrave Macmillan), pp. 184-99.

Reddy, S. and Barker, A. E. (eds.) (2005) *Genuine Action Learning: Following the spirit of Revans* (Hyderabad: ICFAI University Press).

Reinholdsson, A. (2002) "Northern Light: A survey of action learning in the Nordic region of Europe", in Y. Boshyk (ed.), *Action Learning Worldwide: Experiences of leadership and organizational development* (Basingstoke, U.K./New York: Palgrave Macmillan), pp. 163-72.

Rice, A. K. (1965) *Learning for Leadership: Interpersonal and intergroup relations* (London: Tavistock).

Rigg, C. (2006) "Developing Public Service: The context for action learning", in C. Rigg and S. Richards (eds.), *Action Learning, Leadership and Organizational Development in Public Services* (London: Routledge), pp. 1-11.

Rigg, C. (2006) "Understanding the Organizational Potential of Action Learning", in C. Rigg, and S. Richards (eds.), *Action Learning, Leadership and Organizational*

Development in Public Services (London: Routledge), pp. 41-51.

Rigg, C. and Richards, S. (eds.) (2006) *Action Learning, Leadership and Organizational Development in Public Services* (London: Routledge).

Rimanoczy, I. (2002) "Action Refection Learning in Latin America", in Y. Boshyk (ed.), *Action Learning Worldwide: Experiences of leadership and organizational development* (Basingstoke, U.K./New York: Palgrave Macmillan), pp. 152-60.

Rimanoczy, I. and Turner, E. (2008) *Action Reflection Learning: Solving real business problems by connecting learning with earning* (Mountain View, CA: Davies-Black).

Rohlin, L., Skarvad, P.H., and Nilsson, S. A. (1998) *Strategic Leadership in the Learning Society* (Vasbyholm: MiL Publishers).

Rohlin, L., Billing, K., Lindberg, A., and Wickelgren, M. (eds.) (2002) *Earning While Learning in Global Leadership: The Volvo MiL partnership* (Lund: MiL Publishers).

Rohlin, L. (2002) "The Story of MiL", in L. Rohlin et al., pp. 17-22.

Rolland, N. (2002) "Strategic Executive Learning and Development in French Multinationals", in Y. Boshyk (ed.), *Action Learning Worldwide: Experiences of leadership and organizational development* (Basingstoke, U.K. and New York: Palgrave Macmillan), pp. 173-83.

Rothwell, W. J. (1999) *The Action Learning Guidebook: A real-time strategy for problem solving, training design, and employee development* (San Francisco: Jossey-Bass).

Rowbottom, R. W. and Greenwald, H. A. (1962) *Understanding Management*, with a Preface by Reginald W. Revans (Manchester: Whitworth Press).

Sankaran, S. Dick B., Passfield, R., and Swepson, P. (eds.) (2001) *Effective Change Management Using Action Learning and Action Research: Concepts, frameworks, processes, applications* (Lismore, Australia: Southern Cross

University Press).

Sargent, J. (ed.) (1955) *Education and Society: Some studies of education systems in Europe and America* (London: Batchworth Press).

Sasaki, N. (1981) *Management and Industrial Structure in Japan* (Oxford: Pergamon).

Schein, Edgar H. (2008) "From Brainwashing to Organization Therapy: The evolution to organization therapy: The evolution of a model of change dynamics", in T. G. Cummings (ed.), *Handbook of Organization Development* (San Francisco: Jossey-Bass), pp. 39–52.

Schön, D. A. (1983) *The Reflective Practitioner: How professionals think in action* (Aldershot: Ashgate).

Schön, D. A. (1987) *Educating the Reflective Practitioner: Toward a new design for teaching and learning in the professions* (San Fransisco: Jossey-Bass).

Schumacher, E. F. (1973) *Small is Beautiful: Economics as if people mattered* (London: Blond & Briggs).

Senge, P. (1990) *The Fifth Discipline: The art and practice of the learning organization* (New York: Currency Doubleday).

Senge, P. (1990) *The Fifth Discipline: The art and practice of the learning organization*. (New York: Currency Doubleday).

Senge, P., Kleiner, A., Roberts, C., Ross, R., Roth, G., and Smith, B. (1999) *The Dance of Change: The challenges of sustaining momentum in learning organizations* (New York: Currency Doubleday).

Simon, H. A. (1997) *Administrative Behaviour: A study of decision-making processes in administrative organizations*, 4th edn (New York: Free Press).

Smith, P. A. C. and O'Neil, J. (2003) "A Review of Action Learning 1994–000, Part 1 – Bibliography and comments", *Journal of Workplace Learning*, 15(2).

Smith, P. A. C. and O'Neil, J. (2003) "A Review of Action Learning 1994–000, Part 2 – Signposts into the literature", *Journal of Workplace Learning*, 15(4).

Snyder, W. M. and Wenger, E. (2004) "Our World as a Learning System: A communities-of-practice approach", in M. L. Conner and J. G. Clawson (eds.), *Creating a Learning Culture: Strategy, technology, and practice* (Cambridge: Cambridge University Press).

Stenger, M. M. (2008) *Action Learning in der Fuhrungskräfteentwicklung: Allgemeine Grundlagen und Erfolge bei der Anwendung* (Berlin: Verlag Dr. Müller).

Strandler, L. (1988) Läroplan 2000 *Hommage a Huldebetoon aan Gaston Deurinck* (Stockholm: Svenska arbetsgivareफ़ören (SAF)).

Strebel, P. and Keys, T. (eds.) (2005) "Mastering Executive Education: How to combine content with context and emotion", *The IMD Guide* (Harlow, England: Financial Times/Prentice Hall).

Sutton, D. (1976) "Teaching and Learning in Management", *Management Education and Development*, 17, part 1, April.

Sutton, D. (1977) "Improving Services for the Mentally Handicapped", *ALT [Action Learning Trust] Newsletter*, 1.

Sutton, D. (1977) "The Assumptions of Action Learning", Manuscript - 2 pages, IFAL Reference 566.

Sutton, D. (1983) "A Range of Applications", in M. Pedler (ed.), *Action Learning in Practice*, 1st edn (Aldershot: Gower), pp. 65-72.

Sutton, D. (1984) "Management Development in the Small Business", *Journal of European Industrial Training*, 8(3), pp. 23-8.

Sutton, D. (1989) "Further Thoughts on Action Learning", *Journal of European Industrial Training*, 13(3).

Sutton, D. (1990) "Action Learning: In search of P", *Industrial and Commercial Training*, 22(1), pp. 9-12.

Sutton, David (1997) "In Search of 'P' ", in A. Mumford (ed.), *Action Learning at Work* (Aldershot: Gower), pp. 55-61.

Swepson, P., Dick, B., Zuber-Skerrit, O., Passfield, R., Carroll, A. M., and Wadsworth, Y. (2003) "A History of the Action Learning, Action Research, and Process Management Association (ALARPM): From Brisbane (Australia) to the World through inclusion and networks", *Systemic Practice and Action Research*, 16(4), pp. 237-81.

Taylor, B. and Lippitt, G. (eds.) (1983) *Management Development and Training Handbook* (Maidenhead, U.K.: McGraw-Hill).

Taylor, J., Marais, D., and Kaplan, A. (1997) *Action Learning for Development. Use your experience to improve your effectiveness* (Capetown: Juta & Co).

Taylor, J., Marais, D., and Heyns, S. (1998) *The Action-Learning Field Kit. Case studies of development issues and problems faced by development workers in South Africa, the Caribbean, Latin and North America* (Capetown: Juta & Co).

Tichy, N. M. (1978) "Demise, Absorption, or Renewal for the Future of Organization Development", in W. Warner Burke (ed.), *The Cutting Edge: Current theory and practice in organization development* (La Jolla, CA: University Associates), pp. 70-87.

Tichy, N. M. and Sherman, S. (1993) *Control Your Destiny or Someone Else Will: How Jack Welch is making General Electric the world's most competitive company* (New York: Currency-Doubleday).

Tichy, N. M. (2001) "No Ordinary Boot Camp". *Harvard Business Review*, 79(4), pp. 63-9.

Tichy, N. M. and DeRose, C. (2003) "The Death and Rebirth of Organizational Development", in S. Chowdhury (ed.), *Organization 21C: Someday all organizations will lead this way* (Upper Saddle River, N.J: Financial Times/ Prentice Hall), pp. 155-73.

TimesOnline (2003) "Reginald Revans: Management guru who taught executives to value experience over theory and put their people first", *The Times*, 21February. Accessed 11 November, 2009, available at http://www.

timesonline.co.uk/tol/comment/obituaries/article884986.ece

Tiratsoo, Nick (1998) "Management Education in Postwar Britain", in L. Engwall, L., and V. Zamagni, V. (eds.), *Management Education in Historical Perspective* (Manchester: Manchester University Press), pp. 111-26.

Tourloukis, P. (2002) "Using Action Learning to Develop Human Resource Executives at General Electric", in Y. Boshyk (ed.), *Action Learning Worldwide: Experiences of leadership and organizational development* (Basingstoke, U.K./New York: Palgrave Macmillan), pp. 90-109.

Trist, E. (1969) "On Socio-Technical Systems", in W. G. Bennis, K. D. Benne and R. Chin (eds.), *The Planning of Change* (New York: Holt, Rinehart & Winston), pp. 269-82.

Trist, E. and Bamforth, K. W. (1951) "Some Social and Psychological Consequences of the Longwall Method of Coal Getting", *Human Relations*, 4. pp. 3-38.

Trist, E. and Murray, H. (1993) *The Social Engagement of Social Science: A Tavistock anthology. Volume II: The Socio-Technical Perspective* (Philadelphia: University of Pennsylvannia).

Tregoe, B. T. (1983) "Questioning: The key to effective problem solving and decision making", in B. Taylor and G. Lippitt (1983).

Ulrich, D., Kerr, S., and Ashkenas, R. (2002) *The GE Workout: How to implement GE's revolutionary method for busting bureaucracy and attacking organizational problems -fast!* (New York: McGraw-Hill).

Valpola, A. (ed.) (1988) *Resultat genom action learning, Foreningen Action Learning: rapport fran konferensen i Stockholm 1987* (Lund: Foreningen Action Learning).

Watkins, K. E. and Marsick, V. J. (eds.) (1996), in *Action: Creating the learning organization* (Alexandria, VA: American Society for Training and Development).

Weidemanis, M. and Boshyk, Y. (2000) Scancem: " 'What Did We Earn and Learn?'

Emerging markets and business driven action learning", in Y. Boshyk (ed.), *Business Driven Action Learning: Global best practices* (London/New York: Macmillan Business/St Martin's Press), pp. 134–9.

Weinstein, K. (1998) "Action Learning: A practical guide", 2nd edn (Aldershot: Gower).

Weinstein, K. (2002) "Action Learning: The classic approach", in Y. Boshyk (ed.), *Action Learning Worldwide: Experiences of leadership and organizational development* (Basingstoke, U.K. and New York: Palgrave Macmillan), pp. 3–18.

Weisbord, M. W. (1987) *Productive Workplaces: Organizing and managing for dignity, meaning, and community* (San Francisco: Jossey-Bass).

Weisbord, M. R. (1992) *Discovering Common Ground: How future search conferences bring people together to achieve breakthrough innovation, empowerment, shared vision, and collaborative action* (San Francisco: Berret-Koehler).

Wieland, G. F. and Leigh, H. (eds.) (1971) *Changing Hospitals: A report on the Hospital Internal Communications Project* (London: Tavistock Publications).

Wieland, G. F. (ed.) (1981) *Improving Health Care Management: Organization development and organization change* (Ann Arbor: Health Administration Press).

Wiener, N. (1950) *The Human Use of Human Beings: Cybernetics and society* (London: Eyre & Spottiswoode).

Willis, J. L. (2004) "Inspecting Cases against Revans' 'Gold Standard' of Action Learning", *Action Learning: Research and practice*, 1(1), April, pp. 11–27.

Willis, V. J. (2005) "Spontaneity and Self-Organising in Action Learning", in S. Reddy and A. E. Barker (eds.), *Genuine Action Learning: Following the spirit of Revans* (Hyderabad: ICFAI University Press), pp. 155–82.

Wills, G., and Oliver, C. (1996) "Measuring the ROI from Management Action

Learning", *Management Development Review*, 9(1), pp. 17–21.

Wills, G. (1999) "The Origins and Philosophy of International Management Centres", in A. Mumford (ed.), *Action Learning at Work* (Aldershot: Gower), pp. 30–41.

Wilson, J. F. (1992) *The Manchester Experiment: A history of Manchester Business School, 1965-1990* (London: Paul Chapman Publishing).

Wilson, J. F. (1996) "Management Education in Britain: A compromise between culture and necessity", in R. P. Amdam (ed.), *Management, Education and Competitiveness: Europe, Japan and the United States* (London: Routledge), pp. 133–49.

Yiu, L. and Saner, R. (2002), in Y. Boshyk (ed.), *Action Learning Worldwide: Experiences of leadership and organizational development* (Basingstoke, U.K./New York: Palgrave Macmillan), pp. 293–310.

Yorks, L. (2000) "The Emergence of Action Learning", *Training & Development*, 54(1), January, p. 56.

Yorks, L., O'Neil, J., and Marsick, V. J. (eds.) (1999) *Action Learning: Successful strategies for individual, team, and organzational development*. Number 2 in the series *Advances in Developing Human Resources*, R. A. Swanson, Editor-in-Chief (Baton Rouge/San Francisco: Academy of Human Resource Development and Berrett-Koehler).

Yorks, L., O'Neil, J., and Marsick, V. J. (1999) "Action Learning: Theoretical bases and varieties of practice", in L. Yorks, J. O'Neil and V. J. Marsick (eds.), *Action Learning: Successful strategies for individual, team, and organizational development* (Baton Rouge, LA/San Francisco: Berret-Koehler), pp. 1–18.

Yorks, L., Lamm, S., and O'Neil, J. (1999) "Transfer of Learning from Action Learning Programs to the Organizational Setting", in L. Yorks, J. O'Neil, and V. J. Marsick (eds.), *Action Learning: Successful strategies for individual, team, and organizational development* (Baton Rouge, LA: Berrett-Koehler), pp. 56–74.

Yorks, L., Marsick, V., and O'Neil, J. (1999) "Lessons for Implementing Action

Learning", in L. Yorks, J. O'Neil, and V. J. Marsick (eds.), *Action Learning: Successful strategies for individual, team, and organizational development* (Baton Rouge, LA/San Francisco: Berrett-Koehler), pp. 96-113.

Yorks, L., O'Neil, J., and Marsick, V. (2002) "Action Reflection Learning and Critical Reflection Approaches", in Y. Boshyk (ed.), *Action Learning Worldwide: Experiences of leadership and organizational development* (Basingstoke, U.K./New York: Palgrave Macmillan), pp. 19-29.

Zuber-Skerritt, O. (2001) "Action Learning and Action Research: Paradigm, praxis and programs", in S. Sankaran et al. (eds.), *Effective Change Management Using Action Learning and Action Research: Concepts, frameworks, processes, applications* (Lismore, Australia: Southern Cross University Press), pp. 1-20.

Zulch, B. (1988) "Action Learning: A solution to SA's problems?", *Productivity SA*, August-eptember, pp. 4, 6.

액션러닝 네트워크와 실천 공동체

다음은 글로벌 및 지역 차원의 네트워크와 실천 공동체 목록이다.

액션러닝 액션연구협회 Action Learning and Action Research Association(ALARA)

ALARA는 1991년 호주에서 액션러닝 액션연구 프로세스 경영 협회Action Learning Action Research and Process Management Association로 설립되었고 이후 2007년에 ALARA로 개명하였다. 국제 콘퍼런스를 개최하고 주로 액션연구에 초점을 맞추고 있으며 협회지에 연구를 게재하고 있다.

글로벌 네트워크 및 실천 공동체

임원 역량개발 및 비즈니스 중심 액션러닝 글로벌 포럼Global Forum on Executive Development and Business Driven Action Learning

www.GlobalForumActionLearning.com

글로벌 포럼은 초대받은 사람들만 참여할 수 있는 실천 공동체이다. 임원 역량개발과 액션러닝에 관한 이슈와 우수사례를 탐구하는 전 세계 주요 기업 및 조직의 실무자들이 이 실천 공동체에 참여하고 있다. 1996년부터 세계 각지에서 연례 회의를 조직하고 연구를 수행하며 정기적으로 연구물을 발표한다.

국제 액션러닝 콘퍼런스 International Action Learning Conference

영국 리딩 대학University of Reading의 헨리 경영대학에서 『액션러닝 연구와 실천Action Learning: Research and Practice』이라는 저널이 편집자와 액션러닝 지지자들에 의해 만들어졌다. 학계의 연구를 위해 두 개의 콘퍼런스가 개최되었고 보다 자세한 사항은 다음의 연락처를 통해 얻을 수 있다.

helen.james@henley. reading.ac.uk

국제액션러닝재단 International Foundation for Action Learning

http://www.ifal.org.uk/

국제액션러닝재단은 영국과 전 세계에서 액션러닝을 지원하고 개발하는 네트워크를 장려하기 위해 설립되었다. 이 재단은 레반스가 가까운 동료들과 1977년 설립한 액션러닝 트러스트Revans-created Action Learning Trust와 어깨를 나란히 한다. 이 재단의 원래 설립목적은 ALT와 민간 부문과의 작업에서 생성된 이익을 토대로 공공 및 민간 부문 조직과의 액션러닝 작업을 지원하기 위한 것이었으나, 이는 실현되지 않았다. 국제액션러닝재단은 입회비, 뉴스레터, 회의 및 유용한 웹사이트를 갖춘 회원제 조직이다. 전 세계 여러 지역에 지역 본부가 있으며 해당 웹사이트는 영국의 재단 소재 사이트에 연결되어 있다.

지역 네트워크와 실천 공동체

네덜란드 액션러닝협회 Dutch Action Learning Society

http://www.actionlearning.nl/

네덜란드 액션러닝협회Action Learning Association, ALA는 1994년에 설립되어 액션러닝 원리에 관심을 가지고 액션러닝을 실천하는 네트워크로 성장했다. 협회는 액션러닝을 보다 깊게 이해하고 실천적으로 적용하는 데 목적을 두고 있다. 매년 ALA는 공개 토론, 업무 콘퍼런스, 성찰에 초점을 맞춘 콘퍼런스 등과 같이 회원들을 위한 많은 활동들을 진행한다. 이 활동들은 비회원에게도 열려 있으며 구성원들은 작업그룹을 통해 연락을 주고받는다.

한국액션러닝협회 The Korean Action Learning Association

http://www.kala.or.kr

한국의 서울에서 2005년 결성된 이후 매년 정기 총회와 콘퍼런스를 개최하고 있으며 연간 다양한 활동들이 이루어지고 있다.

스웨덴 밀연구소 The MiL Institute, Sweden

http://www.milinstitute.se

컨설팅 기관인 밀연구소는 연례 회의와 다양한 출판물을 제공하고 있다. 30년 동안 스웨덴의 기업 및 단체를 비롯하여 스웨덴 이외의 다른 기관과 협력해 왔다. 밀연구소는 "액션 성찰 러닝®은 브랜드 자체이다."라고 밝히고 있다. 미국 컨설팅 기업인 림LIM과 제휴를 맺고 있다.

비즈니스 중심 액션러닝 노딕지역 포럼 Nordic Forum on Business Driven Action Learning

http://www.novare.se/eng/Home/NovareAct/tabid/747/Default.aspx

이 포럼은 주로 스웨덴에서 처음 시작된 기업 대표자 모임으로(컨설팅 회사 노바르 액트Novare Act에 의해 시작되었지만 무료로 운영됨), 2009년에 첫 회의를 시작으로 활동을 시작했다. 포럼의 목적은 액션러닝에 대한 경험을 공유하기 원하는 실무자들이 함께하기 위한 것으로, 연중 회의를 지속적으로 조직하고 소규모 워크숍을 개최한다.

남아프리카 지역 포럼 South African Regional Forum

http://www.gibs.co.za

요하네스버그 근처의 샌튼에 기반을 두고 있으며 프리토리아 대학University of Pretoria의 고든 경영과학연구소Gordon Institute of Business Science 에서 2년마다 개최하고 있다. 인근 국가들의 기관 대표자들이 참석한다.

[사진 1] 1973년 11월, 런던 BBC 텔레비전 스튜디오에서의 레반스

맨체스터 대학에서 교수직을 사임 한 레반스는 영국과 다른 지역으로 여행을 다니면서 1965~1975년을 브뤼셀에서 보냈다. 1973년 11월 그는 영국 런던의 BBC 사운드와 TV 스튜디오에서 촬영에 응했는데, 여기서 '벨기에 실험', 산학협력재단과 함께 추진한 대학 간 고위 경영 프로그램(1968~)에 관한 인터뷰가 이루어졌다. 그는 이 프로그램에 참여했던 임원과 함께 동반 출연했다. (나중에 마르코니사Marconi로 바뀐) GEC 전무이사인 웨인스톡 경Sir Arnold Weinstock이 시청한 이 TV 방송으로 GEC와 레반스에게 매우 의미있는 임원교육 프로그램이 만들어졌다. 보다 자세한 내용은 케시David Casey와 피어스David Pearce가 1977년 편저한『경영개발과 그 너머: GEC의 액션러닝More Than Management Development: Action Learning at GEC』에서 살펴볼 수 있다.
사진 제공: 도나 웍

[사진 2] 1994년 2월, 미국 방문교수이자 저명한 학자인 레반스

왼쪽부터: 오쉴러 학장Dean John Oehler, 레반스Reg Revans, 딜워스Robert L. Dilworth. 1994년 2월 레반스가 버지니아 커먼웰스 대학 내 사범대학 우수 방문교수 시절 찍은 사진이다. 레반스는 87세의 나이에도 커먼웰스 대학을 방문한 일주일 동안 왕성하게 18건의 행사에 참석했다.
사진 제공: 로버트 딜워스

[사진 3] 1995년 12월 1일, 레반스 액션러닝연구센터에서의 헌신

1995년 12월 1일 맨체스터 소재의 살포드 대학에서 레반스(왼쪽)와 보담David Botham은 레반스 액션러닝연구센터에서 헌신적으로 연구하였다. 보담은 액션러닝연구센터 책임자였고, 이 센터는 나중에 레반스 액션러닝연구소가 되었으며, 2009년에 레반스 액션러닝연구아카데미로 개명되었다. 레반스 액션러닝연구아카데미는 맨체스터 대학의 맨체스터 경영대학에 위치해 있다.
사진제공: 데이비드 보담

[사진 4] 2004년, 스웨덴에서 개최된 밀의 날 연례회의를 진행 중인 로힐린Lennart Rohlin 밀연구소장

1980년부터 밀연구소는 밀캠퍼스의 기업 및 교수들을 대상으로 매해 밀의 날을 마련했다. 2004년 세미나는 스웨덴 TV 방송국(STV) 운영팀, STV 사장인 제터스트롬Christina Jutterström, STV HR 부사장인 팔크Kickan Söderberg Falck(오른쪽)와 함께 했다. 레반스는 이전에도 밀의 날에 여러 차례 참석했다.
사진 제공: 러나트 로힐린

[사진 5] 2008년 6월, 서울에서 열린 제13차 임원 역량개발 및 비즈니스 중심 액션러닝 글로벌 포럼

한국액션러닝협회와 현대오일뱅크가 공동 주최한 글로벌 비즈니스 포럼으로, 1996년 설립 이후 글로벌 포럼은 실천 공동체로서 전 세계 액션러닝 실무자에게 개방되어 있다.

www.GlobalForumActionLearning.com

사진제공: 칼-그레그 데젠하르트

용어 해설

Robert L. Dilworth

서론

이 용어 해설에는 액션러닝과 관련하여 보다 일반적으로 사용되는 용어를 소개한다. 일례로 레반스가 제안한 '세트sets' 보다는 의미를 확실히 하기 위한 용어로 팀을 사용하는데, 레반스는 세트와 팀 간의 차이에 대해 언급한 바가 없으며 단지 액션러닝에 참여하는 팀을 지칭하는 그의 방식일 뿐이다.

액션(Action) 액션러닝의 핵심은 액션, 즉 경험이 행동을 이끈다는 것을 강조한다. 레반스가 언급한 것처럼, 행동 없이는 배움도 없고, 배움 없이는 행동도 없다. 프로젝트에서 시행되는 활동은 학습과 비판적 성찰을 촉진하면서 프로세스를 추진하는 엔진 역할을 한다.

액션러닝(Action Learning) 액션러닝은 새로운 통찰력을 얻고 실제 비즈니스와 공동체의 문제를 해결하기 위해 동료들의 지지 또는 대립적 환경에서 자신의 일과 신념을 성찰하는 과정이다(Dilworth and Willis, 2003; Willis의 정의, p. 11).

액션러닝 세트 또는 팀(Action Learning set or Team) 레반스가 '세트'라고 부르는 것은 액션러닝 시행을 위해 4~8명의 개인들로 구성된 그룹이다. 팀 내에는 배정된 리더가 없다. 팀의 모든 구성원들은 동등한 지위를 갖는다. 레반스는 이상적인 팀원 수를 5명으로 제안했다(Revans, R., 1983, pp. 7-8).

액션러닝 팀 프로세스 질문지(Action Learning Team Process Questionnaire, ALTPQ) ITAP 인터내셔널의 존빙John Bing과 버지니아 커먼웰스 대학의 렉스 딜워스Lex Dilworth에 의해 개발된 것으로 구성원의 눈을 통해 볼 수 있는 내부 액션러닝 팀 그룹 역학(즉, 이들의 인식)을 모니터링 하기 위한 도구이다. 이것은 온라인 상에서 관리되며, 팀원들의 반응은 익명으로 유지된다. 정량적(리커트척도 기반)과 질적 반응이 모두 포함된다. 결과는 32개 지표(예: 팀 내 작업부하 균등화, 내부 커뮤니케이션 품질 및 팀효율성)에 걸쳐 팀 내에서 일어나고 있는 일에 대한 프로필로 작성되며 팀에 다시 보고 된다. 액션러닝 경험과 관련된 긍정과 부정이 모두 도식화되어 있다. ALTPQ를 기준으로 그룹의 역동성을 다루는 것은 팀 학습 경험의 일부가 된다.

액션 성찰 러닝(Action Reflection Learning, ARL) 참가자들이 자신의 프로젝트에 대한 작업과 그 작업을 통해 배우는 것 사이의 균형을 더 잘 맞출 수 있도록 지원하는 러닝코치와 함께 비판적 성찰과 변혁적 학습에 특별히 중점을 두는 액션러닝의 한 형태이다. 스웨덴의 린드 경영연구소Management Institute of Lund, MiL는 이 접근법의 선구자이다. "레반스의 주장과 달리, MiL에서는 러닝코치가 공동 학습자로써 참가자들과 함께 작업하지만 그 과정에서 단호하게 학습을 촉진시키는 책임을 갖는 역할로 관점을 발전시켰다(Yorks, L.,

Oneil, J., and Marsick, 2002, pp. 19-29)."

벨기에 실험(Belgian Experiment) 1960년대 벨기에 정부의 후원으로 수행된 액션러닝 프로그램으로 벨기에의 5대 주요 대학과 주요 기업이 컨소시엄에 참여했다. 액션러닝의 선구자인 레그 레반스에 의해 개발되고 조율된 것으로, 액션러닝에 고위기업 경영진 5명으로 구성된 팀들이 포함되었고, 그들은 각각 그들이 속한 세트의 동료들과 함께 산업에 대한 우려 그리고 학습을 통한 통찰 즉 '서로 함께 배우는 학습'을 공유함으로써 그들 자신의 문제보다 여타의 산업과 관련된 매우 복잡하고 익숙하지 않은 문제를 다루었다(Revans, 1980, pp. 39-48).

비즈니스 중심 액션러닝(Business Driven Action Learning) 개인의 리더십 개발, 조직학습과 변화를 위한 성과 중심의 오리엔테이션을 기술하고자 사용하는 용어이다. 그것은 사업성과와 개인적 개발, 팀 효율성 및 조직 전략의 통합을 강조하는 것으로 요약할 수 있다(Boshyk, 2002, pp. 36-52).

전통적 접근방식의 액션러닝[Traditional (also called Classic) Approach to action learning] 액션러닝의 주요 선구자인 레그 레반스의 철학과 가르침에 초점을 맞춘 접근방식이다. 이 접근방식의 핵심적인 교훈에 대해서는 딜워스가 2010년에 전통적인 액션러닝의 기본 개념과 신념에 대한 대략적인 개요를 소개하였다(Weinstein, K., pp. 3-18 참조).

국영석탄회사와 탄광(Coal Board and Collieries) 레반스는 한때 영국의 국영석탄회사의 업무에 종사했다. 그는 탄광에서 광부들과 많은 시간을 보내며 집단의 역동성을 연구했고, '작은 것이 충실하다small is dutiful'는 결론을 내렸다(슈마허E. M. Schumacher가 만든 용어인 '작은 것이 아름답다small is beautiful'과 유사하다). 레반스는 작은 팀들이 그들 자신의 일을 계획하는 데 권한을 부여하고 허용적이며, 이들 팀은 기존의 방법으로 관리되는 팀보다 상당히 생산력이 높다는 것을 발견했다. 안전기록도 상당히 좋아졌다. 그는 경영진과 근로자가 함께 아이디어에 대해 공개적인 논의가 이루어지는 '직원 대학'을 만들자고 제안했다. 그러나 레반스의 제안은 근로자의 기업 내 영향력이 확대되는 것을 바라지 않는 고위 경영진들의 반대로 시행되지 않았다. 레반스는 이러한 조직을 액션러닝의 세트라고 불렀다.

고객(Client) 액션러닝 팀 또는 개별 구성원과 관련이 있는 사람 또는 사람들을 의미한다.

비판적 성찰(Critical Reflection) 우리의 삶과 세계에 대한 인식을 좌우하는 근본적인 가정들을 밝히기 위하여 자신의 경험을 깊이 성찰하는 노력을 의미한다. 이것은 단순한 성찰 이상의 것이다. 그레고리 베이트슨Gregory Bateson이 지적한 바와 같이 그것은 '레벨 3의 학습' 또는 '왜 그런지 그 이유를 찾는 것'이다. 에드가 쉐인Edger Schien은 그것을 '삼중고리학습법Triple Loop Learning'이라고 불렀다. 사람들은 비판적 성찰을 통하여 내재된 가정을 노출하거나 완고한 생각을 누그러뜨리게 된다. 이러한 것은 어린 시절부터 우리와 함께 해 왔고, 우리가 직면하는 현실에 대하여 판단하게 한다. 액션러닝에서 비판적 성찰은 액션러닝 세트 내의 개별적 또는 집단적 대화 모두에서 발생할 수 있다.

개별 과제 모델[Everyone Bring One (EBO) Model] 액션러닝에 참여하는 사람들이 학습 팀으로 활동하되 각각 다른 문제를 해결하는 유형을 의미한다(이때 보통 팀원 개별 업무와 관련된 과제를 가져오게 된다).

사분면(Four Squares) 이것은 레반스가 제안한 것으로 우리가 삶에서 직면하는 문제들은 친숙하거거나 친숙하지 않으며, 문제 발생 또한 익숙하거나 익숙하지 않은 환경에서 이루어진다는 것을 증명하기 위해 사용하는 모델이다. 그는 네 개의 사분면이 있는 도형을 그리고, 네 가지 대안 상황(예: 낯선 환경에서 익숙한 문제)을 보여 주었다. 레반스는 우리가 낯선 환경에서 낯선 문제를 마주할 때 가장 위대한 학습이 일어난다고 주장한다. 그는 그것을 학습

조직의 의인화라고 보았다. 레반스는 사람들이 생소한 것에 직면하고 있음을 알았을 때, 새로운 질문을 하고 오랫동안 유지해 온 가정들에 도전하려는 경향이 있다고 믿었다.

미래 탐색 콘퍼런스(Future Search Conferences) 미래 탐색 네트워크의 공동설립자이며 감독을 맡고 있는 마빈 위스보드Marvin Weisbord와 산드라 재노프Sandra Janoff에 의해 시도되었다. 액션러닝의 커먼 그라운드에 도달한다는 목표를 가지고 복잡하고 어려운 문제를 다루며 전 세계적으로 광범위하게 시행되어 왔다. 미래 탐색 콘퍼런스는 주요 이슈를 해결하기 위해 보통 64~72명의 다양한 분야의 사람들이 참석한다(Weisbord & Janoff, 2000). 대규모 그룹은 참석자의 특성에 따라 8개 정도의 소그룹으로 세분된다(예: 사업가, 언론인, 성직자, 정부기관, 금융기관, 인적 자원 전문가 등). 보통 3일 동안 16시간 정도 계속되는데 미래 탐색 회의가 진행되는 동안 참가자들은 일반 이해관계자 그룹의 구성원을 포함하는 혼합 그룹에 추가로 배정된다. 각각의 혼합된 집단은 사실상 전체의 축소판이 된다. 위스보드Weisbord는 이것을 액션러닝의 한 형태로 여긴다. 그러나 GE 워크아웃Work-Outs과 마찬가지로 기간이 짧은 경우, 성찰의 시간은 제한될 수 있다.

GE 워크아웃(GE Work-Out/Change Acceleration Program, CAP) 1989년 시작된 제너럴 일렉트릭 전반에 걸쳐 시도한 조직개발OD 전략이다. 이 프로그램은 뉴욕 크로톤빌에 있는 GE의 기업대학에서 강조된 가치들이 일터로 돌아오면 상실된다는 문제에서 비롯되었다(Ashkenas et al., 2002; Ulrich et al., 2002). 워크아웃은 이러한 가치들을 GE의 일상 업무 생활에서 구현하기 위한 노력이었으며 매우 성공적이라고 여겨진다. 그것은 GE가 수행한 액션러닝의 한 유형이라 할 수 있다. 이 프로그램에서는 그룹(예: 32명이 참가)은 함께 작업을 하며 8개의 팀으로 세분된다. 3일 정도 걸리는 이 기간 동안, 전체 그룹과 팀 활동 모두 진행 과정의 일부분이다. 각 팀은 즉각적인 결정을 할 수 있는 최고 경영진과 직접 대면 회의를 통해 개선안을 제시할 권한을 부여받는다.

병원 커뮤니케이션 개선 프로젝트[Hospital Internal Communications (HIC) Project] 1960년대에 레반스는 HIC 프로젝트에 참여하였는데, 이 프로젝트에는 당시 런던에서 가장 큰 10개의 병원이 참여하였다. 병원들이 직면하고 있는 문제는 직원들의 사기 문제, 과도하다고 여겨지는 환자 질병률, 너무 긴 병원 체재, 예외적으로 높은 소진율(간호사의 경우 67%)을 경험하고 있다는 사실이었다. 문제해결을 위한 작은 그룹들이 각기 자신의 병원에서 다른 병원으로 보내졌는데, 그곳에서 그들은 친숙한 문제지만 낯선 환경에서 관찰했다. 이 그룹들은 액션러닝 팀으로 운영되지 않았다. 그럼에도 불구하고 각 소규모 그룹은 그들의 연구결과에 대해 토론하고, 그 다음 전체 그룹이 만나서 병원 전체에 걸쳐 해야 할 일에 대해 토론하였다. 그것은 여러 시책을 이끌어 냈다. 프로젝트에 참여하지 않는 병원(통제집단)과 비교했을 때, 환자의 유병률이 떨어지고, 직원 이직률이 감소하였으며, 입원기간이 단축되고, 직원의 사기가 향상되었다는 결과가 나타났다. 전체적인 결론은 의사와 환자, 간호사, 의사, 그리고 모든 당사자 사이의 효과적인 의사소통의 부족이 문제의 원인이었으며, 상호소통이 개선되자 긍정적인 결과가 분명해지기 시작했다는 것이다(Revans, 1980, pp. 29-38).

하이브리드 세트(Hybrid Set) 현재 이루어지고 있는 학습에 대해 폭넓은 의견교환을 목적으로 여러 팀의 멤버를 함께 섞어 혼합된 세트를 만들 때 사용하는 용어이다. 팀원을 교차로 구성함으로써, 강렬한 프로젝트 지향성이 일시적으로 확산되는 경향 및 학습에 대한 성찰의 가능성을 높일 수 있다.

조인트 프로젝트 모델(Joint Project Model) 모든 액션러닝에 참여하는 팀원이 공동의 문제를 다루는 유형이다. 이때 다루는 문제는 매우 복잡한 문제 중 하나를 선정하여 해결하게 된다. 모든 팀원들이 공통적이고 성가신 도전에 직면하기 때문에 레반스는 이러한 경험을 '역경 속의 동반자'라고 언급하였다.

러닝 코치(Learning Coach) 어드바이저, 조력자 또는 멘토라고도 한다. 이들의 역할은 액션러닝의 시행과 관련하여 다양하지만, 대개 적절한 프로젝트를 결정하고 팀 구성 및 팀 응집성 형성, 액션러닝 프로세스를 안내하는 데 도움을 준다. 액션 성찰 러닝의 경우, 러닝 코치의 역할은 팀 회의를 조망하는 능력에서부터 팀 구성원의 필요와 요청에 따른 참여에 이르기까지 다양할 수 있다. 레반스는 팀 구성원 자체가 최고의 촉진자이고 팀 역동성을 관리하는 자체가 학습 산출량의 일부라고 믿었기 때문에 러닝코치의 역할은 최소화해야 한다고 주장하였다.

학습공식(Learning Equation) 레반스는 학습을 프로그램화된 지식인 P와 통찰적 질문인 Q를 더한 것, 즉 L=P+Q라고 제안하였다. 그는 학습이 일어나기 위해서는 P와 Q가 모두 필요하지만, P(공식적인 학습)는 Q에 의해 유발되어야 하고, 질문의 자유로운 범위는 무엇이 발생했는지 또는 발생할 필요가 있는지를 알려 준다. 즉, Q는 P를 유도한다(Revans, 1983, p. 28).

나일 프로젝트(Nile Project) 벨기에 실험 이후에 시행된 프로젝트로, 용어집 다른 곳에서 묘사되었다. 이 프로젝트에는 13개의 이집트 회사가 참여하였고 벨기에의 실험과 매우 유사한 방법론을 사용했다(Revans, 1982, pp. 372-425)

구조화된 지식(Programmed Knowledge) 강의, 교과서, 사례 연구, 시뮬레이션 및 퍼즐을 포함하여 우리가 흔히 접하는 모든 형태의 형식적 학습을 포함한다. 레반스는 모든 형태의 프로그래밍된 지식은 과거에 일어났던 일을 다루고 있기 때문에 우리가 지금 직면하고 있거나 미래에 직면할 것으로 예상되는 문제들을 다루는 데 있어서 불완전한 공식을 표상한다고 주장한다.

질문을 통한 통찰(Questioning Insight) Q 요인은 올바른 질문에 절대적인 영향을 받는다. 레반스는 우리의 삶에서 빠른 속도의 시간을 처리하려면 Q 요인의 추가 투입이 필요하다는 것을 지적하였다. 왜냐하면 우리 주변의 힘을 변화시키는 속도가 종종 우리의 학습 능력을 앞지르기 때문이다. 통찰적 질문을 통해 우리는 활용 가능한 P의 적절성을 테스트 할 수 있고 만약 이것이 결점이 있는지 또는 부합하지 않는지 여부를 결정할 수 있다. 경우에 따라 우리는 기존의 P를 변경하여 새로운 P를 창안할 필요가 있다는 것을 알게 될 것이다. 만약 우리가 Q보다 기존의 P로 시작한다면 우리를 잘못된 방향으로 이끄는 P를 수용하게 될 수 있다.

지원 구조(Structure d'acceuil) 회사나 조직의 내부 '클라이언트 그룹'을 지칭하기 위해 레반스가 사용하는 용어. 이들은 외부의 액션러닝 학습자 또는 액션러닝 팀이 이슈를 탐색하고 변화를 위한 의견을 시행하도록 지원하며 제안된 변화들을 시행하도록 그들 스스로에게 책무성을 부여하는 역할을 한다(Revans, 1980, p. 45).

시스템 알파(System Alpha) 레반스가 제안한 액션러닝 개념에서 생각과 행동의 세 가지 상호 연계된 체계 중 첫 번째 것이다. 시스템 알파는 조직의 맥락에서 실제 문제 상황에 대한 반복적이고 진화하는 분석을 특징으로 한다. 이 과정에서 기대하지 않은 원인과 결과가 발견되었다. 학습자가 지속적으로 자신에게 질문을 할 때 문제해결을 위한 참신한 접근이 가능하다. '무슨 일이 일어났는가?' '무슨 일이 일어나야 하는가?' '어떻게 그렇게 될 수 있을까?'와 같은 질문은 탐색이 이루어지는 동안 다른 관점을 발견하게 될 것이다. 이러한 질문은 초기에 문제를 올바로 인식하도록 하며, 새로운 통찰력을 얻을 수 있기 때문에 시간에 따른 문제의 이동을 추적하는 데 중추적인 역할을 한다.

시스템 베타(System Beta) 이 시스템은 의학 및 생명과학에서 사용되는 과학적 접근방법과 유사하다. 레반스는 이것을 '지적인 시행착오'라고 부른다. 베타는 시스템 알파에서 도출된 것을 정교화하고, 학습이 이루어지고 있는 것을 확인하기 위해 사실의 발견, 가정과 실험이라는 절차를 적용한다. 시스템 베타에는 연구, 데이터 수집 및 해석과 같은 여러 연구기법이 포함된다. 조사 및 관찰, 실험 가설 또는 이론, 실험(시험), 검사(평가), 결과의 검토, 승인, 거부는 모두 베타의 필요 과정이다. 시스템 베타는 더 나은 해결책을 얻을 수 있는 새로운 조사 방법을 추구하기 위해 기존에 밝혀진 모든 기법을 사용한다(Revans, 1982, pp. 336-45).

시스템 감마(System Gamma) 비판적 성찰에 근거한 이 시스템은 모든 액션러닝 프로세스에 포함되어 있다. 레반스는 알파, 베타와 함께 이것을 '공생'이라고 불렀다. 시스템 감마는 현실상황 그리고 자신과 타인의 가치체계의 이해를 위해 정직하게 탐색할 것을 요구한다. 왜냐하면 그것이 무엇이든 사람들이 말하고 행동하는 것을 이끄는 것은 이러한 현실상황과 가치들이기 때문이다. 레반스는 자기지식이 많을수록 대인관계 능력이 더 유능하며 보다 민감한 조직기술을 갖는다고 주장한다. 시스템 감마는 변혁적 전환의 기회를 갖고 있기 때문에 액션러닝의 핵심이며 액션러닝의 강력한 효과를 위한 에너지의 원천이다(Revans, 1982, pp. 345-48).

변혁적 학습(Transformative Learning) 학습을 통해 사람들은 더 이상 의미가 없다고 밝혀진 가정을 수정하거나 완전히 새롭고 다른 관점과 프레임으로 기존의 것들을 완전히 소진시키는 정도까지 변화된다(Mezirow et al., 2000). 학습 그 자체는 변혁의 씨앗을 내포하고 있다. 인간은 배울 때 변화한다.

가상조직/가상성(Virtual Organization/Virtuality) 가상의 상황에서 텔레콘퍼런스, 이메일 또는 기타 전자적 수단을 통해 비즈니스 또는 상호작용의 대부분을 면대면 상호작용과 다르게 수행하는 것을 포함한다. 이것은 인간의 모든 감각을 활용하는 친밀하고 직접적인 면대면 접촉과 매우 다르다. 가상모드의 커뮤니케이션이 주는 어려움은 글로벌 팀들과 문화적으로 접촉할 때 더욱 확대된다. 이것은 액션러닝에서 개발해야 할 영역이다.

● 참고문헌 ●

Ashkenas, R., Ulrich, D., Jick, T. and Kerr, S. (2002) The *Boundaryless Organization: Breaking the Chains of Organizational Structure* (San Francisco: Jossey-Bass).

Boshyk, Y. (2002) "Why Business Driven Action Learning?" in Boshyk, Y., (ed.) in *Action learning worldwide* (New York: Palgrave Macmillan), pp. 30-52.

Dilworth, R. L. (2010) "Explaining Traditional Action Learning: Concepts and Beliefs", in Boshyk, Y. and Dilworth, R. L. (eds), *Action Learning: History and Evolution* (Basingstoke, U.K./New York: Palgrave Macmillan).

Dilworth, R. and Willis, V. (2003) *Action Learning: Images and pathways* (Malabar, FL: Krieger Publishing Company).

Mezirow, J. and Associates (2000) *Learning as Transformation* (San Francisco: Jossey-Bass).

Revans, R. (1983) *The ABC of Action Learning* (Kent, England: Chartwell-Bratt).

Revans, R. (1982) *The Origins and Growth of Action Learning* (Sweden: Chartwell-Bratt).

Revans, R. (1980) *Action learning* (London: Blond & Briggs).

Tichy, N. and Sherman, S. (1993) *Control Your Destiny Or Someone Else Will* (New York: Currency-Doubleday).

Ulrich, D., Kerr, S. and Ashkenas, R. (2002) *The GE Workout: How to implement GE's Revolutionary Method for Busting Bureaucracy and Attacking Organizational Problems-Fast!* (New York: McGraw-Hill).

Yorks, L., O'Neil, J. and Marsick (2002) (eds.) "Action Reflection Learning and Critical Reflection Approaches", in Boshyk, Y. (ed.), *Action Learning Worldwide* (New York: Palgrave Macmillan), pp. 19-29.

Weinstein, K. (2002). "Action Learning: The classic approach", in Boshyk, Y. (ed.), *Action Learning Worldwide* (New York: Palgrave Macmillan), pp. 3-18.

Weisbord, M. and Janoff, S. (2000) (2nd edn) *Future Search: An action guide to finding common ground in organizations and communities* (San Francisco: Berrett-Koehler Publishers).

찾아보기

인명

내용

저자 소개

유리 보식 Yury Boshyk

매년 다른 나라와 다른 도시에서 돌아가며 열리는 비영리 콘퍼런스인 리더십, 학습 및 전략적 변화를 위한 글로벌 포럼The Global Forum on Leadership, Learning and Strategic Change의 대표를 역임하고 있다. 『비즈니스 중심의 액션러닝Business-Driven Action Learning』(2000)과 『세계의 액션러닝Action Learning Worldwide』(2002)의 저자이며 지역 정치, 학습조직 및 글로벌 추세에 관한 논문을 저술했다. 캐나다 출신이며 토론토 대학에서 학사학위, 영국의 런던경제학스쿨에서 석사학위와 옥스포드 대학에서 박사학위를 취득했다.

로버트 딜워스 Robert L. Dilworth

미 육군에서 전역한 후, 미국 버지니아 커먼웰스 대학에서 HRD 교수를 지냈다. 레반스와 절친이며 대표저서로 『액션러닝의 이미지와 통로Action Learning: Images and Pathways』(2003)를 베르나 윌리스Verna Willis와 공저했다. 2009년 6월에 서거한 후, 임원교육과 액션러닝에 크게 공헌한 바를 인정받아 유리 보식이 운영하는 글로벌 포럼에서 제정한 Robert L. Dilworth Award의 제1 (사후) 수여자가 되었다.

역자 소개

김혜정(Kim Hyejeong)

이화여자대학교에서 교육공학 전공으로 석사와 박사학위를 받았다. 주요 연구 분야는 뉴미디어를 활용한 학습 환경 설계 및 collaboration을 통한 지식형성으로, 액션러닝, PBL, 플립러닝, 지역사회 교육네트워크 구축 등 학습자 중심 교수·학습 이론 개발 및 교육현장 적용을 위한 노력을 기울이고 있다. 특히 액션러닝의 이론화에 관심을 갖고 연구를 추진하고 있다. 현재 가천대학교 유아교육학과에 조교수로 재직 중에 있으며, 한국액션러닝학회 부회장으로 활동하고 있다. 『온라인 교육과 평생학습』(공역, 아카데미프레스, 2010) 『21세기의 이러닝』(공역, 학지사, 2013) 등의 역서가 있다.

e-mail: hjnaon@gachon.ac.kr

조연주(Cho Yonjoo)

미국 University of Texas at Austin에서 교육공학 전공으로 박사학위를 받았다. 주요 연구 분야는 액션러닝, 인적자원개발 및 여성리더 연구 등이다. 한국통신, 우주소년단과 KAIST 경영대학원 등 다양한 조직에서 일하였으며, 대기업의 액션러닝 프로그램에 퍼실리테이터로 참가한 경험에 기초하여 본격적으로 액션러닝 연구를 시작했고 2013년 Human Resource Development Quarterly 저널에 실린「한국의 액션러닝 연구」로 최우수 논문상을 수상하였다. 당시 한국액션러닝협회 회장이었으며 전북대학교 경영학과 봉현철 교수와『Trends and Issues in Action Learning Practice: Lessons from South Korea』(Palgrave Macmillan 출판)를 출간했다. 현재 미국 인디애나 대학교 교육공학과 부교수로 재직 중에 있으며, 국제 저널인 *Human Resource Development Review* 부편집장, *Human Resource Development Quarterly, European Journal of Training and Development* 및 *Action Learning: Research and Practice* 편집이사로 활동하고 있다. Academy of Human Resource Development의 선출된 board member를 2016년부터 2018년까지 역임하기도 하였다.

e-mail: choyonj@indiana.edu

이승희(Lee Seunghee)

한양대학교에서 교육공학 전공으로 박사학위를 받았다. 주요 연구 분야는 액션러닝, 창의융합사고, (테크놀로지 기반) 학습 생태계, 고등직업교육이다. 액션러닝, 디자인씽킹, 협력적 성찰 등을 접목하여 지속가능한 성장을 촉진할 수 있는 학습경험을 디자인하는 데 관심을 가지고 있다. LG전자 Learning Center, 한국방송통신대학교 가상교육지원센터, 미국 Indiana University Kelley School of Business 내 Kelley Direct Programs, 한국교육방송공사(EBS) 교육연구소에서 다양한 교육 및 연구개발 경험을 쌓았다. 현재 동아방송예술대학교 창의융합교양학부 조교수로 재직 중에 있으며, 한국액션러닝학회 상임이사로 활동하고 있다.

e-mail: seunglee@dima.ac.kr

액션러닝: 역사와 진화
Action Learning

2019년 11월 1일 1판 1쇄 인쇄
2019년 11월 5일 1판 1쇄 발행

지은이 • Yury Boshyk · Robert L. Dilworth
옮긴이 • 김혜정 · 조연주 · 이승희
펴낸이 • 김진환
펴낸곳 • (주)학지사
04031 서울특별시 마포구 양화로 15길 20 마인드월드빌딩
대표전화 • 02-330-5114 팩스 • 02-324-2345
등록번호 • 제313-2006-000265호

홈페이지 • http://www.hakjisa.co.kr
페이스북 • https://www.facebook.com/hakjisa

ISBN 978-89-997-1973-8 93370

정가 18,000원

역자와의 협약으로 인지는 생략합니다.
파본은 구입처에서 교환해 드립니다.

이 도서의 국립중앙도서관 출판시도서목록(CIP)은 서지정보유통지원시스템 홈페이지(http://seoji.nl.go.kr)와 국가자료공동목록시스템(http://www.nl.go.kr/kolisnet)에서 이용하실 수 있습니다.
(CIP 제어번호: CIP2019043302)